Elogios para

VIVE AMA LIDERA

«La historia registrará que Dios utilizó a Brian Houston, como a ninguna otra persona, para cambiar la cultura de la Iglesia del siglo XXI en todo el mundo. Este gran libro no es solamente una historia que cambia la vida, sino también un valioso documento de colección que vas a atesorar.»

—Tommy Barnett, pastor de la iglesia Phoenix First,
y fundador de Los Angeles Dream Center

«Yo recomiendo encarecidamente este libro a toda persona que se ha desviado un poco o que ha encontrado algunos callejones sin salida a lo largo del camino. Te será de ánimo e inspiración.»

—Jentezen Franklin, pastor principal de Free Chapel,
y autor de *El ayuno*, éxito de ventas del *New York Times*

«VIVE AMA LIDERA, el nuevo libro del Pastor Houston, constituye un mensaje práctico y poderoso para todos los cristianos, especialmente para los líderes.»

—Casey Treat, pastor principal de Christian Faith Center, Seattle

«¡Si estás buscando seguridad, camina por la acera y nada en una piscina! ¡Si buscas significado e impacto, lee este libro! Es un ganador, al igual que el autor, Brian Houston.»

—Rick Godwin, pastor y fundador de
Summit Christian Center, San Antonio

«El pastor Brian ofrece ideas clave para una vida plena, tanto para ti como para los que estás guiando. Sus ideas son profundas y prácticas.»

—John Bevere, autor y ministro de Messenger International

«Independientemente de dónde nos quedamos cortos, el pastor Brian nos recuerda que nunca es demasiado tarde para seguir al guía más grande: Jesús.»

—Christine Caine, conferencista, autora de *Inconmovible* y fundadora de la Campaña A21

«VIVE, AMA, LIDERA refleja la poderosa predicación de Brian Houston y su personalidad positiva, y nos inspira a experimentar la emoción de andar por fe, siguiendo a Cristo a cada paso del camino.»

—Chris Hodges, pastor principal de Church of the Highlands, y autor de *Fresh Air* [Aire fresco] y *Cuatro copas*

«La franqueza y sabiduría de Brian me han ayudado e inspirado para vivir, amar y LIDERAR, ¡incluso cuando las cosas se ponen difíciles!»

—Charles Nieman, pastor principal de Abundant Living Faith Center, El Paso

«¡Vaya! Qué libro tan extraordinario, donde mi buen amigo Brian cuenta su historia con tanto candor que no podemos dejar de ser inspirados para alcanzar alturas mayores.»

—Phil Pringle, OAM, fundador y presidente, C3 Global

«No recuerdo haber estado nunca tan contento de recomendar un libro. La vida, el amor y el liderazgo del pastor Brian me han cambiado para siempre, y sé que a través de este libro, tú también cambiarás.»

—Judah Smith, pastor principal de The City Church, y autor de *Jesús es _____*, éxito de ventas del *New York Times*

«Tu corazón se estimulará, no solo para soñar en grande acerca de tu futuro, sino también para confiar en el que sostiene todas las cosas.»

—Nicky Gumbel, vicario de Holy Trinity Brompton

«VIVE AMA LIDERA nos da acceso al corazón y la mente de uno de los grandes visionarios de nuestro tiempo. Este libro cambiará la forma en que ves las limitaciones a medida que vuelves a imaginar el futuro que Dios ha planeado para ti.»

—Steven Furtick, pastor principal de Elevation Church, y autor de éxito del *New York Times*

«No hay duda de que la sabiduría y la honestidad contenidas dentro de VIVE AMA LIDERA te engrandecerán, empoderarán y capacitarán.»

—Paul De Jong, pastor principal de LIFE

«Profundamente rico en su sabiduría y transparencia. VIVE AMA LIDERA es un vistazo muy necesario a lo que yo he tenido la bendición de observar toda mi vida. ¡Ya era hora, papá!»

—Joel Houston, Hillsong UNITED

«Brian vive según los principios que se encuentran en este libro, y sé que estos tienen la capacidad de transformar tu vida y ayudarte a notar tu potencial para vivir plenamente, amar plenamente y liderar plenamente.»

—Robert Morris, pastor principal fundador de Gateway Church, Dallas / Fort Worth, y autor de éxito

«Brian Houston es el ejemplo vivo de cómo navegar en esta travesía llamada vida. Este libro será una bendición para muchos.»

—Carl Lentz, pastor principal de Hillsong New York City

VIVE AMA LIDERA

¡LO MEJOR DE TU VIDA ESTÁ AÚN POR VENIR!

BRIAN HOUSTON

EDITORIAL PATMOS

Vive, Ama, Lidera
© 2016 por Brian Houston

Publicado por Editorial Patmos, Miami, FL. 33169

Publicado originalmente en inglés por FaithWords, Hachette Book Group, 1290 Avenue of the Americas, New York, NY 10104 con el título *Live, Love, Lead* © 2016 por Brian Houston

Traducido por Grupo Scribere
Editado por Toni Romero
Adaptación de portada y diseño interior por Adrián Romano

ISBN: 978-1-5880-2776-4

Categoría: Vida Cristiana

Impreso en Brasil | *Printed in Brazil*

Para la gente de la Iglesia Hillsong, nuestra familia,
y para los amigos de siempre que nos han apoyado a Bobbie
y a mí en cada etapa de vida, amor y liderazgo.
Estamos eternamente agradecidos. Que el Señor les bendiga
y les guarde y haga resplandecer Su rostro sobre ustedes.
¡Lo mejor está por venir!

Contenido

INTRODUCCIÓN

Lo mejor está por venir

Lo mejor está por venir.

Es una declaración que apunta al futuro, mi firme creencia de que incluso lo desconocido puede contener el mayor potencial.

La vida cristiana es una vida de aventuras inesperadas; es tan exótica como el desierto interior de Australia y tan cotidiana como una taza de café. Tú puedes comenzar dondequiera que te encuentres. Nunca es demasiado tarde, incluso si te has desviado y te has topado con algunos callejones sin salida a lo largo del camino. Solo tienes que seguir al líder más grande que ha caminado por la senda de la vida: Jesús.

Una vida plena, un amor perfecto, un liderazgo valiente, este es el sello distintivo del ministerio de Jesús en la Tierra. Ya sea que estés dando pasitos de bebé o zancadas de gigante, caminando sobre las aguas o arruinado y pobre, dondequiera que te encuentres en tu travesía de la fe, Jesús es tu máximo guía y compañero.

Él vivía en plenitud cada momento de cada día: ofrecía Su atención, Su corazón y Sus energías a aquellos que le rodeaban y lo necesitaban, incluso cuando proclamaba el reino de Dios en la forma más espectacular. Solo Él nos proporciona el modelo de vivir plenamente una vida grande, amplia y abierta. Todos nacemos con un potencial divino para cambiar el mundo que nos rodea. Cuando sigues a Cristo, ten por seguro que pese a los misterios, los reveses y las decepciones que puedan surgir de inmediato, Jesús nos conduce por un camino lleno de vida, tanto en este tiempo como en el venidero.

Los comienzos de nuestro Señor no podrían ser más humildes. Provenía de una comunidad pequeña, en un país diminuto; nació en un establo sucio, fue rechazado por la sociedad y criticado toda su vida. Sus inicios no determinaron Su futuro, como tampoco lo hacen los tuyos. Eso es una buena noticia para alguien como yo. Nací en Auckland (Nueva Zelanda; uno de los países más pequeños del mundo) en una familia de oficiales del Ejército de Salvación, mi vida ha sido tan llena de desafíos como de recompensas.

He aprendido que no siempre es fácil encontrar el camino, pero Jesús nos dio buenas instrucciones: «Entren por la puerta estrecha. Porque es ancha la puerta y espacioso el camino que conduce a la destrucción, y muchos entran por ella. Pero estrecha es la puerta y angosto el camino que conduce a la vida, y son pocos los que la encuentran.» (Mt. 7:13-14 NVI). Este versículo ha sido mi mapa de ruta durante la mayor parte de mi vida, y oro a fin de que en estas páginas tú encuentres la sabiduría y el aliento, muchas veces obtenidos a través de prueba y error, que te inspiren a lo largo de tu propio trayecto en la vida y en el liderazgo.

Todos deseamos vivir una vida plena, abundante, que desborde propósito y pasión. Mi vida está relacionada con el ministerio y la iglesia. La tuya puede ser muy diferente. Si estás inmerso en el liderazgo de la iglesia, la administración empresarial, o como la mayoría de nosotros, en la familia y las amistades que requieren de nuestro tiempo y atención, estas verdades bíblicas siguen siendo sólidas en medio de las circunstancias, los retos, la geografía, el tiempo e incluso las creencias.

Cuando dimos comienzo a la Iglesia Hillsong en un almacén humilde en la periferia noroeste de Sídney, yo observaba por la ventana de mi sucia oficina y veía los campos desatendidos, sin cultivar, los prados atestados de maleza donde unos pocos caballos pastaban, y algún camión que de vez en cuando se dirigía a uno de los pocos almacenes cercanos. Una iglesia llena de gente era la visión de mi corazón, pero eso estaba muy lejos de las menos de doscientas personas que regularmente llenaban nuestros bancos.

Desde muy joven, supe que estaba llamado a edificar la iglesia. Sin embargo, el proceso personal de convertir la Iglesia Hillsong en la comunidad mundial sana y próspera que es hoy, me ha llevado por un tortuoso camino de críticas y reconocimientos. Bobbie, mi esposa, y yo hemos experimentado desde las cumbres de las montañas hasta las profundidades del valle en nuestro esfuerzo por edificar la Casa de Dios, junto con la crianza de una familia y la conservación de un matrimonio saludable. A veces hemos tenido que tomar decisiones difíciles y escoger el camino menos transitado con el fin de mantener los objetivos a los que nos sentimos llamados. Claro, hemos perdido el rumbo una o dos veces, pero hemos aprendido que para mantener los ojos puestos en Jesús a través de los altibajos de la vida, uno debe mantener su corazón enfocado en aquello que se ha propuesto hacer. ¿Qué te sientes llamado a hacer y qué se interpone en tu camino?

A veces nuestros pies pueden desfallecer al entrar por la puerta estrecha, especialmente si hacemos la entrada más difícil, apretada y estrecha de lo que tiene que ser. Cuando permitimos que nuestros temores e inseguridades nos cieguen por un momento, con frecuencia estamos tentados a estrechar la puerta aún más que Dios. Pero no te desanimes: Él siempre nos levanta y nos sostiene si estamos dispuestos que lo haga. Él ha prometido que nunca nos dejará ni nos desamparará en nuestro caminar, Él estará siempre a nuestro lado hasta el fin.

Como discípulos de Cristo, estamos llamados a seguir Sus pasos, a vivir una vida grande a lo largo de un camino difícil, a entrar por la puerta estrecha hacia un futuro glorioso. Dios nos redime a la vez que Su Espíritu nos transforma, haciéndonos más como Jesús cada día. Este proceso, que rara vez es fácil o previsible, trae más plenitud a nuestras vidas que cualquier otra cosa en la Tierra.

En los siguientes capítulos, quiero profundizar en lo que significa vivir, amar y liderar como Jesús a través de las curvas de este mapa de ruta inspirado en el libro de Mateo 7:13-14. En primer lugar, exploraremos lo que es disfrutar de una vida grande antes de ver la manera de superar los obstáculos de un camino difícil. A continuación, consideraremos lo que significa entrar por una puerta estrecha para acceder a un futuro glorioso. Vivir, amar y liderar como Jesús te permitirá experimentar más alegría, poder, propósito y paz en la medida en que le entregues diariamente el control de cada uno de tus pasos a Aquel que conoce el principio desde el final.

Tengo la firme convicción de que seguir a Jesús es el único camino que vale la pena transitar en la vida. Después de ver la manera en que Dios cambia los corazones, satisface necesidades imposibles, sana enfermedades incurables y restaura a las personas, estoy más que convencido de que el Señor no nos creó para vivir una vida mediocre, para que nos conformásemos con lo peor. Él envió a Su Hijo a morir en la cruz para perdonarnos y darnos vida eterna, no para que deambuláramos por la vida como un sonámbulo a la espera de vivir en el Cielo. La Palabra de Dios nos muestra cómo navegar los inevitables altibajos y golpes que podamos encontrar en la vida. El Señor tiene un propósito y un plan únicos para ti. Tu vida, amor y liderazgo se crearon en los cielos mucho antes de que fueran puestos los cimientos de la Tierra.

¡Ya comenzó tu aventura espiritual, y lo mejor aún está por venir!

PRIMERA PARTE

Una vida grande

CAPÍTULO UNO

La vida en el camino de la fe

Tu voz me llama a las aguas,
Donde mis pies pueden fallar.
«Océanos» Hillsong Music, 2013

Si eres alguien que sigue a Jesús, ten cuidado con lo que sueñas. Puedes estar convencido de que, si te has comprometido a proclamar y extender Su reino, Dios va a ir más allá de los límites de tu imaginación. Vivir, amar y liderar igual que Cristo es algo que va a expandir tu vida, ensanchar tu corazón y profundizar tu fe. Yo lo sé muy bien.

Si me hubieras conocido a los veinte años, no me habrías puesto en la categoría de «El más apropiado para dirigir un ministerio global». Aunque fui bendecido con una familia amorosa, mi mamá, mi papá y cuatro hermanos, y crecí siendo activo en la iglesia, me sentía muy torpe cuando era un adolescente. Yo era alto y no tenía coordinación; no era un gran estudiante y me distraía con facilidad. Cuando empecé a seguir los pasos de mi padre como pastor y líder, tuve que enfrentar ese miedo que muchas personas tienen de hablar en público. La presión de ser el hijo de un prominente predicador (que yo, y nadie más, me impuse) hacía que me sintiera nervioso e inseguro, y parpadeaba sin cesar cada vez que tenía que hablar delante de la gente. Yo no tartamudeaba, ¡pero mis ojos sí!

Así que perseveré, aprendí a relajarme y a confiar en el Señor, porque creía que Él me había llamado precisamente a liderar. En el fondo, sabía que estaba vivo para un propósito más grande que yo mismo, más importante de lo que yo podía entender o imaginar cuando era niño. Me había propuesto que mi pestañeo constante y mi ansiedad autoimpuesta no me impedirían hacer lo que yo sabía que Dios quería que hiciera. A una temprana edad fui consciente de que el Señor deseaba mi servicio para marcar una diferencia positiva en la vida de las personas. Así que, con el aumento gradual de mi fe, empecé a experimentar la revelación de Sus propósitos para conmigo en esta Tierra: liderar, servir y equipar a la iglesia local.

Afortunadamente, tuve la bendición de tener una pareja, mi increíble esposa Bobbie, para vivir, amar y liderar. ¿Quién hubiera imaginado que durante aquella convención de verano, la mujer joven y hermosa que se acercó a mí en la playa, con su traje de baño blanco y que traía un helado en la mano, tenía el mismo corazón y deseo en cuanto al ministerio que yo? ¡Lo que sí sabía en aquel momento es que era preciosa! Y que, en efecto, me traía un helado. Después de varias décadas, tres hijos y un número cada vez mayor de nietos, nuestro matrimonio sigue creciendo, porque no solo nos amamos mutuamente, sino que en primer lugar amamos al Señor. Incluso, cuando por primera vez decidimos casarnos hace ya bastante tiempo atrás, Bobbie y yo compartíamos el sueño de edificar la iglesia, y ser parte de una comunidad dinámica del pueblo de Dios que creciera, amara y sirviera a sus familias, sus amigos y a todo el mundo a su alrededor.

De hecho, el sueño de cómo pudiera ser una iglesia llegó casi de golpe. Durante el noviazgo, conversábamos constantemente sobre el futuro y nuestro entusiasmo por servir juntos al Señor. Por aquella época yo vivía en una casa con un montón de muchachos solteros de la iglesia. Bobbie y yo habíamos acabado de comer algo cuando comenzamos a soñar en cuanto al futuro.

Seguimos con un animado debate mientras conduje hasta mi casa y me estacioné justo en la punta de la empinada rampa de entrada al garaje de nuestra vecina la señora Wilson. Bobbie y yo a menudo hablábamos sobre el precio que estábamos dispuestos a pagar por servir a Dios juntos. Recuerdo claramente cómo le decía que quizás nunca llegaríamos a ser dueños de nuestra propia casa o a tener seguridad financiera si respondíamos a Su llamado en nuestras vidas; sin embargo, su constante entusiasmo hacía que la amara aún más. Estábamos tan inmersos en la emoción de todo lo que teníamos por delante (incluyendo la boda) que ni siquiera nos dimos cuenta de que la tierra se desplazaba debajo de nosotros. ¡Estaba tan sumido en la conversación (y en el beso de despedida también, seamos sinceros) que se me olvidó poner el freno de mano! ¡No estoy seguro de que la señora Wilson nos haya creído cuando tratamos de explicarle por qué habíamos chocado el auto contra la puerta de su garaje a las dos de la mañana!

Soñadores (por accidente)

El catalizador de ese desafortunado accidente sigue resonando en el mundo entero de una manera asombrosa que ni Bobbie ni yo jamás hubiéramos imaginado aquella noche en la rampa de la señora Wilson. Hoy estoy a punto de subirme a un avión para hablar por primera vez en nuestra iglesia plantada hace poco en Copenhague (Dinamarca). Sonrió de oreja a oreja al relatar de nuevo la historia que me contaron de un ejecutivo de películas (apartado de la fe) en Los Ángeles, el cual quedó tan impactado con un reciente evento de Hillsong UNITED (un grupo internacional de adoración que nació en la Iglesia Hillsong) en el icónico Hollywood Bowl, que empezó a hacer planes a fin de que «otros puedan experimentar esto», refiriéndose a la verdad y la emoción que la adoración había provocado en él. Esa es solo una de muchas otras historias.

La magnitud de todo lo que está por delante en cada etapa de la vida puede resultar abrumadora, y sin embargo es importante que no perdamos la perspectiva de que ¡nosotros soñábamos con estos días! Días en que personas influyentes despertarían ante la realidad de un Dios vivo y del impacto de Su Iglesia en el mundo.

Mi respuesta a la manera en que Dios aún derrama Su favor sobre la Iglesia Hillsong y en cómo nos ha utilizado para hacer avanzar Su reino, es una mezcla de puro gozo y total incredulidad. En pocas palabras: ¡estoy boquiabierto! Ver la manera en que Hillsong llega a millones de vidas en todo el mundo va mucho más allá de aquello que dos muchachos jóvenes en un viejo Nissan pudieran haber soñado. Es presenciar Su poder en acción. Es ver cómo fructifican esas pequeñas semillas del reino que nos fueron confiadas para plantar a lo largo de estos últimos treinta años. ¡Vivir nuestras vidas entregados completamente al reino de Dios ha sido la aventura más grande, y todavía nos entusiasmamos con lo que Él hará más adelante!

En Australia se habla de «cortar la amapola más alta», para referirse a una flor que se yergue por encima de las demás. Es una expresión reservada para aquellas personas que hacen más que la mayoría, o que alcanzan un éxito sin precedentes. A menudo los políticos, los artistas, los comediantes y la gente de negocios son examinados, y si bien esta tendencia crítica se utiliza injustamente para enmarcar a alguien dentro de una categoría, también nos recuerda no tener un concepto demasiado alto de nosotros mismos o llevarnos todo el crédito. Así que permíteme ser el primero en cortar mi amapola, porque nunca presumiría de llevarme el crédito de cualquiera de los increíbles y asombrosos cometidos que Dios lleva a cabo a través de Hillsong. Es simple: estamos dispuestos a servir, y tenemos la bendición para ser usados junto con tantos otros alrededor del mundo que también edifican la Iglesia y que proclaman las buenas nuevas del evangelio.

Si algún día tengo que bajar un poco mi propia flor, lo único que debo hacer es recordar cómo empezamos. Tú lo entenderías si vieras el pequeño apartamento donde Bobbie y yo vivíamos cuando nos mudamos a Sídney para servir en la iglesia que mis padres habían comenzado allí. Si pudieras verme cuando fregaba las vidrieras de las tiendas a dos dólares cada una (a cinco por las que eran muy grandes) para que me alcanzara el dinero hasta el final de mes. Si hubieras visto a Bobbie levantarse temprano para ayudar a colocar las sillas para nuestras reuniones de iglesia, cómo pintaba nubes para alegrar la pared del área del ministerio de niños (porque era un lugar muy monótono), entonces podrías comprender lo que Dios ha hecho. Si pudieras mirar atrás cuando me sentaba al piano con nuestro inexperto, pero dotado pastor de adoración, que me animaba a escribir canciones para la iglesia y a que liderara a las personas en la adoración. Si pudieras ver la pequeña sala de la escuela donde hicimos las primeras reuniones antes de mudarnos a un almacén vacío en medio del campo en la periferia noroeste de Sídney, entonces te asombrarías tanto como nosotros.

La fe colorea fuera de las líneas

La vida de hoy y el lugar son muy diferentes de lo que eran cuando empezamos. En 1993, la Iglesia Hillsong solo tenía diez años de edad. Me senté con un pedacito de papel en blanco en nuestra oficina en Castle Hill. Miré por la ventana a las tiendas abandonadas al otro lado de la calle y escribí estas palabras en la parte superior de mi diario: «La Iglesia que veo». Fue una intrépida declaración del futuro, un vellón delante de Dios y un clamor de mi corazón; era la visión de la iglesia que desesperadamente anhelaba pastorear. Esta afirmación abarcaba los ministerios internacionales, la música influyente, los centros de convenciones y los altares llenos de personas. Soñé con los ministerios de televisión que aún no existían y con un instituto que era imposible de lograr. Era una meta de fe, y cuando lo compartí con nuestra iglesia un domingo por la mañana, supe que acababa de salir de la barca.

Años después, estamos viviendo los días que soñamos. La fe que teníamos entonces ni siquiera era lo suficientemente grande para la profundidad de la extensión y los planes que Dios tenía para nuestro futuro. Y lo que Él me ha demostrado una y otra vez es que, a pesar del nivel de éxito o visión de crecimiento que tengamos, todo tiene que ver con las personas. El mayor interés de Su corazón es la gente.

Por tanto, el resultado es que percibo esto como algo que va mucho más allá de las cifras. Ya sea que hablemos de la cantidad de miembros, los presupuestos de la iglesia, la asistencia los fines de semana, o las ventas musicales, me esfuerzo para mirar más allá de los números y ver las vidas transformadas. Muchísima gente reduce la fe y los milagros a meras cantidades, y no me gusta evaluar lo que el Señor está haciendo solo por medio de cifras. La fe no se puede medir en metros cuadrados, dólares o concurrencia. De hecho, recordamos con regularidad que la Iglesia Hillsong no se trata de la multitud, sino de *cada persona individualmente*, como aquel chofer de taxi en Guatemala quien, con lágrimas en los ojos, nos habló del impacto de la música de

Hillsong en su familia destrozada; o la mujer en Uganda que descubrió que éramos australianos y dijo: «Yo solo conozco dos cosas de ese país: los canguros y… Hillsong». O las personas que nos encontramos en los lugares más extraños, desde las playas remotas de África hasta las colas para el baño en los aeropuertos más grandes del mundo, que nos expresan su agradecimiento por el ministerio de Hillsong y el impacto que Dios ha tenido en sus vidas a través de un encuentro con una persona, con una canción o con un mensaje.

La mayor parte de la evidencia de lo que Él hace, en mi opinión, pasa inadvertida y no se registra. La familia que finalmente se reúne después que un padre descubre el amor de Jesús y termina su libertad condicional; la persona divorciada que se siente aceptada y amada tal cual es; el adicto secreto que se llena de valor para compartir su batalla interna con una comunidad de creyentes que le animan; el niño que recibe alimento; la viuda que tiene consuelo; el huérfano que es acogido por una nueva familia; el distanciado que se reconcilia; el perdido que es encontrado; la forma en que Dios levanta al pobre y al necesitado del polvo para ponerlos al mismo nivel que los príncipes; el verle sanar a los quebrantados y llamar justos a los pecadores, no me deja ninguna duda de que seguir a Jesús es la única manera de vivir.

Vivir en el camino de la fe no es algo mecánico, monótono y aburrido. La fe colorea fuera de las líneas y ve las cosas de manera diferente a como el mundo las ve, tiene ojos eternos con una perspectiva eterna. Tu Padre Celestial no te creó para vivir una vida mediocre: te creó para vivir la vida en el camino de la fe.

Caminar sobre las aguas

Vivir en el camino de la fe no significa necesariamente en el camino más rápido. En lugar de conducir tal vez la vida en la senda de la fe se parece más a la natación. He pasado gran parte de mi vida cerca del agua, en las playas de Australia, nadando o simplemente disfrutando de un café en una cafetería junto al mar. Este país bronceado por el sol es la isla más grande del mundo, y eso significa que tenemos más costa que cualquier otro lugar. Nueva Zelanda, mi tierra natal, también está formada por islas, así que de niño no había nada que me gustara más que estar en la playa, flotar en el agua fresca, buscando alivio para el calor del verano.

Pero vivir en el camino de la fe es mucho más que flotar y permitir que la corriente de la vida te lleve a donde quiera. Vivir en ese camino consiste en tomar el control del futuro, mientras dependes de Jesús en cada paso que das, incluso cuando eso signifique caminar sobre el agua. En realidad, ese parece ser el ejemplo, bellamente representado en la canción de Hillsong UNITED «Océanos», y que vemos en el encuentro de Pedro con Cristo una noche de tormenta:

> En la madrugada, Jesús se acercó a ellos caminando sobre el lago. Cuando los discípulos lo vieron caminando sobre el agua, quedaron aterrados.
> —¡Es un fantasma! —gritaron de miedo.
> Pero Jesús les dijo en seguida:
> —¡Cálmense! Soy yo. No tengan miedo.
> —Señor, si eres tú —respondió Pedro—, mándame que vaya a ti sobre el agua.
> —Ven —dijo Jesús.
> Pedro bajó de la barca y caminó sobre el agua en dirección a Jesús. Pero al sentir el viento fuerte, tuvo miedo y comenzó a hundirse. Entonces gritó:
> —¡Señor, sálvame!
> En seguida Jesús le tendió la mano y, sujetándolo, lo reprendió:

> —¡Hombre de poca fe! ¿Por qué dudaste?
> Cuando subieron a la barca, se calmó el viento. Y los que estaban en la barca lo adoraron diciendo:
> —Verdaderamente tú eres el Hijo de Dios.
> (Mt. 14:25-33, NVI)

Pedro, un esforzado pescador de oficio, no puede dar crédito a sus ojos cuando él y los demás discípulos divisan a alguien que se acerca a ellos caminando sobre las tormentosas y agitadas aguas. *Tiene* que ser un fantasma, no hay otra explicación. Como si no bastara con la tormenta; ahora sí que están aterrorizados.

Entonces oyen Su voz.

—¡No tengan miedo! ¡Todo está bien! ¡Soy yo!

La voz de su Maestro resuena como un trueno.

—¿Es posible… ? —se preguntan los discípulos.

Pedro necesita pruebas, así que grita en medio del aullido del viento:

—¡Si de verdad eres tú Señor, manda que yo vaya a ti sobre las aguas! Sin dudarlo un instante, Cristo le responde:

—¡Ven!

Y entonces sucede el milagro. Pedro sale de la barca y da un paso. Mantiene su mirada fija en los ojos de su Maestro, el pescador intenta no pensar en lo que está haciendo y simplemente deja que sus piernas hagan algo que han hecho infinidad de veces. Un paso, luego otro, y otro.

Camina sobre las aguas.

Es allí cuando se da cuenta de que el viento arrecia y entra en pánico. Quizás piensa de esta manera: ¡Caramba, estoy caminando sobre el agua… eso es imposible, no se puede hacer! Y comienza a hundirse como una piedra.

Ponte a remar

Conozco esa sensación de hundimiento.

Un verano, cuando tenía nueve o diez años, mi familia estaba de vacaciones en una cabaña junto a uno de esos famosos «lagos sin fondo» en el sur de la Isla. Mientras nuestros padres hablaban y se relajaban con sus amigos, mi hermano mayor y yo notamos un pequeño bote de remos en la casa contigua a la nuestra y no pudimos resistir la tentación de «tomarlo prestado». Ahora bien, este lago sí era profundo, y yo había escuchado que era conocido por sus repentinas corrientes y cambios del tiempo. Precisamente habíamos llegado a la otra orilla cuando las cosas empezaron a ponerse feas e íbamos a mitad de camino de vuelta cuando las nubes de tormenta nos alcanzaron.

Cuando el viento se intensificó y la corriente comenzó a acelerarse, empezamos a remar más fuerte, aunque parecía que no nos acercábamos a la casa. Nuestros brazos comenzaban a agotarse cuando sucedió lo impensable: perdí mi remo.

—¿Qué hacemos ahora? —le grité a mi hermano.

—¡Lánzate y búscalo! —me respondió vociferando por encima del fuerte silbido del viento.

Él era dos años mayor que yo, y mis opciones eran pocas, así que me lancé al agua.

Grave error.

Recuperar el remo fue relativamente fácil; Pero con la corriente que me alejaba del bote y el remo en una de mis manos, mis brazos se estaban agotando y esa lluvia fría y punzante me quemaba el rostro. Me estaba empezando a ahogar.

Fue entonces cuando vi que mi hermano nadaba hacia mí. ¡Él estaba tan loco como yo! Bueno, al menos estaba dispuesto a venir a salvarme, quizá porque se sentía responsable, o culpable, por haberme dicho que me lanzara al agua. Mientras nadaba cada vez más cerca, me pregunté cómo iba a ser capaz de salvarnos a los dos. ¿No nos hundiría la corriente a ambos?

Pero mi hermano mayor tenía, literalmente, un as en la manga. Se había atado una cuerda desde el barco hasta el brazo. Así que me agarró y empezamos a tirar de ella para acercar el bote más y más hasta que pudimos subirnos de nuevo en él.

Cuando llegamos a la orilla para recibir el castigo de nuestros padres, ya la tormenta se había despejado, y yo había descubierto un nuevo respeto por lo que Pedro y los otros discípulos habían enfrentado en el mar aquella noche.

No me cabía en la cabeza intentar caminar sobre esa superficie siempre cambiante; ya de por sí era imposible hacerlo cuando la superficie del lago estaba en calma. Así que, ¿cómo sería durante una tormenta? Eso va *más allá* de lo imposible.

A menos que tengas fe, como la tuvo Pedro en aquellos momentos cuando simplemente obedeció la orden del Señor. Esa fe que tuvo antes de razonar que lo que hacía era algo imposible. Es el tipo de fe que tú posees cuando vives en el camino de la fe.

¿Qué tienes delante de ti en este momento que te parece imposible? ¿Cuál es ese desafío del tipo «caminar sobre el agua en medio de la tormenta» que de inmediato te hace sentir desalentado y al que le temes sin remedio? En algún momento, todos necesitamos fe para aventurarnos fuera de la barca.

Entra en lo desconocido

A menudo fracasamos porque nos quedamos atascados en nuestras mentes, enredados en los pensamientos, sumidos en la especulación y las probabilidades; tratamos que la vida funcione a nuestra manera. Queremos andar sobre las aguas, pero insistimos en hacerlo por nuestros propios medios. Si confiamos en algo más, por ejemplo, en la tecnología para controlar el tiempo, en el dinero para un bote más grande o en un chaleco salvavidas «por si acaso», entonces tal vez lo resolvamos. ¡Pero no podemos! Apartamos nuestra vista de Jesús precisamente cuando pensamos que sí somos capaces, ¡y es ahí donde comenzamos a hundirnos!

La vida es una travesía, un camino sinuoso repleto de cosas desconocidas. Solo podemos avanzar en ella mediante el poder y la gracia de Dios. Tal vez tú te identifiques con esta historia: fue a finales del 2012 cuando Taya Smith, una de nuestras talentosas y jóvenes líderes de alabanza y miembro de Hillsong UNITED, era otro rostro entre la multitud. Su habilidad para el canto pasaba casi inadvertida dentro de la iglesia; sin embargo, ella servía fielmente detrás del escenario en el ministerio de jóvenes.

Taya trabajaba en el comercio minorista y se vio obligada a tomarse un descanso a causa de las vacaciones, durante las cuales había planeado visitar a su familia en las zonas rurales de Nueva Gales del Sur. Se atrasó en comprar un boleto de avión, y luego los vuelos estaban demasiado caros. Así que estaba atrapada en Sídney con una semana de descanso por delante, la misma semana en que nuestra iglesia grababa el álbum *Glorious Ruins*. Entró a la congregación la noche del domingo y le dijeron que se preparara para subir a la tarima final de la grabación si quedaba tiempo y se uniera al resto de los muchachos de *Young and Free,* nuestra banda de jóvenes. Esa noche su corazón cantó, y esto llamó la atención de mi hijo, Joel Houston.

El siguiente martes por la mañana, Taya se despertó con un mensaje de Mike Chislett (el productor de Hillsong UNITED) en su teléfono, preguntándole si podía llegarse al estudio y hacer algunas voces para el nuevo proyecto del grupo. Taya no tenía licencia de manejar, así que durante dos días seguidos tuvo que tomar varios autobuses y trenes desde su casa en el sur de Sídney, y luego andar en su patineta desde la estación de trenes hasta el estudio de UNITED en North Rocks, aproximadamente una hora y media en cada recorrido. Fue durante esos dos días que Joel le dio una nueva canción para que se la aprendiera, y Taya grabó «Océanos».

Resulta ser que, al terminar la primera grabación, se volvió hacia los chicos y nerviosamente les dijo: «puedo hacerlo mejor». Desconcertados, le respondieron: «Bueno, la verdad es que eso fue bastante bueno, ¿sabes?» (Si alguna vez has oído a Taya cantar, puedes imaginarte la pasión que le pone a todo lo que hace).

Me encanta cómo Taya relata que, en el autobús, de vuelta a casa esa noche, recordaba la oración que había hecho solo dos semanas antes. Le había pedido al Señor que le abriera o cerrara las puertas a la oportunidad de cantar profesionalmente y había sentido que el Señor la animaba a dejar a un lado ese sueño y a entrar a lo desconocido. El resto es historia.

El relato de Taya es como muchos otros. Una joven salió de la barca, Dios se puso en el camino de sus planes, ella eligió servirle incondicionalmente, y hoy su vida es un testimonio de su fe y de la fidelidad del Señor cuando le confiamos los detalles desconocidos de nuestras vidas. Si quieres vivir, amar y liderar como Jesús, entonces no hay otro lugar para hacerlo que no sea en el camino de la fe. Si quieres descubrir cuáles son los planes que Él tiene para tu vida, tendrás que avanzar hacia lo desconocido, arriesgar todo lo que tienes. Si sales de la barca y sigues el sonido de su voz, darás pasos que nunca creíste que fueran posibles.

Tú comenzarás un viaje misterioso, una excursión a Sus destinos secretos. Cobrarás vida con la posibilidad de confiar en Dios para hacer lo que parece imposible. Serás desafiado, puesto al límite, probado y examinado; incluso, puede ser que camines sobre las aguas.

¡Así es la vida en el camino de la fe!

CAPÍTULO DOS

Cómodo contigo mismo

Ante ti, postrado estoy aquí,
Te rindo mi ser.

«A ti me rindo» Hillsong Music, 2012

Me encantan las primeras horas de la mañana en mi casa en Sídney porque tengo tiempo suficiente para levantarme y relajarme. Durante esos días, por lo general me despierto bastante temprano y me pongo a buscar a tientas en la oscuridad, en un vano intento de no despertar a Bobbie. Estoy allí con los ojos hinchados y medio dormido, pero mi rutina es tan familiar que no pienso en eso. Agarro mi camiseta Nike, los *shorts* de baloncesto, los zapatos para correr y mi vieja gorra favorita (para no tener que peinarme). Aunque mi esposa normalmente se «apropia» de mis otras prendas de vestir para meterlas en la lavadora, mi gorra siempre es la misma.

Ya vestido, salgo silenciosamente para tomarme el primer café de la mañana en la cafetería que queda a unas pocas cuadras de distancia. El aire todavía es fresco antes de que el sol queme en el cielo australiano. Rodeado de otros madrugadores, llego a la cafetería y me siento en una pequeña mesa en la esquina, bebo lentamente mi café, y medito en el día que tengo por delante.

Estas mañanas de preparación lentas y hogareñas son mis favoritas porque puedo ponerme la ropa que me gusta, con la que me siento más cómodo. Es gracioso, porque si me encuentro con alguien que conozco, enseguida me pregunta: «¿Estabas haciendo ejercicios?» O «¿Corriste bastante?» Entonces tengo que confesar: «¡No, es lo primero que encontré para ponerme!» Aunque bueno, algunas veces la ropa me motiva a salir y dar un trotecito (muy lento) alrededor de la zona (donde hay vida, hay esperanza), antes de darme una ducha y seguir adelante con las rutinas del día. ¡Me siento muy cómodo con esa ropa; si pudiera andaría siempre con ella!

Se ajusta como un guante a la mano

Probablemente tú tienes tus propias prendas especiales que se han convertido en tus favoritas en los últimos años: unos *jeans* viejos, una chaqueta de cuero, la camiseta de un concierto o el vestido de la primera cita. Estas prendas no solo se ajustan como un guante a la mano, sino que también son muy cómodas. Uno se siente bien cuando las usa.

¿No desearías sentirse tan satisfecho con tu vida como con tu ropa favorita? ¿Sentirse tan cómodo contigo mismo como lo estás con tus *jeans* favoritos? ¿Que tu vida exprese una alineación entre lo que eres y aquello para lo que Dios te creó?

Estoy convencido de que todos anhelamos este tipo de vida. A veces la vemos manifestarse en individuos que descubren su vocación, se apasionan por ella, y entonces se destacan por encima de la media. Las personas que tienen este elegante ritmo de vida que combina su pasión, talento, habilidades y oportunidades, parecen destacarse. Admiramos sus logros y nos sentimos inspirados por sus contribuciones a los que los rodean, por la forma en que les gusta vivir y como lo hacen con gracia, aparentemente sin esfuerzo alguno.

Aunque los podemos encontrar en todos los lugares y ámbitos, con regularidad noto esta cualidad especial en mis atletas favoritos. Los mejores deportistas, ya sean de la NBA o de la NFL norteamericana o del deporte preferido en Australia, reconozco sus puntos fuertes y los admiro. Como soy un fan consagrado, que vive en un país amante de los deportes, me fascina ver un atleta talentoso en el clímax del juego. Verles driblear, esquivar y anotar, o embestir para hacer un placaje decisivo o batear una bola con elegancia hacia los filos, revela ese ritmo, ese equilibrio de sus movimientos, un don intuitivo que ha sido agudizado por la estrategia y la improvisación a la vez.

Para ti puede ser ver actuar a tu actor o cantante favorito, ver a un talentoso maestro en el aula, un escultor experto o alguien que se siente cómodo en el púlpito y que enseña de tal manera que logra una conexión natural con los corazones de las personas. Se puede ver este mismo tipo de rendimiento en prácticamente cualquier persona que sobresale en un nivel que combina sus capacidades naturales, su profunda pasión, su formación y la sabiduría obtenida a partir de innumerables horas de experiencia.

En su libro *Fuera de serie*, Malcolm Gladwell afirma que se requieren diez mil horas de adiestramiento, ejercicio, entrenamiento y más práctica para que alguien se transforme en una de esas personas fenomenales que llega a convertirse en un ícono en su campo de acción.

Quizás tú todavía no le has dedicado esas diez mil horas a algún objetivo en particular, o ni siquiera has descubierto cuál es tu verdadera vocación, sino que es probable que hayas pasado mucho tiempo para estudiarte a ti mismo. Tú sabes que anhelas un propósito y una satisfacción más profunda en tu vida. Deseas ese tipo de vida espaciosa, amplia y plena que Jesús vino a ofrecer.

Abrumado

Recientemente, Bobbie y yo íbamos en el auto, a una hora de camino de nuestro destino. Hablamos de varios temas: de nuestros hijos, nietos y la gente de la iglesia, antes de caer en ese silencio cómodo que se disfruta con alguien a quién amamos desde hace mucho tiempo. Entonces mi esposa rompió el silencio, de repente se volvió a mí y dijo: «¿No te sientes abrumado algunas veces?»

Sin lugar a dudas Bobbie pensaba en la *Colour Conference for Women* [Conferencia para mujeres Color] que ella dirige cada año. El Espíritu de Dios le hizo sentir carga para que creara una conferencia que se centrara en lo mucho que Él ama y valora a todas las mujeres. Mi esposa ha visto crecer esta conferencia hasta convertirse en un evento internacional que atrae a miles y miles de mujeres de todo el mundo. Como yo estaba al tanto de que el evento de este año ya estaba muy cerca, lo cual trae aparejado una gran cantidad de personas y preocupaciones, supe la razón de su pregunta. En cuanto me preguntó, le contesté sin vacilar: «Todo el tiempo».

Para ser honesto, nunca hemos conocido un momento en que nos hayamos sentido en terreno cómodo. Cuando éramos jóvenes, no teníamos ni los recursos ni la experiencia para confiar en lo que estábamos haciendo, así que tuvimos que descansar en Dios cada día. Luego, cuando fuimos más adultos, tanto nuestra familia del hogar como nuestra familia de la iglesia comenzaron a crecer y desarrollarse, y eso siempre nos mantuvo en guardia, improvisando bajo la gracia de Dios, buscando Su guía, provisión y protección.

A medida que Él nos ha confiado más responsabilidades y recursos, nos sentimos aun más abrumados. Jamás seríamos capaces de hacer en nuestras propias fuerzas todo lo que hacemos, ni siquiera con los miles de personas increíblemente talentosas que se nos unen para extender el reino de Dios. Pero el Señor nos sigue llamando, y respondemos y actuamos impulsados por Su Espíritu. Él ha sido siempre fiel para proveernos de todo lo necesario y más. Nunca ha sido a través de nuestras propias fuerzas, talento, habilidad o influencia.

Tal vez tú también te sientes abrumado. A lo mejor te sientes atrapado, preso en un ciclo de tareas, facturas, plazos y las horas del día no te alcanzan. Sin duda, la vida está llena de momentos abrumadores, especialmente para todos nosotros los que queremos hacer algo que valga la pena con nuestra existencia, y vivir con un propósito. Con frecuencia las personas, en busca de respuestas, se entretienen con actividades que al final solo les roban todas las energías y los dejan sin un ápice de motivación. Sin embargo, hay una mejor manera de vivir.

La Biblia nos habla muchísimo sobre lo que es vivir en la gracia: conocer, andar y vivir en el favor inmerecido de un Dios clemente y misericordioso. La Biblia está llena de personajes que a veces se sentían fuera de lugar, incapaces de llevar a cabo la tarea que se les había encomendado. Hombres y mujeres abrumados por el propósito delante de ellos y el llamado de Dios a sus vidas. Gente como Mefiboset, que era un extraño en la casa del rey. Moisés, que tenía dificultades para hablar. David, que no era más que un joven pastor. Incluso una prostituta llamada Rahab, que le pidieron que traicionara a su propio pueblo y confiara en un Dios al que apenas conocía para de esta forma salvar a su familia.

Una y otra vez, no importa quién fuera, todos se sintieron abrumados. Y sin embargo, Dios les dio la gracia suficiente para cumplir su propósito y llamado individual. Tengo que confiar en que hoy, Él hace lo mismo contigo y conmigo. Cuando el apóstol Pablo pidió a Dios que le quitase aquel «aguijón en la carne», aquella batalla recurrente, Dios le respondió: «Bástate mi gracia, porque mi poder se perfecciona en la debilidad». Esto hizo que Pablo escribiera: «Por tanto, de buena gana me gloriaré más bien en mis debilidades, para que repose sobre mí el poder de Cristo» (2 Cor. 12:9).

Tu propia esfera de gracia

Mientras que la historia de cada persona en la Biblia nos da pistas en cuanto a cómo vivir en el confort de nuestra propia gracia, el apóstol Pablo aborda el tema directamente. En casi todas las cartas que escribió, ya fuera a los romanos, los efesios, los colosenses o quien fuere, él comienza con una presentación de sí mismo en el contexto de la gracia. En cada caso, el apóstol muestra una confianza clara y una fuerza natural, una comodidad real consigo mismo. Ha perdido sus limitaciones, por tanto, se enfoca en su llamado y confía en el poder de Dios para lograrlo.

Observa cómo comienza su carta a los efesios:

«Pablo, apóstol de Jesucristo por la voluntad de Dios, a los santos y fieles en Cristo Jesús que están en Éfeso» (Ef. 1:1).

Parece una forma natural de comenzar una carta, ¿cierto? Pero si nos fijamos con atención, la confianza de Pablo sale a relucir. Pablo dice lo siguiente: «Pablo (ese soy yo), apóstol (lo que hago) de Jesucristo (por quién lo hago) por la voluntad de Dios (esta es mi autoridad), a los santos y fieles en Cristo Jesús que están en Éfeso (esta es mi audiencia)». ¡En una frase breve, Pablo ha puesto de manifiesto toda su esfera de gracia!

Pablo tenía una clara confianza en lo que hacía. Se sentía cómodo con su llamado a pesar de los desafíos, que a menudo eran muchos, cómodo con la forma en que Dios había dispensado Su gracia de una forma única en su vida. Cuando se vio obligado a defender su ministerio y la autoridad de Dios para ejercerlo,

Pablo ofrece la mejor definición de esta medida única de gracia que el Señor nos otorga a cada uno. Él escribió: «No nos atrevemos a contarnos ni a compararnos con algunos que se alaban a sí mismos; pero ellos manifiestan su falta de juicio al medirse con su propia medida y al compararse consigo mismos. Pero nosotros no nos gloriaremos desmedidamente, sino conforme a la regla que Dios nos ha dado por medida al permitirnos llegar también hasta vosotros» (2 Co. 10:12-13).

Pablo deja claro que no es prudente compararnos o evaluarnos basados en nuestras propias normas o las de los demás. Solo podemos operar dentro de la esfera de servicio que Dios personalmente nos asignó. Siempre que comiences a compararte con otros en la vida, vas a terminar sintiéndote insatisfecho, envidioso, resentido, celoso y amargado. El pasto siempre parece más verde al otro lado de la cerca. Siempre vas a encontrarte con alguien que parece hacerlo todo mejor que tú, tener más éxito, disfrutar más de la vida y ganar más dinero.

Pero si entiendes lo que Pablo expresa, y observas cómo vivió su vida, entonces queda claro que su confianza, su conformidad consigo mismo, proviene de vivir dentro de este ámbito, esta medida de gracia que Dios le había ofrecido.

Recuerdo claramente el primero de los viajes ministeriales que Bobbie y yo hicimos a los Estados Unidos. Nos invitaron a hablar en una conferencia en la costa oeste, y nos sentíamos un poco inseguros porque era la primera vez que ministrábamos en ese país. Habíamos oído algunas cosas sobre el ministerio en los Estados Unidos; «las esposas de los pastores solo pueden usar faldas», por ejemplo, y ninguno de los otros oradores presentes tenía un peinado de cola de caballo como el mío. Llegamos un poco avergonzados con nuestros «australianismos» y recuerdo que al sentarme y escuchar a los demás oradores de la conferencia que enseñaban tan elocuentemente con un pulido acento americano pensé: ¿Y yo qué hago aquí? Sin embargo, las palabras de uno de nuestros buenos amigos en el ministerio me trajeron a la realidad. Cuando me puse en pie para hablar, me dio una palmada en la espalda y dijo: «Brian, simplemente sé tú mismo. ¡Eres australiano, y así es como te queremos!»

Podemos estar distraídos en nuestras propias inseguridades, tratar de satisfacer las expectativas de la gente y presionarnos a nosotros mismos para ser alguien diferente. Hasta hoy, que me siento totalmente cómodo y confiado con la persona que soy, todavía hay momentos en que me puedo sentir momentáneamente pisando terreno desconocido. Pero, como supuestamente Oscar Wilde expresara: «Sé tú mismo. Todos los demás ya existen».

Pablo logró cosas increíbles para el reino de Dios porque vivió su propia medida especial de gracia. Viajó prácticamente a todas las regiones del mundo conocido en su época para llevar las buena noticia del evangelio. Escribió cartas sobre verdades que el Espíritu de Dios le reveló para que informara, instruyera e inspirara a generaciones de lectores y creyentes. Enfrentó el peligro, vio la muerte de cerca en muchas ocasiones, y se mantuvo sosegado y enfocado en medio de las tormentas, naufragios, multitudes hostiles y motines carcelarios. Pablo en repetidas ocasiones nos deja bien claro que él no es el responsable de esa vida basada en la gracia que él vivía. Solo su relación con Dios a través del poder de Cristo alimentaba su confianza y satisfacción.

Bendecido para el éxito

Cuando vives dentro de los parámetros de tu propia gracia especial, entonces sientes que la vida es abierta y expansiva. Dejas de comparar y comienzas a apreciar. La vida abundante que Jesús vino a traernos nos libera de los límites de la cultura, la competencia y la comparación. Podemos ser generosos, abiertos a la amistad y las relaciones y, llenos de gracia, podemos disfrutar del cumplimiento de nuestro propósito a la vez que amamos a los demás y somos amados. Cuando experimentamos el favor gratuito e inmerecido de Dios, descubrimos que Su gracia lo llena todo y es completamente suficiente. A través del poder de Su gracia, Dios puede perdonar y olvidar el pecado o el fracaso más devastador de nuestras vidas. Su gracia ofrece una respuesta para todos los problemas, Una manera de superar cualquier obstáculo, la facultad para hacer lo que sería imposible en nuestras propias fuerzas.

Cuando vives esa vida abundante y plena para la que fuiste diseñado, todo lo que haces se caracteriza por la pasión, el propósito, la perspectiva y la paz. Te emocionas al despertarte cada mañana, con ganas de salir de la cama y vivir el día que el Señor ha hecho y ha puesto delante de ti. El trabajo duro y los obstáculos inesperados no te van a detener ni te frustrarán por mucho tiempo, porque sabes que estás haciendo lo que fuiste creado para hacer, y es tu más auténtico ser, liberado por la gracia de Dios.

De la manera que Pablo personalizó la gracia que le fue concedida, tú debes recibir la gracia que Dios te ha ofrecido. Cuando vives inmerso en tu propia esfera de gracia, cuando dejas a un lado las limitaciones de vivir a la altura de las expectativas de los demás, entonces te sientes cómodo contigo mismo y con tu vida, de la misma manera que te sientes al ponerte tu ropa favorita.

Dios repartió una medida de gracia para cada uno de nosotros. Esta medida es todo lo que necesitas para cumplir el propósito de Dios en tu vida. Puede sonar un poco exagerado o muy simple, pero cada uno de nosotros nace con dones, diseñados a nuestra medida, habilidades latentes, combinadas individualmente para nuestro propósito único en la vida. Descubrir este hecho y vivir en su poder es lo que te libera hacia una vida grande y expansiva, esa vida que quizás solo imaginaste en sueños, esa vida que pensabas que era solo para los afortunados. La clave para el futuro que esperas se encuentra en ser fiel a la medida que Dios *te* ha dado.

Esta medida personal de la gracia de Dios te concede autoridad y estabilidad. No se basa en lo que eres, o lo que otros piensan que eres, o en tu rendimiento. Si eres ama de casa, líder empresarial, artista o comerciante, o un poco de todo eso, si pones en práctica aquello para lo que Dios te ha dado gracia, entonces tienes Su respaldo, Su apoyo, Sus recursos y Su favor. ¡Tú has atravesado el umbral del «quizás» para salir al inmenso monte de las maravillas! Cómodo contigo mismo; allí es donde Dios quiere que vivas tu vida.

CAPÍTULO TRES

Confiados en el llamado

Estoy atrapado en los ritmos de la gracia,
que superan todos mis caminos.
Volviendo a alinear cada paso todos los días
para vivir para tu gloria.

«Ritmos de gracia» Hillsong Music, 2011

Cuando nuestros hijos eran pequeños y todavía vivían con nosotros, aprovechábamos cualquier oportunidad para pasar un tiempo en nuestra pequeña cabaña en las hermosas orillas del río Hawkesbury. Además de ser un lugar pintoresco, era también el lugar ideal para practicar deportes acuáticos y hacer todas esas cosas que a los niños les gusta hacer. Practicábamos esquí acuático, *wakeboard* (semejante al esquí acuático sobre una tabla de surf) y tomábamos el sol antes de disfrutar de las hermosas noches de verano en el patio, donde matábamos moscas, nos picaban los mosquitos y el aire se llenaba con nuestras conversaciones y bromas de familia.

Siempre nos acompañaban nuestros dos fieles perros labradores dorados, Jack y Moisés. Corrían durante horas por las márgenes de los ríos pantanosos persiguiendo todos los botes que pasaban por el lugar. Todos los vecinos conocían a nuestros perros y (en su mayoría) se divertían con ellos. Cuando no estaban en el agua o ladrándole a los botes, era porque andaban tras su otro pasatiempo favorito: perseguir conejos, serpientes, lagartos y cualquier cosa que se moviera en el suelo.

Siempre me sorprendía el cambio en el comportamiento lento y despreocupado del viejo Jack cuando atrapaba uno de esos enormes lagartos australianos. Era como si un espíritu diferente lo poseyera. Con la velocidad de un joven cachorro, trababa la víctima en su boca y la agitaba de forma tan violenta que le rompía el cuello en un instante. Después, orgulloso, me traía su presa muerta y la ponía a mis pies, aunque exactamente aquello no era algo que yo deseara ver.

Supongo que no debía sorprenderme tanto. Jack nació siendo un perro labrador, así que hacía simplemente lo que por naturaleza debía hacer. Era algo natural para él, aunque nadie le había enseñado a hacerlo.

Qué tristeza sentimos unos años más tarde, el día que estábamos en la cabaña y encontramos al viejo Jack flotando en el río. Era un buen nadador, así que Bobbie y yo nos preguntábamos qué le había sucedido. ¿Lo golpeó un bote? ¿Sufrió un infarto mientras trataba de cruzar a nado? ¿Había saltado Moisés, su compañero de toda la vida, sobre su espalda en las aguas profundas, y sin querer lo ahogó? Nunca lo sabremos.

Lo enterramos bajo uno de los enormes pinos donde le gustaba echarse durante horas. Era un perro de familia hermoso, apacible, pero nunca olvidaré verlo en acción cada vez que se lanzaba sobre un lagarto. Cualquiera que fueran las circunstancias de su muerte, yo sabía que había vivido una vida plena, haciendo aquello para lo que había nacido.

Descubre tu gracia única

Por desgracia, muchos de nosotros no nos sentimos tan cómodos con nosotros mismos como mi viejo amigo Jack. Muchas personas viven toda la vida y nunca se sienten seguras de lo que Dios quería que fueran.

Gedeón tuvo problemas con esta realidad. De hecho, todos nos podemos sentir identificados con Gedeón. ¿Te ha pedido Dios alguna vez que hicieras algo que te parecía imposible? ¿Te escondiste alguna vez de una tarea que estaba frente a ti, poniendo excusas desesperado por salir de algo que parecía inevitable o para lo que no te sentías ni preparado ni capacitado? Bueno, Gedeón sí lo hizo. Al igual que la sensación que compartimos en el capítulo 2, él se sintió abrumado. Veamos la escena…

En Jueces 6 leemos que Gedeón, un guerrero y miembro del ejército que luchaba contra los madianitas, se había escondido en un lagar, encogido de miedo ante el enemigo cuando un ángel del Señor se le apareció y le dijo: «Jehová está contigo, hombre esforzado y valiente».

¿Dijo valiente? ¡Vaya! ¿En qué estaba pensando aquel ángel? Seguramente se había confundido y le dio el mensaje a la persona equivocada. ¿Gedeón el cobarde, un hombre esforzado? ¿Valiente?

Esforzado implica una energía o poder superior. *Valiente* habla de audacia, bravura y coraje frente a un gran peligro. ¿Qué te viene a la mente cuando imaginas a un guerrero «esforzado y valiente»? Tal vez un soldado alto, enérgico y audaz que hace temblar a los guerreros y a las mujeres caer de rodillas. Sin embargo, el supuesto esforzado y valiente, que temblaba ante este impresionante mensajero angelical de Dios, era un soldado cobarde, desaliñado y vencido, que ocultaba lo poco que tenía para que no se lo arrebataran de sus manos. Cuando el ángel le declaró a Gedeón algo que él no era capaz de ver en sí mismo, su interior se llenó de dudas y excusas. La respuesta inmediata de Gedeón al ángel en el versículo 13 fue: «Perdón, señor, pero si Dios está con nosotros, ¿por qué nos pasa todo esto? ¿Por qué no hace milagros como cuando nos libró de Egipto? Nuestros antepasados nos han contado las maravillas que Dios hizo antes; pero ahora nos ha abandonado, nos ha dejado caer en manos de los madianitas» (TLA).

«Pero, si, por qué» declaró Gedeón en una sola oración. ¿Te parece familiar?

Mira, en los días de Gedeón, los hijos de Israel no estaban experimentando esa tierra prometida que Dios había planeado para ellos. Su constante desobediencia había provocado que su territorio se llenara de enemigos. Otras tribus les destruían los cultivos, los despojaban de sus pertenencias y aterrorizaban al pueblo de Gedeón. No es de extrañar que Gedeón escondiera su trigo en el lagar; allí podía esconderse, pues era un lugar a donde nadie iría a buscarlo. Sin embargo, Dios lo encontró.

¿Te imaginas la escena? Gedeón estaba completamente abrumado por las circunstancias y por sus sentimientos de incapacidad. Sin embargo, aquel ser angelical de otro mundo estaba allí y le decía cosas que seguramente le parecían absurdas. ¿Puedes imaginarte lo que sentía? Pero algo dentro de Gedeón se agitó, algo que él daba por muerto… era la esperanza. Él vivía derrotado por su entorno y había perdido toda esperanza de cumplir el sueño que sus antepasados habían tenido por generaciones. Entonces el Señor se volvió hacia él y le indicó: «Ve con esta tu fuerza y salvarás a Israel de manos de los madianitas. ¿No te envío yo?» (Jue. 6:14).

¿Poder? ¿Fuerza? ¿Qué cosa veía Dios que él no podía ver? ¿Sabías que tú también tienes tus puntos fuertes? ¿Eres más rápido que Gedeón en reconocer los puntos fuertes que Dios te dio, o pasas constantemente por alto las mismas cosas: talentos, dones y atributos que Dios quiere que uses? ¿Qué dice Dios de ti, y a qué te ha llamado? La clave para vivir una vida con propósito es ser capaz de responder estas preguntas. Al igual que Gedeón, necesitamos descubrir el sentido de propósito, el espíritu de conquista, y la fe en un Dios que nos llama por nuestro nombre y que nos ha dotado de fortalezas individuales.

Al igual que Pablo en 2 Corintios, debemos sentirnos cómodos al estar dentro de los límites de gracia que Cristo ha derramado sobre nosotros de manera única, para que avancemos hacia la promesa y el propósito futuros que Él tiene para nuestras vidas.

Cimentados en la gracia

Yo tenía cinco años cuando decidí aceptar a Jesús como mi Señor y Salvador. Como ya he compartido anteriormente, recuerdo que desde aquella época lo único que quería hacer era pastorear una iglesia y ser parte de la edificación del Reino de Dios. Después de terminar la escuela, fui al instituto bíblico y después comencé a servir en la iglesia local en lo que fuera. Hoy día, con más de cuarenta años cumplidos en el ministerio, estoy viviendo mi sueño, y la pasión por servir a Dios arde en mí más que nunca.

Sin embargo, no siempre viví en el conocimiento o la comprensión de la esfera que me había sido dada, la asimilación de mis puntos fuertes, la aceptación de mis debilidades, y el descubrimiento de mi zona de gracia. Hubo muchos momentos en que me cuestioné y dudé seriamente si en verdad yo podía hacer aquello que anhelaba.

Mirarte a ti mismo y compararte con el tamaño de tu sueño puede convertirse rápidamente en algo con lo que nadie puede lidiar. Los planes que Dios tiene para ti *siempre* son más grandes que tú, y nunca van a ser sencillos de lograr en tu propia fuerza.

Todavía recuerdo mis días en el instituto bíblico a los dieciocho años de edad. Hubo una etapa en la que cada estudiante tenía que dar una breve charla devocional a los otros estudiantes, quizás unas sesenta o setenta personas. Llegó mi turno, y hasta hoy recuerdo que, ¡me escabullí por la puerta, entré en el auto y me fui en la dirección opuesta para no tener que hablar en público!

En aquellos días nadie habría reconocido o imaginado que yo tenía el don de liderazgo. Yo no era líder de nada, no era capitán de ningún equipo, y ciertamente no me paraba en frente de las multitudes. Hoy en día me paro con regularidad delante de las multitudes en estadios enormes, predico sin problemas un mensaje de cuarenta minutos, ¡pero no siempre fue así! Cuando llegué a sentirme cómodo conmigo mismo, al escuchar lo que Dios decía sobre mí, yo fui capaz de emprender todo lo que Dios tenía para mí. Entonces descubrí la verdad inquebrantable de que Nunca acabará en segundo lugar, si pone a Dios en primer lugar.

Tengo la plena certeza de que Dios nos otorga a cada cual nuestra propia gracia, una medida especial de bendiciones que está en total correspondencia con Sus propósitos para nuestras vidas. Por desgracia, me demoré más de lo que debía en descubrir mi zona de gracia y me he dado cuenta de que nunca es demasiado tarde para comenzar a vivir en esa esfera de la realidad. Dios siempre ve más en nosotros que nosotros mismos.

De la misma manera, tú nunca cumplirás los propósitos de Dios para tu vida si miras fuera de ti. Si te enfocas en lo que otras personas son, lo que hacen y todo lo que tienen, entonces empiezas a compararte y siempre alguien te supera. Dios no te llamó para que imitaras a alguien. Si intentas ser aquello que los demás quieren que seas, incluso cuando te aman y lo hacen con buenas intenciones, te sentirás inseguro porque actuarás como alguien que no eres.

Conocer la medida de gracia que Dios te ha dado significa que no tienes que ser otra persona. ¡Eso te trae libertad! No tienes que intentar realizar un hecho memorable o ganar un premio para sentirte seguro de ti mismo. Solo tienes que ser fiel a la medida de gracia que Dios te ha dado. *Fidelidad* significa aferrarte a tu propósito y confiar en la bondad de Dios, lo mismo si estás en la cima, en celebraciones, en los picos más elevados, o en las tribulaciones y las tragedias que la vida te depara. Así es como se crece. Cimentado en la gracia.

Descubre tu «YO» único

Dios no es esquizofrénico. No te creó de una manera, para usarte de otra manera. Él sabía exactamente lo que tenía en mente para tu futuro cuando te formó. Su Palabra nos da una idea de la manera en que Dios nos diseñó a cada uno individualmente para que funcionáramos en la medida o esfera para la que nos destinó de forma única.

> Digo, pues, por la gracia que me es dada, a cada cual que está entre vosotros, que no tenga más alto concepto de sí que el que debe tener, sino que piense de sí con cordura, conforme a la medida de fe que Dios repartió a cada uno. De la manera que en un cuerpo tenemos muchos miembros, pero no todos los miembros tienen la misma función, así nosotros, siendo muchos, somos un cuerpo en Cristo, y todos miembros los unos de los otros.

> Tenemos, pues, diferentes dones, según la gracia que nos es dada [...] úselo conforme a la medida de la fe (Ro. 12:3-6).

¿Cuáles son tus fortalezas? ¿Puedes identificar esos dones únicos presentes en tu vida? Están ahí, aunque los reconozcas o no.

Recuerdo claramente una conversación que tuve con un hombre que buscaba consejería en nuestra iglesia. Estaba sentado en la oficina, con los hombros caídos y una abrumadora sensación de desesperanza. Después de una serie de desgracias, su autoestima se encontraba en el piso, y estaba seguro de que su vida carecía de sentido. Había creado en su mente una lista kilométrica de todo aquello en lo que había fracasado en su vida y de las cosas que era incapaz de lograr. Finalmente, el consejero le dijo: «¿Qué le parece si hacemos una lista de las cosas que puede hacer?» De mala gana, y después de muchas vacilaciones, dijo: «Bueno, sé arreglar un carro, supongo». Un poco después, compartió que era bueno para ayudar a su madre, su padre y que era bastante competente en la casa. Habló más alto cuando recordó su capacidad para hacer reír a la gente, para cocinar y para trabajar en el jardín. Al cabo de media hora, había creado una larga lista de cosas que *podía* hacer, y toda su actitud había cambiado. Ese día salió de la oficina como una persona diferente, que podía confiar en las fortalezas que sí tenía y en el conjunto único de habilidades que le habían sido confiadas.

Mira, es fácil llenar tu mente con lo que no tienes y perder de vista lo que Dios puede hacer con *lo que tienes*. ¡Algunas personas son dotadas únicamente para los negocios, otras para el ministerio o para ser madres, y la lista es infinita! Tal vez tú posees el don de la generosidad, o el de la compasión, tu corazón se quebranta con los que sufren y con los necesitados. ¡Qué don tan maravilloso! La Palabra expresa: «Cada uno según el don que ha recibido, minístrelo a los otros, como buenos administradores de la multiforme gracia de Dios» (1 P. 4:10). La palabra *multiforme* significa «diversa» o «de muchos niveles», es decir la «multidimensional» gracia de Dios.

Si has recibido por gracia el don de liderazgo, el de deportista, o el de la creatividad, debes saber que estamos llamados a ser buenos administradores y fieles servidores de lo que está en nuestras manos. Nadie está exento, y si no desempeñas tu papel nos vas a privar de disfrutar de la gracia única y las capacidades individuales que puedes ofrecer en el presente.

El hecho de saber que hacemos aquello para lo que fuimos creados y que somos obedientes a Su llamado en nuestras vidas nos trae una hermosa satisfacción. En la medida que descubrimos nuestras fortalezas, y nos sentimos más cómodos con la gracia que se nos ha dado, comenzamos a ver como las promesas de Dios para nuestro futuro abierto y espacioso empiezan a materializarse.

Ritmos de gracia

Para muchas personas, «Hillsong» se ha convertido en un sinónimo del estilo de música de adoración que ha salido de nuestra iglesia en las últimas décadas. De hecho, a menudo me piden que explique nuestra estrategia para hacer de Hillsong Music una marca mundial, cosa que me hace reír y señalar: «¡Es un misterio, no una fórmula!» No significa que hayamos hecho nuestra música sin planificarla o que no tengamos una forma estratégica de componerla y de compartirla con el mundo entero. Es simplemente que nunca podríamos haber orquestado ese éxito fenomenal, que continúa sin mostrar signos de desaceleración. Únicamente Dios. Solo Su gracia.

Dios ha bendecido cada ministerio en nuestra iglesia de maneras asombrosas, pero ciertamente la copa de Hillsong Music rebosa de bendiciones. Sin embargo, esto no ocurrió al tratar de ser alguien que no somos.. Encontramos este notable favor y bendición inmerecida mediante la búsqueda de nuestra zona de gracia, cuando decidimos sentirnos cómodos con ser diferentes y apoyarnos en el «sonido» de nuestra propia casa.

Desde mucho antes de que aun plantáramos una iglesia, yo quería construir una comunidad de adoradores que influyera en otras iglesias. Me fascina la música, pero incluso cuando el perfil de Hillsong Music comenzó a crecer, siempre entendí que fue solo por medio del favor de Dios que, a través de nuestra música, hemos sido capaces de atraer a las personas a la iglesia y lograr que, más allá de la música, ellas reciban el mensaje del evangelio.

En los años 90, Hillsong Music ya había ganado credibilidad en toda Australia. Las iglesias cantaban nuestras canciones y un buen número de personas influyentes en la industria de la música estadounidense comenzó a notarlo. La gente comenzó a reunirse con nosotros, y todos los ejecutivos que tuve frente a mí tenían una idea clara de lo que creían que sí funcionaría o no en los Estados Unidos.

El sentimiento general era que en tiempos cuando los artistas cristianos iban ganando fama, la música de adoración de una iglesia «no tendría mercado», que nuestro estilo solo le resultaría atractivo a los jóvenes, y que debíamos considerar la idea de adaptarnos a una tendencia más convencional de mercado cristiano. Sin embargo, estábamos comprometidos a hacer lo que Dios nos había llamado a hacer y lo que nos pareció que era un espíritu y un sonido únicos que no solo funcionaba en nuestra casa, sino que, según las noticias que nos llegaban, era una gran bendición para los demás. Nosotros simplemente estábamos viviendo y liderando conforme a la gracia que Dios nos había dado y éramos fieles al espíritu de adoración de nuestra gente y de nuestra iglesia.

Entonces en 1995, Integrity Music, con sede en Mobile (Alabama), se ofreció para distribuir nuestra música. Pero a solo una semana de nuestra grabación programada, nuestro líder de alabanza, aclamado a nivel nacional, abrupta e inesperadamente se fue, casi de la noche a la mañana. Como te puedes imaginar, esto fue una gran perturbación. Como no queríamos retrasar o cancelar la noche de adoración en vivo, en medio de la confusión le preguntamos a una talentosa mujer que había sido parte de nuestro equipo de adoradores detrás del telón, Darlene Zschech, si ella podría dirigir la alabanza aquella noche, algo que nunca había hecho antes.

Darlene es una persona muy humilde y talentosa y se merece todo el éxito que ha tenido hasta hoy; pero me parece que estaría de acuerdo en reconocer que no esperaba ser líder, y tuvimos que incitarla, animarla e incluso darle un empujoncito hacia el escenario.

Justo cuando pensábamos que habíamos resuelto nuestro problema, me di cuenta de que teníamos que explicar la situación a los productores y lograr que aprobaran a nuestra nueva líder de alabanza. A ellos les agradó Darlene y acordaron que era sin duda lo suficientemente talentosa para dirigir el proyecto. Sin embargo, estaban un poco preocupados sobre cómo el público reaccionaría ante el hecho de que ella era una mujer en una posición de liderazgo, algo que nunca se nos había ocurrido a nosotros y que sin embargo fue ¡bastante revolucionario en aquel momento!

Para crédito de ellos, se arriesgaron, grabaron el álbum, y el resto, como se dice, es historia. Darlene hizo el trabajo muy bien. El álbum fue titulado *Canta al Señor,* que también era el nombre de una canción fenomenal que ella interpretaba y que se ha convertido en uno de los clásicos más reconocidos y contemporáneos para los cristianos de todo el mundo.

No teníamos ningún plan oculto para el éxito mundial o para hacer una declaración sobre el papel de las mujeres en el ministerio. Simplemente fuimos leales a lo que Dios nos había llamado a hacer, lo adorábamos de todo corazón, incluso mientras nos enfrentábamos a nuevos desafíos en el camino.

Las personas siempre tendrán opiniones, la mayoría de ellas bien intencionadas, sobre las decisiones que se toman en la fe. Durante años muchas personas se han apresurado a decirnos cómo se vería, o se sentiría, o sonaría una «iglesia de Londres» o una «iglesia de Nueva York», a veces incluso para sugerirnos que la cultura Hillsong pudiera no encajar con las actitudes y las formas de pensar en un lugar determinado. Sin embargo, vez tras vez hemos sido diligentes en seguir la inspiración de Dios cuando se trata de levantar iglesias en las ciudades influyentes. Debido a que nos hemos comprometido a permanecer fieles a lo que somos y lo que queremos, hemos visto cómo cada nueva iglesia (ya sea en Londres, Nueva York, París, Kiev o Ciudad del Cabo) ha experimentado un notable crecimiento y bendición.

Hoy mantenemos en práctica esta misma actitud, elegimos ver cada nuevo obstáculo como una oportunidad para que Dios nos ayude a crecer en nuestra zona de gracia, mientras lo alabamos a lo largo del camino. Nada se puede comparar a la satisfacción, la confianza y la alegría que vienen como resultado de estar exactamente donde se supone que debes estar, y de hacer exactamente lo que fuiste creado para hacer.

Sigue tu corazón, permanece fiel al don que está presente en tu vida, ve adelante con las fortalezas que posees, siéntete cómodo en tu zona de gracia, ten confianza en tu llamado y ve cómo Dios supera todas tus expectativas y te conduce a una vida abierta y espaciosa.

CAPÍTULO CUATRO

Amar incondicionalmente

Todos necesitan amor que nunca falla.
Tu gracia y compasión.
Todos necesitan perdón y esperanza.
«Solo Dios puede salvar» Hillsong Music, 2006

«Abu, ¿has visto mi muñeca Barbie?»

«Abuelo mírame, ¡estoy bailando!»

«¡Abuelo estás en la televisión!»

Tengo cuatro nietas y dos nietos, seis en total. Cuando se trata de mis nietos yo soy «ese tipo»; no te atrevas a hacerme una pregunta acerca de ellos sin que te bombardee con fotos y te obligue a escuchar las historias de sus últimos logros y aventuras normales de cada minuto del día. Por lo que no es raro que mi constante alarde acerca de ellos se transforme en ver cómo la atención de la gente se desvanece poco a poco después de varios minutos de jactancia no correspondida. Ser su abuelo es una de mis mayores alegrías. Solía decir en broma a mis hijos que yo quería tener nietos suficientes para formar mi propio equipo de *rugby*, pero en estos días parece más probable que podría terminar con una compañía de ballet. Independientemente de lo que decidan hacer con sus vidas, ya sea que amen los deportes o prefieran bailar en mi sala de estar, yo amo a mis nietos y siempre los amaré.

Tres de ellos ya casi tienen edad escolar y con frecuencia juegan juntos, dos hermanas y un primo. Cuando dos de los tres se juntan parecen llevarse bastante bien, y comparten historias y risas tontas, pero cuando un tercero se une, entonces las cosas se vuelven un poco caóticas. El viejo dicho «Dos son compañía, tres son multitud» es en realidad bastante cierto en mi experiencia.

Por lo general, dos de ellos pueden jugar juntos con suficiente satisfacción; sin embargo, cuando se une un tercero, a menudo hay un cambio en el equilibrio de poder. Es muy probable que alguien se quede fuera. Uno quiere algo que otro tiene, quien a su vez quiere algo que el tercero posee.

Así es el mundo. Podemos lograr reunir un pequeño grupo de personas con ideas afines que esté de acuerdo con nosotros, pero traes a alguien que sea significativamente diferente a nosotros y la dinámica cambia. Las Escrituras tratan directamente esta dinámica relacional: «Otra vez os digo que si dos de vosotros se ponen de acuerdo en la tierra acerca de cualquier cosa que pidan, les será hecho por mi Padre que está en los cielos, porque donde están dos o tres congregados en mi nombre, allí estoy yo en medio de ellos» (Mt. 18:19-20).

Me resulta interesante que este versículo habla de dos que se ponen de acuerdo, pero tres que se reúnen. Obviamente, mientras más personas se reúnen, más difícil es llegar a un acuerdo. Cuando hay una multitud, podemos estar de acuerdo en algunas cosas, pero no vamos a estar de acuerdo en todo.

Cuando uno comienza a considerar cada uno de nuestros trasfondos individuales, intereses especiales y agendas personales, ¡es increíble lo mucho en lo que no podemos estar de acuerdo! Creo que nuestra comunión los unos con los otros no puede basarse simplemente en un acuerdo; debe basarse en Jesús y en el amor que Él de muy buena gana da a todos los que invocan Su nombre.

Incluso teológicamente hablando, muchos de nosotros no estamos de acuerdo. La mayoría de los creyentes por lo general están de acuerdo en los fundamentos de la fe: cómo vemos a Dios, Jesús, el Espíritu Santo, la cruz y la resurrección, y así sucesivamente, pero hay muchas áreas en las que estamos de acuerdo en no estar de acuerdo. Y eso está bien.

Hay muchísima gente por ahí con los que no estoy de acuerdo y muchos de ellos no están de acuerdo con lo que yo soy en esencia. Cuando se trata de ética y moral, muchas personas no creyentes no están de acuerdo con mi posición. A menudo, las personas que tienen puntos de desacuerdo pueden ser muy apasionadas por sus puntos de vista. En estos días, parece que cualquier persona con autoridad que está construyendo algo importante tiene una colección de personas negativas y blogueros listos para atacar y criticar cualquier cosa y todo aquello con lo que no están de acuerdo. Sin embargo, yo creo que tenemos que encontrar una manera de amar a otras personas más allá de nuestras discrepancias. Incluso cuando no sabemos cómo podemos amar a alguien tan diferente a nosotros, si nos basamos en el amor de Dios, entonces vamos a encontrar una forma.

Hace solo unos años se me acercó un medio de comunicación importante de nuestro país con una oportunidad de apoyar a nuestro equipo de la liga de *rugby* del estado, antes del partido más importante del año; partido que habían perdido por muchos años seguidos. La idea era que yo participara en una sesión de fotos con la camiseta de nuestro equipo, junto a otros líderes religiosos, bajo un titular que instaba a los amantes del deporte a «mantener la fe». Fue algo divertido que yo hice con mucho gusto y alegría, e interactué amistosamente con mi nuevo conocido, un imán musulmán de la zona. Por desgracia, como cristianos, podemos ser mucho más rápidos para construir muros que para construir puentes. No se trata de comprometer tus creencias; se trata simplemente de amar a las mismas personas por quienes Jesús dio Su vida. ¿Estábamos él y yo de acuerdo en los fundamentos de la fe y la religión? Por supuesto que no. ¡Somos polos opuestos! Pero, ¿apoyamos ambos el mismo equipo de fútbol y oramos alegremente por una victoria milagrosa? ¡Sí! Jesús fue el maestro en reconciliar las diferencias. Salvó las diferencias de género, las diferencias culturales, las diferencias morales, las diferencias doctrinales y políticas.

Siempre he sido firme en la creencia de que la Iglesia Hillsong y nuestro ministerio iban a ser edificados sobre las cosas que estamos a favor, y no sobre las que estamos en contra. Estamos a favor de Jesús. Estamos a favor del amor. Estamos a favor de Su gracia y perdón, de la sanidad y la integridad y las vidas transformadas que son el resultado de una relación con Cristo. Estamos a favor de verte a ti levantarte, quitarte los grilletes y la vergüenza acumulados por la condenación, y entrar en una vida de plenitud y propósito; la vida para la que fuiste creado.

Amor donde menos se espera

Si tú deseas amar como Jesús amó, si quieres que tu vida se caracterice por el amor, de una manera que refleje el corazón de Dios para todos aquellos que encuentres, entonces te recomiendo que prestes atención a la forma en que respondes a las personas que te hacen sentir incómodo. Ya sabes, los que son diferentes a ti de manera significativa, los que no te caen bien, los que no entiendes, y no disfrutas. Las personas que tienen diferentes creencias, practican diferentes estilos de vida, y tienen prioridades claramente diferentes a las tuyas.

Si bien hay muchas dimensiones diferentes al amor cristiano, creo que la capacidad de amar incondicionalmente es lo que más caracteriza la vida abundante y espaciosa que tenemos en Cristo. Y sospecho que esta disposición a amar a los demás de modo incondicional, y su práctica regular, es algo que falta notablemente en la vida de muchos creyentes. Decimos que queremos amar a los demás como Dios nos ama, pero demasiado a menudo terminamos eligiendo comodidad y conveniencia en vez de compasión. Este no es el ejemplo de Cristo, ni la forma en que estamos llamados a amar. Por dolorosas que a veces pueden ser las relaciones, estamos hechos a imagen de Dios como seres relacionales, creados para pertenecer, para servir, para adorar y para vivir en comunidad. A menudo, Dios nos provee y nos ama a través de las personas en nuestras vidas, así como nosotros estamos llamados a ser Sus manos y pies a los que nos rodean. Las relaciones son el alma de la Iglesia, el Cuerpo de Cristo. Como resultado de Su amor incondicional a todas las personas, a menudo nos encontramos a Dios en medio de lugares y situaciones donde menos lo esperamos. En las esquinas de las calles y en los callejones. En hospitales y cárceles, orfanatos y salas de audiencia. En todas partes en las que encuentres gente, allí encontrarás a Dios.

Sin embargo, somos tentados continuamente a ir a lo seguro. No tenemos la intención de ser aislacionistas y santurrones, excluyentes y críticos, pero si no nos centramos en nuestra relación con Dios ante todo, entonces somos propensos a convertirnos en gente orgullosa. Queremos amar a todas las personas, pero a menos que estemos experimentando constantemente el amor de Cristo en nuestras vidas, todos los días, entonces terminamos tratando de hacerlo por nuestra cuenta. Sin embargo, el amor necesario para amar a las personas diferentes a nosotros siempre será sobrenatural. De hecho, no olvides que incluso el apóstol Pablo comenzó su carrera como un airado legalista judío dedicado a perseguir a estos nuevos radicales que seguían a Jesús. Después de que Pablo se encontró con Cristo de manera tan directa y dramática en su viaje a Damasco, él descubrió la plenitud de vivir en la gracia de Dios, libre para ser él mismo, como su Padre lo creó, y libre para amar a los demás. Como Saulo, él era controlador, de mente cerrada, e impulsado por su propio ego, pero como el apóstol amado de Dios, Pablo se convirtió en alguien que aceptaba a los demás, era abierto, y su amor por este Dios que lo había amado primero lo impulsaba.

¿Qué es lo que enmarca el tono de tu vida? ¿Con qué frecuencia vas más allá de tu zona de confort para llegar a las personas con las que estás en desacuerdo? La capacidad de disfrutar de una vida grande, espaciosa y abierta es directamente proporcional a tu capacidad de amar a todos, especialmente aquellos que son diferentes a ti.

¿Cuáles son tus expectativas de Dios con respecto a la forma en que debes amar a los demás? ¿Qué harías si Dios te pone en un lugar que no te agrada o en una situación que no es de tu interés? ¿Lucharías y sufrirías con tus propios prejuicios y preferencias para ser capaz de compartir el amor abundante de Dios y la gracia misericordiosa con personas que no te agradan? Dios nos ama sin condiciones, aunque con demasiada frecuencia nosotros ponemos condiciones a nuestro amor antes de extenderlo a otros.

Puedo garantizar que a los pastores en estos días les harán preguntas polémicas en entrevistas con los medios; y sus respuestas a estas preguntas siempre van a dividir a la gente. Creo que la Biblia es clara en muchos de estos temas, y no tengo ninguna intención de ignorar la Palabra de Dios. Sin embargo, Jesús guardó Sus palabras más duras para los bravucones religiosos que encontraba; y se acercaba a los pecadores y publicanos, y lo hacía con amor y gracia, a fin de que se salvaran. Una mujer adúltera, una divorciada en serie (que ahora vivía con otro hombre), una mujer samaritana, un estafador mediocre, y un recaudador de impuestos a quien mandó que bajara de un árbol estaban entre los que amó y trató con gracia. Jesús no vino para condenar al mundo. Si Dios hubiera querido condenar al mundo, habría enviado un condenador. Pero quiso salvar al mundo, así que nos envió un Salvador (ver Juan 3:17).

Por eso es triste reducir cualquier problema a una sola frase o a un anuncio en los medios de comunicación. No podemos reducir toda la vida de la gente a una declaración crítica y radical, llena de condenación. Jesús nunca hizo eso, y hay que analizar estos temas a través de ojos misericordiosos: a través de los ojos de Jesús. Creo que tenemos obligaciones con la Palabra por la que vivimos, con el mundo en que vivimos, y el peso con el que vivimos. La Palabra por la que vivimos es, obviamente, la Palabra de Dios. No puedo y no querría «desescribir» la Biblia. Sin embargo, el mundo en que vivimos está cambiando continuamente. No creo que nuestro trabajo como cristianos sea reducir la Palabra de Dios según el molde del mundo, pero nuestro trabajo sí es amar al mundo por el cual Jesús murió y nuestra comisión es llegar a todas las personas. Y el peso con el que vivimos es muy pesado. Muchas iglesias, sea que decidan reconocerlo o no, tienen jóvenes que están creciendo en buenas familias cristianas; sin embargo, están luchando con fuertes problemas de identidad. Trágicamente, cuando han tratado de llevar su lucha a personas de confianza, como pastores de jóvenes y amigos, han sido alienados y excluidos. Tal vez padres bien intencionados (que simplemente no han sabido qué hacer) han sembrado palabras de rechazo en los momentos más vulnerables de sus hijos. Las consecuencias de esto son que una y otra vez hemos visto a estos jóvenes, quienes una vez estuvieron cimentados y plantados en la iglesia, terminar odiando a Dios y despreciando toda forma de religión organizada.

Me preocupa la vida de los jóvenes. Me importa el futuro de ellos, y la respuesta no es poner en entredicho las Escrituras, pero tampoco se trata de reducir la vida de las personas a declaraciones sin amor. Se trata de ver lo que Dios ve, y de amar a los demás con el mismo amor incondicional que nuestro Salvador, Jesucristo, nos ha mostrado. Las personas de todos los ámbitos de la vida son bienvenidas en nuestra iglesia, y oro para que cuando la gente camina a través de las puertas todos sientan una sensación de «bienvenido a casa». Porque «El que quiera, que venga al Señor».

Eso no quiere decir que las personas no tienen que cambiar. El mensaje cristiano es un mensaje de transformación, y todos somos pecadores salvos por gracia. Sí, Dios quiere que cambiemos, y Dios nos ayuda a cambiar, pero como Billy Graham expresó: «El trabajo del Espíritu Santo es convencer, el trabajo de Dios es juzgar, y mi trabajo es amar». Nuestro mundo está lleno de desacuerdo, pero gracias a Dios que nuestra aceptación y amor por la gente no tiene que basarse en un acuerdo con ellos. Nuestra aceptación y amor hacia ellos se basa en la cruz.

La gran «co-misión»

Tú y yo no somos los únicos que luchan con amar a la gente que es diferente a nosotros. Sin duda, los discípulos de Jesús enfrentaron también este reto, al igual que la mayoría de la gente en la Iglesia primitiva.

Gran parte de la ley religiosa judía y las costumbres culturales se basaban en las rígidas delimitaciones entre lo que era santo y lo impuro, lo sagrado y lo común, lo puro y lo inmundo. Se llevaban a cabo complejos rituales con el fin de que una persona se purificase, y se hiciera digna de entrar en el templo y presentar una ofrenda al Señor delante de los sacerdotes.

Los israelitas sabían que eran el pueblo escogido de Dios. Habían visto a Dios guiarlos, protegerlos y apartarlos de otras tribus y otras naciones. Estaban acostumbrados a considerarse a sí mismos como el único pueblo que Dios amaba y favorecía. Tal era el mundo en Palestina durante la vida de Cristo.

Sin embargo, Jesús vino para todos los pueblos, no solo para la nación de Israel. Este fue uno de los aspectos más radicales de Su mensaje, la buena noticia de que cualquiera podía ser perdonado de sus pecados y tener una relación con su Padre Celestial. Y Cristo dejó claro lo importante que era llevar este mensaje más allá de los límites de la ciudad de Jerusalén y las fronteras de Israel. Después de Su resurrección, pero antes de Su ascensión, Jesús dijo a Sus seguidores: «Se me ha dado toda autoridad en el cielo y en la tierra. Por tanto, vayan y hagan discípulos de todas las naciones (Mt. 28:18-19, NVI).

Llamamos a este mensaje la Gran Comisión, la «co-misión» que tenemos de decirle a otros acerca del amor de Dios y la forma en que lo manifestó al enviar a Su Hijo a morir en la cruz por nuestros pecados. Este mensaje es el corazón de Dios por toda Su gente. Siempre ha sido y siempre lo será. Cuando nos encontramos con la misericordia, la gracia y el perdón del Señor, Su amor por nosotros se hace muy claro. En consecuencia, deseamos compartirlo con los demás.

Me encanta la idea de que estamos en una «co-misión» con Cristo. Juntos en esto. Entonces, ¿por qué dejamos que los desacuerdos enmarquen con tanta frecuencia nuestro diálogo? Recientemente le entregamos pulseras a toda nuestra iglesia con las palabras *Missio Dei* grabadas en ellas. Se suponía que en la parte posterior de la pulsera apareciera la traducción de esto: «Misión de Dios», pero cuando recibimos más de cuarenta mil pulseras de nuestro fabricante en China, ¡el grabado decía «Missio Dei, Misión de Tios»! Ahora nos reímos, ¡pero en aquel momento esto causó un poco de ansiedad a nuestros equipos de comunicación y eventos!

Las pulseras debían servir a nuestra iglesia como un recordatorio diario de que cada día que nos despertamos estamos en «misión», somos coherederos con Cristo y misioneros al mundo que nos rodea. Y para completar nuestra misión es importante que nos ocupemos de aquellas cosas que nos pueden estar frenando o interponiéndose en el camino de nuestra relación con los demás. Christopher J. H. Wright, teólogo y autor inglés, sabiamente expresó: «La misión del pueblo de Dios es demasiado grande como para dejársela solo a los misioneros».

Hoy te animo a alinearte con la misión de Dios, la Gran Comisión. Da un paso adelante y reconoce en tus encuentros cotidianos la oportunidad para amar a las personas con un amor extraordinario e incondicional.

Disponible para todos

Uno de los mayores ejemplos de amor incondicional que traspasó toda clase de división cultural y social se encuentra en Hechos 10. Esto puede parecer una historia lejana, no obstante para ti y para mí, este puede ser el capítulo más significativo en todo el libro de Hechos, pues constituye el mismísimo escenario donde el Espíritu Santo llegó a estar disponible para nosotros, al extenderse más allá de las personas del Antiguo Testamento y hacerse accesible a toda la humanidad.

Es la historia de dos hombres cuyos mundos estaban muy alejados. Uno de ellos es Cornelio, centurión joven, bien parecido y fuerte del ejército romano. Como gentil romano, y en términos de la ley religiosa judía, era alguien ajeno al mensaje de Cristo. Era considerado impuro y ordinario, un soldado necesario para matar; sin embargo, la Biblia nos dice que Cornelio amaba a Dios.

Y luego tenemos a Pedro, un joven judío, comprometido por la ley judía, que también desafió las expectativas de los demás. Un pescador sin educación ni capacitación, Pedro era conocido por ser discípulo de Jesucristo.

Todo acerca de esta historia es impactante. Estos dos son polos opuestos, sin embargo Dios les da a ambos visiones por separado, y les prepara para una reunión que cambió la historia.

Pedro se queda en la casa de Simón el curtidor, lo cual es un misterio en sí mismo. Sabes, ser curtidor era considerado una profesión impura. Los curtidores trabajaban constantemente con impurezas y pieles de animales, mezclando entre sí los materiales más vulgares tales como el estiércol de perro y colorantes con el fin de tratar el cuero. Pedro, un judío, nunca debería haber estado allí. Pero a través de un sueño sobrenatural dado a Cornelio, dos de los sirvientes de Cornelio acaban tocando a la puerta de la casa de Simón, el curtidor. Ellos no deberían haber estado allí, ninguno; sin embargo, estaban actuando en obediencia a su amo. Los sirvientes recibieron la instrucción de buscar a Pedro y persuadirlo de regresar con ellos a Cornelio; una invitación que este nunca debería haber aceptado.

Después de recibir la invitación de Cornelio, Pedro podría haberse sentido incómodo; incluso podría haber sentido un poco de miedo o incertidumbre. Había un montón de fanáticos judíos y soldados romanos en busca de los cristianos para golpearlos, arrestarlos o matarlos. No obstante, Pedro fue donde Dios lo dirigió y reconoció el amor abarcador e incondicional mostrado por Cristo en la cruz. Entonces Pedro, abriendo la boca, dijo: «En verdad comprendo que Dios no hace acepción de personas, sino que en toda nación se agrada del que lo teme y hace justicia. Dios envió mensaje a los hijos de Israel, anunciando el evangelio de la paz por medio de Jesucristo; este es Señor de todos» (Hch. 10:34-36). Todos somos pecadores salvos por gracia.

Ese día, Pedro y Cornelio cruzaron innumerables brechas, siguiendo la voz y guía de Dios. Dos hombres actuaron en contra de todo protocolo en obediencia a la voz de Dios con el fin de llegar a más personas con el amor de Cristo.

Quiero tratar a las personas percibidas como diferentes con el mismo respeto que Pedro mostró a Cornelio. Y tan pronto como Pedro entró en la habitación, Cornelio cayó al suelo y comenzó a adorarlo. ¡Una vez más, Pedro estaba asombrado! De inmediato puso de pie al soldado romano y le dijo algo así: «¡Levántate, hombre! Yo no soy mejor que tú. Ponte de pie y mírame a los ojos porque soy un hombre como tú» (ver Hch. 10:26).

Pedro pasó a explicar que ciertamente y por lo general los judíos no se mezclaban con los extranjeros y los de fuera de Israel; sin embargo, Dios le mostró a Pedro que él tenía que aceptar a los extranjeros y compartir el evangelio con ellos. Debido a que Cornelio había reunido a muchos familiares, amigos y sirvientes en su casa con el fin de encontrarse con Pedro, sintió una gran alegría ante dicha aceptación. Tú puedes estar en desacuerdo con sus estilos de vida, sus costumbres, sus principios, sus creencias religiosas, pero el amor requerido para alimentar la vida grande y espaciosa modelada por Jesús siempre invita a otros a la fiesta. Si somos honestos, ninguno de nosotros va a estar de acuerdo en todo siempre. Solo podemos estar de acuerdo en el único nombre con el poder de salvar nuestras almas: Jesucristo.

A menudo, mientras más personas invitas, más se amplía tu círculo, entonces más aumenta tu potencial de desacuerdo. Es entonces cuando se hace crucial recordar lo que nos une. Nos reunimos porque estamos de acuerdo en una sola cosa: el nombre de Jesús, el nombre sobre todo nombre. No vivas en un mundo lleno de desacuerdo, en el que procuras demostrar que tienes siempre la razón. No construyas tu vida simplemente alrededor de otros que están siempre de acuerdo contigo. No excluyas a otros solo porque no están de acuerdo contigo en muchas cosas. Esas contiendas engendran y huelen a desunión. En lugar de esto, permite que el dulce aroma del evangelio atraiga a otros hacia ti y a la casa de Dios, donde ellos también puedan encontrarse con el que los salvó.

El mandamiento de amar

Lo que somos y cómo nos comportamos importa; importa muchísimo. Piensa en cómo el comportamiento y la conducta de los demás tiene un impacto sobre ti, ya sea positivo o negativo. Tal vez puedes recordar un maestro en particular en la escuela que se tomó el tiempo para afirmarte y darte el valor de creer en ti mismo. Tal vez hubo un pastor o mentor que caminó la milla extra para ayudarte a alcanzar tu sueño. Tú también puedes guardar recuerdos de alguien que habló o actuó con crueldad hacia ti, haciéndote sentir insignificante o inútil. Nunca debemos subestimar el poder que tenemos sobre los demás, especialmente el poder de nuestras decisiones de liderazgo sobre los que esperan dirección o apoyo de nosotros. No es que tengamos que ser una persona perfecta para calificar en la vida, de ningún modo, pero debemos ser honestos y enseñables, y vivir con autenticidad y abrazar a los demás.

Jesús dijo: «El primer mandamiento, y el más importante, es el que dice así: "Ama a tu Dios con todo lo que piensas y con todo lo que eres". Y el segundo mandamiento en importancia es parecido a ése, y dice así: "Cada uno debe amar a su prójimo como se ama a sí mismo" Toda la enseñanza de la Biblia se basa en estos dos mandamientos» (Mt. 22:37-40, TLA).

Un corazón bien abierto

Hoy estamos llamados a amar a las personas a quienes la Iglesia tal vez nunca ha llegado históricamente. Estamos llamados a amar a todo individuo con el amor de Cristo, porque Su Padre ama a todas las personas, quiere bendecir a todos los pueblos, y quiere salvar a toda la humanidad. Nunca quisiera ser uno de aquellos cuya actitud y lenguaje corporal transmiten condenación, juicio y aire de superioridad. Quiero ser alguien con los brazos bien abiertos, el corazón bien abierto y la mente bien abierta para amar a la gente a mi alrededor.

No hay nadie que no merezca entrar en su iglesia local y recibir la mirada de los ojos de los demás y de esta forma comprender que todos estamos en la misma posición. Todos somos pecadores, imperfectos y egoístas, salvos solo por la gracia de Dios, el amor de Cristo y el poder del Espíritu Santo. No tenemos que estar de acuerdo con ellos, pero sí tenemos que invitarlos a entrar. La Iglesia no está llamada a encargarse de que se cumplan las reglas. Tú y yo somos llamados a ser dispensadores de la gracia de Dios, proveedores de amor, tanto dentro como fuera de la iglesia. Este debe ser el tono de nuestras vidas.

Dios no tiene favoritos, no hace acepción, y no valora a ningún individuo, grupo o nación sobre otra. Si bien queremos amar con el mismo abrazo abarcador de nuestro salvador, la realidad es que a menudo nos quedamos cortos.

Estoy convencido de que tenemos que mantener el corazón abierto a Dios y pedirle que trate con nosotros, que nos mantenga siendo compasivos, misericordiosos, amorosos y conscientes de la gracia que nos ha sido dada. Cuando vivimos de la plenitud de esta comprensión de la gracia de Dios en nuestras vidas, entonces estamos obligados a mostrarla y compartirla con los demás. Que siempre seamos personas que entienden el poder del Evangelio y comprenden que Dios no tiene favoritos. Tú eres Su favorito. Yo soy Su favorito, al igual que el alcohólico o el trabajador de la calle de la otra cuadra. Todos somos Sus favoritos.

Tú puedes disfrutar de la vida abundante, llena de la presencia amorosa de tu Padre y a la vez compartir los recursos ilimitados de Su amor con todo aquel que encuentres. Con Jesús como nuestro ejemplo, los que hemos recibido la gracia somos llamados a brillar en un mundo oscuro. Él dijo: «Un mandamiento nuevo os doy: Que os améis unos a otros; como yo os he amado, que también os améis unos a otros» (Juan 13:34-35).

El amor inclusivo e incondicional, estimula la vida abundante que anhelamos vivir.

CAPÍTULO CINCO

Pioneros

En aguas profundas me harás embarcar,
Tu voz me guía en la oscuridad.
Y si de tu curso me intento alejar,
Con un susurro endereza mi andar.

«Capitán» Hillsong Music, 2015

«Mi pastor se balancea en una cuerda como un mono».

No son exactamente las palabras que piensas que enmarcarían la salvación de alguien. Sin embargo, fueron esas palabras las que atrajeron a algunos de nuestros primeros convertidos a la casa de Dios y desencadenaron la bendición continua de miles de personas que tuvieron un encuentro con Jesucristo en los altares de la Iglesia Hillsong.

Recuerdo cuando conducía rumbo a los campos de cultivo del noroeste de Sídney, hace más de treinta años, y miraba al paisaje gris y seco que era el Distrito Hills en aquel momento. Este distrito era famoso por una sola cosa: uno de los concesionarios de automóviles más rentables y exitosos de nuestra nación, con un dueño que era famoso por gritar a través de las pantallas de televisión de la gente: «¡Justo en la calle Windsor de Baulkham

Hills, y permítame hacerlo bien para usted!» Mientras conducía cerca de este concesionario en la periferia rural de la ciudad, pensé: *Si la gente va a venir aquí en masas para comprar un auto... ¿por qué no vendrían para asistir a una iglesia?* A pesar de las miradas desconcertadas que recibí de otros, yo estuve decidido a construir una iglesia en esta comunidad. Por la gracia de Dios, pude ver lo que otros no pudieron.

En nuestro primer domingo, me sentí muy alentado cuando Bobbie y yo miramos alrededor del pequeño salón de la escuela que habíamos alquilado y conté setenta personas. ¡Setenta personas en el Distrito Hills en nuestro primer domingo! Mi emoción duró poco, pues la próxima semana tuvimos sesenta y cinco, a continuación cincuenta y tres, y luego cuarenta y cinco. ¡Hice los cálculos y concluí que en cuatro o cinco semanas nos quedaríamos sin gente!

Yo tenía veintinueve años de edad, era joven y alegre, y después de aquel primer mes de intentar construir desde cero, un domingo durante mi mensaje, ya sea por emoción o desesperación, me agarré de una de las dos cuerdas de gimnasia que colgaban del techo de la escuela. Me balanceé por encima de la congregación (lo cual no era difícil, pues solo llenaban unas pocas filas); y entre las cuarenta y cinco personas que estaban allí ese día hubo un joven que lo encontró muy divertido.

A la semana siguiente este joven salió y dijo a sus amigos: «Ustedes deben venir a mi iglesia; ¡el pastor se balancea en una cuerda como un mono!» La semana siguiente, llevó nueve amigos a la casa de Dios, y los nueve se comprometieron con Cristo. A la semana siguiente, trajo a once más, y a la próxima, diez más. En tres semanas llevó treinta personas a la gracia salvadora de Jesús, y comenzó un avivamiento de la pasión en nuestro pequeño salón de la escuela. Este joven no se imaginaba que era un pionero.

Un espíritu pionero

Cuando pensamos hoy en la palabra pionero podríamos pensar inmediatamente en Amelia Earhart, el capitán James Cook, Cristóbal Colón, Albert Einstein, Steve Jobs y muchos otros que han cambiado la cara de la historia con su espíritu valiente y curioso. Sus vidas estuvieron dedicadas al descubrimiento y al progreso. Walt Disney, uno de los pioneros más imaginativos del siglo XX, dijo una vez de su creciente imperio: «Aquí no miramos hacia atrás por mucho tiempo. Seguimos avanzando, abriendo nuevas puertas y haciendo cosas nuevas, porque somos curiosos… y la curiosidad nos sigue guiando por nuevos caminos».

Estos nuevos caminos no siempre lo condujeron al éxito que tan a menudo se asocia con el nombre de Disney. De hecho, en 1927 cuando Walt trató de que los estudios MGM distribuyeran Mickey Mouse, le dijeron que la idea nunca funcionaría, y que un ratón gigante en la pantalla aterrorizaría a mujeres y niños.

Ser pionero implica coraje, ingenio y un sentido de aventura. Un espíritu pionero debe venir acompañado de una disposición a fracasar, pero con una firme creencia en la visión futura a largo plazo. Ser pionero no viene sin su oposición, pero la vida espaciosa y abierta que procuramos, sin duda, nos obliga a correr algunos riesgos, salir de lo conocido, y contar el costo de la comodidad actual frente a la recompensa futura. ¡Creo que es la voluntad de Dios que todos tengamos un espíritu pionero!

Comenzar con poco, soñar en grande

Cuando caminamos con Jesús, nunca dejamos de ser pioneros. Esto continúa cumpliéndose en mi propia vida. He sido pionero en iglesias y pionero en mi vida durante más de treinta años, y por la gracia de Dios, nunca he perdido el espíritu pionero. Cuando Bobbie y yo nos mudamos a Australia en 1978, cinco años antes de comenzar la Iglesia Hillsong, fuimos pioneros en una pequeña iglesia, en una zona costera al norte de Sídney.

Al cabo de unos meses, parecía ser el momento adecuado para entregar esa iglesia a otro pastor, y poco después de esto, nos preguntaron si queríamos aceptar una iglesia en el suroeste de Sídney. Esta iglesia se encontraba en una condición crítica. La congregación se componía de tres ancianas, la propia iglesia se reunía en un edificio viejo, en una zona peligrosa, y su única posesión era un antiguo microbús en mal estado, estacionado en el camino de entrada.

Cuando llegamos, miré alrededor y vi un púlpito que era más grande que yo, y más flores de plástico por todo el santuario que las que había visto en toda mi vida. Bueno, quité el púlpito y las flores de plástico, y como supondrás... ¡dos de las tres miembros de la congregación se fueron! Sin embargo, cuando comenzamos a realizar algunos cambios y a pedir sabiduría a Dios, la iglesia comenzó a crecer y nueva vida brotó de ella.

A partir de ahí, empezamos lo que ahora se conoce como la Iglesia Hillsong. Recuerdo claramente algunos de nuestros primeros días del ministerio; éramos jóvenes y aventureros y estábamos ansiosos de que Dios obrara a través de nosotros. Llegábamos temprano con algunos voluntarios, y preparábamos el pequeño salón de la escuela donde nos reuníamos, y nos quedábamos hasta tarde para dejar todo ordenado. Pedíamos prestadas gorras de béisbol a fin de suplir los olvidados cestos de la ofrenda; y el polvoriento cuarto de artículos de limpieza era nuestra para juntarnos antes de la reunión. Ahora miro atrás y doy gracias a Dios de que otras personas en nuestro mundo captaron nuestro espíritu pionero. La Biblia nos dice: «No menosprecien estos modestos comienzos» (ver Zac. 4:10, NTV). Creo que no debemos considerar insignificante nada que Dios haya confiado en nuestra mano (familia, carrera, ministerio) ni debemos abordar estas cosas con falta de visión. Ante los ojos de Dios y con Su guía, sabiduría, favor y provisión, y si te aferras a lo que Él ha puesto en tu corazón y lo haces con un espíritu pionero, creo que lo verás suceder.

Conquistar nuevos territorios

Se pueden hacer grandes cosas con ese espíritu pionero puro, al vivir nuestras vidas, tanto en conjunto como iglesia, como de forma individual. Basado en el modelo de liderazgo de amor que vemos en Cristo, un pionero conquista territorios que antes se consideraban inhabitables y se da cuenta de su potencial. Jesús siempre veía por debajo de la superficie de la gente y sabía lo que había en sus corazones. Él abrió un camino más allá de los prejuicios y estereotipos humanos, y Él llama a Sus seguidores a hacer lo mismo.

Esto lo vemos cuando Felipe lleva el mensaje del evangelio a Samaria, un lugar despreciado por los judíos, ya que la región estaba habitada no solo por los gentiles, sino también por los judíos que se habían mezclado con los gentiles. Se consideraba que estas personas habían comprometido su herencia y en consecuencia eran vistas como ajenas, inferiores. Sin embargo, observamos a Felipe que va a esta zona no deseable para ser un pionero de la gracia. De pronto, lo que había sido visto como inhabitable e inalcanzable se convirtió en una parte vital del reino de Dios.

De hecho, a medida que el evangelio se extendía entre los gentiles, los judíos ya no eran los únicos elegidos por Dios. Gracias a lo que Cristo hizo por nosotros en la cruz, tú y yo podemos ser parte de la familia de Dios.

Hoy en día, todavía tenemos mucha gente a quien llegar con el amor de Dios en nuestras vidas. Ya se trate de alguien que vive cerca de tu casa, que se viste de manera diferente y practica otra religión, o el adolescente sin hogar que pide monedas en la esquina, los ajenos nunca han desaparecido. Es posible que hayamos trazado un mapa de nuestro planeta muchas veces, pero todavía tenemos nuevos territorios de fe por explorar.

Jesús buscó constantemente a las personas que se encontraban al margen de la sociedad, esos individuos que otros desechaban. Habló con los extranjeros, con las mujeres de mala reputación, con los hombres que padecían enfermedades terminales, y con los niños que deseaban Su atención. Se negó a jugar los juegos de poder de los líderes religiosos de Su tiempo; algo que los frustraba y enojaba. En Hechos vemos que Sus primeros discípulos siguieron el mismo patrón. Probablemente era incómodo, difícil e incierto, pero ellos obedecieron el mandamiento del Señor de compartir el evangelio de la gracia con todas las personas, no solo con sus vecinos judíos. Cristo destruyó las barreras de la exclusión y las paredes de elitismo que muchos judíos santurrones habían construido para sí mismos, y ahora Sus seguidores fueron pioneros en el amplio territorio que Él dejó a Su paso.

Tengamos en cuenta que las tres primeras personas fuera de Jerusalén, cuyas vidas fueron transformadas por el evangelio, no solo eran personas ajenas, sino *muy* ajenas. El primero era un brujo, un mago llamado Simón, que confundía a la gente con sus trucos de magia. El segundo (en Hechos 8) fue un eunuco etíope. No solo era africano, de una comarca y una cultura diferentes, sino que también había sido castrado, de seguro para trabajar como sirviente de las mujeres, probablemente esposas y concubinas, de la casa de un hombre rico. Independientemente de su puesto de trabajo, este hombre era, sin duda, parte de una pequeña minoría de personas ajenas.

Y el tercero era Saulo, a quien la Biblia describe «respirando aún amenazas y muerte contra los discípulos del Señor» (Hch. 9:1). También estuvo en total acuerdo con que el apóstol Esteban fuera apedreado y asesinado por su fe. Sin embargo, Saulo, este asesino de la fe cristiana, llegó a tener un dramático encuentro con Dios, mientras viajaba por el camino a la ciudad de Damasco. Este encuentro lo dejó literalmente ciego, y tan aturdido y desorientado que no sabía qué lo había golpeado. No obstante, poco a poco se dio cuenta del poder de la gracia de Dios que él había experimentado, y se convirtió en un hombre nuevo. Pasó de ser el agresor y airado Saulo al humilde pero poderoso apóstol Pablo. ¡Sí, el mismo Pablo que escribió las muchas cartas registradas en el Nuevo Testamento!

Así que un ex brujo, un eunuco y un sicario; ¿qué tal para una alentadora primera fila en la iglesia? ¡Parece más bien algún tipo de broma! Es evidente que el evangelio es para todos, no solo los líderes religiosos judíos o los ricos o exitosos. Todos los trasfondos, todas las situaciones, todas las etnias son bienvenidas en la familia de Dios. Al igual que Felipe se atrevió a entrar en territorio desconocido, nosotros somos pioneros de Dios, llamados a ir más allá de nuestras zonas de confort, a medida que extendemos Su reino.

Pioneros de lo imposible

Ser pionero por gracia está en el ADN de la Iglesia Hillsong. En 1977, mis padres, que estaban entonces en la mitad de su quinta década de vida, se mudaron de Nueva Zelanda a Sídney (Australia). Se fueron a los suburbios del este y encontraron un pequeño salón en Double Bay, donde comenzaron una iglesia que llamaron «Centro de vida cristiana de los suburbios del este».

Cuando la iglesia creció y se trasladaron a otros sitios, este edificio continuó sirviendo para diferentes propósitos. Cuando pasé por allí hace poco, me di cuenta de que ahora en sus puertas dice «Centro de historia local», lo que me parece apropiado ya que allí fue donde, en muchos aspectos, Hillsong en realidad tuvo sus inicios.

Fue muchos años después, en 1999, cuando a Bobbie y a mí se nos dio la oportunidad de hacer algo que para nosotros en ese momento fue un paso audaz e innovador. Nos pidieron que asumiéramos el liderazgo de la iglesia de mis padres del centro de la ciudad, además de Hillsong, la iglesia que ya estábamos pastoreando en el noroeste de Sídney. Aunque hoy en día hay un sinnúmero de modelos de increíbles iglesias con varias sedes, en 1999 era un territorio totalmente nuevo, y no contábamos con modelos por los cuales guiarnos. Éramos pioneros.

Dieciséis años después, nuestro campus en la ciudad es una parte floreciente e integral de la Iglesia Hillsong. En el camino hemos aprendido mucho acerca de la expansión con varias campus y la plantación de iglesias a nivel mundial, ya que Hillsong se ha extendido a algunas de las ciudades más influyentes del mundo. Yo no estoy llamado a plantar iglesias en todas partes, pero donde lo hacemos, mi esperanza y oración es que podamos construir iglesias significativas cuyo impacto para la causa de Cristo se extienda mucho más allá de sus propias paredes y dé la bienvenida a todos.

Desde el principio, siempre hemos procurado ser una iglesia pionera, no que siempre hayamos hecho cosas nuevas, sino que encontramos a Dios haciendo cosas frescas a medida que trabajábamos para escuchar Su voz y seguir Su guía. No siempre ha sido fácil el camino, a veces ha sido costoso, pero ser pionero en la voluntad de Dios ha producido, en última instancia, grandes frutos y recompensas eternas.

El doctor Elmer Towns de Liberty University escribió recientemente un libro titulado *The Ten Most Influential Churches of the Past Century* [Las diez iglesias más influyentes del siglo pasado]. Me sentí sorprendido y honrado de que él incluyera Hillsong en su selección. El Dr. Towns afirma: «La Iglesia Hillsong de Sídney (Australia), quizás no sea la primera en usar la música contemporánea para la alabanza, pero la iglesia no solo fue pionera del movimiento en Australia, sino que también se convirtió en la iglesia guía en enseñar a las iglesias a adorar al Señor en la música de alabanza contemporánea».[1]

Hace treinta años, con setenta personas en nuestra primera reunión, en un salón de una escuela en los suburbios de Sídney, nosotros nos habríamos reído ante la idea de ser influyentes. Apuesto a que el joven que trajo treinta amigos a la iglesia no tenía idea del impacto eterno de sus decisiones.

No hemos tratado de ser pioneros en busca de reconocimiento, novedad o fama. Durante muchos años, nos hemos esforzado simplemente por construir la Iglesia de Cristo y ver la gente conectarse con Jesús, ser discipulados en Su verdad y crecer en los propósitos de Dios para sus vidas.

Creo que esto es lo que significa vivir una vida grande: ser pionero, siguiendo el ejemplo de Cristo.

Sé pionero en tu territorio actual

Jesús mismo fue el pionero supremo. Él hizo lo que nadie había hecho antes, ni ha hecho desde entonces: murió por nuestros pecados y se levantó de entre los muertos. Él es la esencia de lo que significa vivir en la zona de la gracia, de abrazar lo que te ha sido

---

1. Towns, Elmer L. *The Ten Most Influential Churches of the Past Century* [Las diez iglesias más influyentes del siglo pasado]. (Shippensburg, Pensilvania: Destiny Image).

dado por Dios y extenderlo a la aventura de la vida que somos llamados a explorar.

Por definición, un pionero es uno de los primeros o está entre los primeros exploradores en cualquier ámbito de iniciativa y progreso. Un pionero extiende las fronteras y los horizontes. Un pionero canta una canción que es música para los principiantes, para los que se perdieron en el desierto detrás de él. Un pionero desafía las probabilidades una y otra vez, se arriesga en repetidas ocasiones y trae longevidad y realización a sus trabajos.

Si deseas seguir a Jesús, caminar con Él de cerca y experimentar el poder de Su amor, entonces debes ser un pionero, un líder apasionado por la exploración del desierto inexplorado de tu vida espaciosa. Si bien quizás no te consideres líder, y mucho menos pionero, al tener en cuenta la forma en que nuestro mundo y cultura define estos términos. Pero si sigues a Jesús, entonces eres un líder pionero. Tal vez no puedas reconocer la autoridad y los recursos que te han sido dados, tal vez otros no puedan reconocer tu liderazgo, pero si tienes el Espíritu Santo en tu vida, entonces Dios te ha ungido como líder en Su revolución para liberar a todos los seres humanos de la esclavitud del pecado.

No tienes que ser elegido para ser presidente o dirigir gobiernos, ni para acumular bienes raíces, o construir grandes empresas. Quizás no supervises empresas ni lideres industrias, tal vez no presidas la junta ni dirijas el equipo, pero si estás siguiendo a Jesucristo, entonces eres llamado a tomar una posición y servir a Su reino. Se nos ha encomendado ejercer las habilidades y talentos que hemos recibido para que el reino de Dios crezca y las vidas de otras personas sean transformadas.

Cada uno de nosotros es llamado a vivir nuestra vida de una manera agradable a Dios, de manera que cumpla con nuestro potencial divino, ya sea que estemos llamados a ocupar posiciones de autoridad terrenal o no. Si eres el líder de una compañía a nivel mundial, el líder de un estudio bíblico en la iglesia, o simplemente el líder en tu casa con tus hijos, ¡eres un pionero en tu territorio actual!

¿Qué gran descubrimiento has perdido que te espera a la vuelta de la esquina? ¿Estás buscando la dirección de Dios a medida que aplicas tus talentos y administras los recursos que has recibido? Si alguna vez perdemos ese espíritu pionero, me pregunto qué enorme sorpresa nunca sabremos que nos perdimos en este lado de la eternidad. ¿Qué es lo que está en tu mano ahora mismo que requiere coraje, tenacidad, tal vez un poco de riesgo, y un espíritu pionero?

No importa dónde te encuentres en este momento de la vida; no es demasiado tarde. Gracias a Dios, hoy tenemos la misma oportunidad en nuestras vidas de creer a Dios y ver nuevas oportunidades de crecimiento, nuevas posibilidades para desarrollar nuestro potencial.

Los contratiempos o tropiezos, y los golpes inesperados en el camino, a menudo opacan la vida grande que anhelamos vivir. Pero si pasamos el tiempo mirando hacia atrás o viviendo en el pasado, es posible que nunca lleguemos a la cita con Dios que nos espera en el futuro. Nada es imposible para Aquel que te ha llamado, enviado, y Que promete estar contigo a lo largo del camino. Es hora de que veas la vida con el espíritu de un pionero.

SEGUNDA PARTE

Un camino difícil

CAPÍTULO SEIS

El peor día de mi vida

En Jesús fuerte soy, solo Él Mi roca es.
Sobre la tempestad, Él es Rey.

«Mi roca» Hillsong Music, 2012

«No se trata de ti, se trata de tu padre».

Estas palabras me introdujeron en una pesadilla que continuaría desarrollándose todos los años subsiguientes de mi vida. Yo tenía cuarenta y cinco años de edad en aquel momento, y lo que se desarrolló después de esa frase fue producto del pasado de otra persona, que enmarcaría gran parte de mi futuro.

A finales de octubre de 1999, George Aghajanian, mi amigo con el que he trabajado durante muchos, muchos años, se sentó frente a mí durante nuestra reunión semanal de los martes. Como director general de la Iglesia Hillsong, George supervisa para nosotros la mayoría del personal y todas las funciones administrativas a una escala global. Siempre viene preparado con una lista de puntos que necesitamos hablar, a menudo comenzando con asuntos sencillos que podemos solucionar rápidamente, y luego continúa con preocupaciones más graves que pueden requerir una cierta conversación.

Así que en aquel día de octubre (primavera en Australia), nos sentamos en mi oficina en el campus de Hills de la Iglesia Hillsong para analizar la lista de George. Avanzamos rápidamente por la mayoría de los puntos, y en realidad pensé que podríamos terminar un poco temprano. De hecho, sospecho que mi mente pudo haber comenzado a vagar ligeramente, pensando en mis próximas citas y preguntándome si podría ir a hacer algo de ejercicio. Pero entonces George me miró y dijo:

—Solo hay una cosa más, Brian.

—Adelante —dije, y asentí para que continuara.

Vaciló, y presentí que tenía algo importante que decirme. Por el tono de voz y la mirada seria en sus ojos, me di cuenta casi de inmediato, que todo lo que estaba a punto de decirme no serían buenas noticias.

—No se trata de ti —dijo—. Se trata de tu padre.

Mi corazón latía con fuerza en mi pecho, y sentí como si toda la sangre abandonaba mi rostro. George procedió a contarme que habían recibido una llamada telefónica en la oficina de nuestra iglesia. La persona que llamó dijo a uno de nuestros pastores que él había estado ministrando recientemente en una iglesia local y que después de su prédica, una señora pidió hablar con él. Fue durante esta conversación que ella le expuso algo (que más tarde supe) que había estado llevando por dentro desde hacía muchos años: «Frank Houston abusó sexualmente de mi hijo».

De todas las cosas que George podría haberme dicho de mi padre, esto no podría estar más lejos de lo que había esperado oír. De hecho, ni siquiera tengo una categoría para este tipo de acusación. Aunque estoy seguro de que solo fue cuestión de segundos, el tiempo parecía congelado mientras una corriente de emociones dolorosas me inundó, oleada tras oleada. Confusión. Enfado. Incredulidad. Miedo. Dolor. Traición. Para darte un poco de contexto, mi padre, William Francis «Frank» Houston siempre había sido mi héroe. Algunos de mis recuerdos más tempranos se remontan a cuando lo acompañaba a reuniones de avivamiento en tiendas de campaña en el extremo norte de Nueva Zelanda. Valles y pueblos enteros de hermosa gente maorí (los habitantes nativos de Nueva Zelanda) se convertían cuando mi padre predicaba las buenas nuevas del evangelio, noche tras noche. Durante el día, los habitantes de Waiomio nos enseñaban a mi hermano y a mí a montar caballo, y ya avanzada la tarde nos poníamos justo en la cúspide del río, capturando anguilas al acorralarlas entre nuestras piernas y la orilla. Nuestros nuevos amigos cocinaban nuestra pesca y nos enseñaban los manjares de su cultura. Mi infancia estaba llena de recuerdos de cuando decía adiós a mi padre mientras él partía para otro viaje ministerial, y al mirarle con nostalgia recuerdo creer que, un día, yo también haría justamente lo mismo. Gran parte de mi motivación para querer servir a Dios y edificar la iglesia provino de mi padre. Es por eso que solo pensar en esta historia era algo tan devastador.

Nunca nos gusta pensar en la vida privada de nuestros padres, pero considerar las cosas que George estaba diciendo acerca de mi papá, cosas que parecían tan lejos del carácter del hombre que me había criado, amado y enseñado tanto acerca de Dios y el ministerio era, por decir lo menos, *inconcebible*.

La idea de que mi padre, quien entonces tenía casi ochenta años, cometiera un acto tan atroz como el abuso sexual, era devastadora. Mientras escuchaba ese día los detalles de las alegaciones en mi oficina, en cuestión de segundos me di cuenta de que no solo era el abuso contra otro varón, sino que también era una persona menor de edad, un niño. Alguien que, junto con su familia, admiraba a mi padre que era un prominente pastor en Nueva Zelanda cuando este incidente ocurrió a finales de la década de 1960 o principios de 1970, y visitaba Sídney en aquel tiempo.

Esto fue varios años antes de que mis padres realmente se mudaran a Australia y fueran pioneros del Centro de vida cristiana de Sídney; y la Iglesia Hillsong no existía en aquel entonces. Mi mente se movió rápidamente desde los hechos a reconocer que esto le sucedió a un joven que no tenía ni siquiera diez años de edad en aquel momento, y me dije a mí mismo: «Esto no es solo inmoral, es criminal». Mi padre había cometido pedofilia. De hecho, me di cuenta que por ese entonces yo eran tan solo un joven cuando esto sucedió. Estos pensamientos empezaron a abrumarme mientras procesaba la realidad de lo que estaba ocurriendo.

Lo que comenzó como cualquier otro martes, un buen día para estar vivo, de repente se convirtió en el peor día de mi vida. Y ni me imaginaba cuánto peor se pondrían las cosas…

El estallido silencioso

Creo que en la vida, sobre todo como personas de fe, esperamos lo mejor. Pero seamos honestos: si vivimos lo suficiente, todos vamos a tener esos días cuando oímos lo peor. Podría ser la llamada a media noche (que nunca es una buena noticia), sobre la salud de un padre anciano o de la policía que acaba de detener a tu hijo adolescente. Podría ser una conversación con tu jefe, que pensabas que iba a ser una reunión normal, que de repente se convierte en la terminación de tu empleo. Podría ser un chequeo de rutina que revela algo más grave, o que alguien toque a tu puerta para entregarte una citación judicial.

Siempre trato de vivir esperando lo mejor, pero es verdad que nunca sabemos cuál será nuestro peor día, o cuándo será. La vida tiene temporadas. La Biblia prácticamente nos promete que «en este mundo, vamos a tener problemas» (ver Juan 16:33). No importa cuán grande y espaciosa pueda ser nuestra vida, cuán exitosos, ricos, educados, o inteligentes seamos, todos nos tropezamos con desvíos en el camino de la vida que nos dejan en la cuneta, cosas que nos sorprenden, sucesos que nunca podríamos prever, secretos revelados que nunca podríamos imaginar.

Este fue el caso con la noticia de mi padre. En el momento que las acusaciones salieron a la luz, yo no solo era el pastor de nuestra creciente iglesia, sino que también era presidente de una denominación con más de mil cien iglesias. Así que mi mente daba vueltas después de esa conversación con George. A pesar de que este delito había ocurrido décadas atrás, cuando yo era un adolecente y, obviamente, estaba ajeno a ello, de alguna manera en el fondo de mi corazón ahora sabía que estaba a punto de descubrir que estas acusaciones eran, de hecho, ciertas. La posibilidad hacía (y la verdad aún sigue haciendo) que mi estómago se revolviera. No hay muchas cosas peores que enterarse de que tu padre es un pedófilo. No podrían haberme arrojado algo menos esperado y más devastador que esto.

Mi padre estaba en el extranjero en el momento de mi reunión con George, lo cual me dio un poco de tiempo para ordenar mis ideas y buscar más información en preparación para la conversación más difícil que he tenido en mi vida. El martes después de su regreso, mi padre entró en mi oficina para lo que él pensaba que era una reunión de rutina. Traté de mantener la calma tanto como pude y le detallé la llamada que habíamos recibido. Recuerdo que él acababa de regresar del extranjero y ya parecía cansado. Pero entonces cuando escuchó mi declaración, pareció envejecer justo delante de mis ojos. ¿Cómo puede uno hablar con su padre, que también es su héroe, sobre algo tan horrible? Hubo una pausa larga y difícil, y luego empezó a hablar, con la boca completamente seca mientras admitía que sí, la acusación que yo le estaba transmitiendo era cierta. Como presidente de nuestra denominación, era mi responsabilidad en ese momento suspenderlo del ministerio y pedirle sus credenciales. Creo que salió de mi oficina ese día sabiendo que nunca predicaría de nuevo, y nunca lo hizo.

En ese momento, mi padre me dijo que solo había ocurrido una vez. Mientras yo oraba definitivamente que esto fuera cierto, sabía que de repente el futuro se había tornado muy incierto.

Basta ya

Durante toda esta terrible experiencia, lo único que me mantuvo en pie fue saber que Dios estaba conmigo. Tenía que confiar en Su poder para hacer frente a una situación que estaba personal y profesionalmente más allá de mi imaginación. Sin embargo, más que todo el dolor profesional y personal, yo también vivía muy consciente de que había alguien ahí fuera que sufría mucho más que yo; una víctima inocente cuya vida también había cambiado para siempre. Durante este tiempo yo sabía que no podía soportar el dolor por mí mismo y seguir siendo el líder que Dios me había llamado a ser para nuestra iglesia y denominación. Necesitaba a mi Padre Celestial.

Jesús manejó Su propio sufrimiento de esta misma forma, y sacando las fuerzas del poder de Su Padre. Y tiene que haber sido mucho más difícil para Él porque, como el Hijo de Dios, tenía absolutamente la capacidad de cambiar la situación que enfrentaba. Cuando a ti y a mí nos sucede lo peor, no tenemos la opción de chasquear los dedos y hacer que las cosas cambien, pero Jesús sí podría haberlo hecho. Sin embargo, Él eligió no tomar el camino más fácil. En su lugar, escogió sufrir y morir como un hombre inocente, de modo que todas las personas, que sin duda merecen el castigo por sus pecados, pudieran ser perdonadas y vivir para siempre.

Sin embargo, Jesús también era totalmente humano y al parecer luchaba con cómo manejar el difícil camino por delante de Él. Esto lo vemos en la conversación que tuvo con Sus discípulos en Mateo 16. Es en esta conversación que los discípulos de Jesús le dijeron que algunos creían que Él era Juan el Bautista o Elías o uno de los otros profetas de las generaciones pasadas. Y entonces Cristo les preguntó quién pensaban ellos que era. Pedro respondió correctamente: que Jesús era el Mesías, el Hijo de Dios enviado a la Tierra para salvar a Su pueblo.

No obstante, como todavía no era el tiempo para que Jesús revele Su identidad públicamente, le dijo a Sus discípulos que no lo dijeran a nadie.

Pero también les contó sobre el difícil camino que tenía por delante. Jesús les dijo que tenía que ir a Jerusalén y enfrentar la ira de muchos líderes religiosos judíos hipócritas antes de ser arrestado y ejecutado, y que luego sería resucitado de entre los muertos al tercer día. Si los discípulos conocían las profecías del Antiguo Testamento acerca del Mesías, y la mayoría (si no todos), probablemente las conocían, entonces se darían cuenta que Jesús no tenía una vida fácil por delante. Esta dolorosa visión del futuro afectó tanto a Pedro que tomó a su Maestro a un lado y, básicamente, le dijo:

—¡No! Esto no puede pasarte a ti, ¡eres el Hijo de Dios! No quiero que esto suceda, y no lo permitiré.

Jesús respondió al arranque de Pedro con una exclamación muy drástica.

—¡Apártate de mí, Satanás!

Escuchen lo que le dijo a Su querido amigo, al hombre que anteriormente había llamado la roca sobre la cual edificaría Su iglesia, lo peor que uno puede imaginarse: ¡Satanás! Esto puede parecer un poco extremo a primera vista. Después de todo, sin duda Pedro no había comprometido en secreto su lealtad al diablo para convertirse en un espía y tentar a Cristo a evitar lo que estaba a punto de enfrentar. Incluso podríamos esperar que Jesús respondiera a Pedro amablemente: «Gracias por tu preocupación, Pedro. Sé que tienes buenas intenciones y no quieres que tenga que enfrentar el sufrimiento futuro; no obstante, es por eso que estoy aquí en la Tierra, para salvar a la humanidad de sus pecados». En su lugar, Jesús arremete acaloradamente con Sus palabras contra él. Jesús dijo a Sus discípulos que Pedro le era ofensivo, una «piedra de tropiezo», como la Nueva Biblia Latinoamericana de Hoy lo traduce (Mt. 16:23), que pensaba más en las cosas terrenales que en las de Dios. ¡Eso es tremenda acusación! Sin embargo, esta refleja claramente la humanidad de Jesús. Creo que básicamente Jesús dijo:

—Mira, Pedro, ¡esto ya es bastante difícil! No me tientes a usar mi poder divino para evitar todos los acontecimientos dolorosos que tengo que soportar. Estás tratando de sembrar ideas en mi mente de cómo evitar el sufrimiento. Estás tratando de que yo limite mi perspectiva del plan de Dios y me centre solamente en mi propia comodidad. Pero eso es algo estrecho de miras. ¡Así que basta ya!

Nosotros enfrentamos la misma tentación, pero tenemos que mantener nuestros ojos en Jesús. Él no tomó un desvío para evitar el valle ensombrecido que tenía por delante. Así debemos seguirlo a través de este valle.

Tu propia revelación

Siempre que el camino se hace difícil para nosotros, siempre que entramos en el valle de la sombra y sentimos como si ha ocurrido lo peor, es fácil luchar con tener una mentalidad limitada y terrenal.

Así como Jesús llamó a Pedro diablo por tentarlo a tomar un camino más fácil, creo que estos pensamientos provienen del mismo lugar de temor. No podemos imaginar cómo vamos a salir de una experiencia tan terrible y dolorosa, por eso queremos tomar la primera salida que vemos. No queremos tener que sufrir, sin saber cuándo vamos a salir al otro lado (si es que salimos).

Sin embargo, en mi mente, yo sabía que no tenía otra opción que enfrentar esto; tenía que recorrer el difícil camino delante de mí.

A partir de ese día de confesión, era mi responsabilidad hablar con los ancianos del Centro de vida cristiana de Sídney, y comenzar lo que fue una serie horrible pero necesaria de conversaciones y acontecimientos que llevaron estas revelaciones a la luz. En los días siguientes, y tan pronto como llegó a ser posible en la práctica, los ejecutivos nacionales también se reunieron en una sala de juntas, y yo comuniqué sin rodeos y tan directamente como pude hacerlo, la noticia devastadora a todos alrededor de la mesa. Entregué la presidencia de la reunión a otra persona, y me senté mientras los hombres sabios (que tantas veces antes trabajaron en pos de mi visión y observaron a mi padre liderar) comenzaron a hablar de un camino a seguir.

Doce meses más tarde, surgieron más acusaciones de abusos que se habían producido en el mismo período de tiempo, en Nueva Zelanda, de la mano de mi padre, y varias de ellas demostraron ser ciertas. Por doloroso que fue (y sigue siendo), Dios prometió permanecer a mi lado en todo este valle de sombra de días de desesperación.

Consciente de que tenía que confiar en Él como nunca antes, me comprometí a enfrentar la verdad y hacer lo que hubiera que hacer, sin importar cuán doloroso fuera. Las repercusiones en mi familia fueron inmensas. Mis hermanos abordaron su propio dolor de diversas maneras mientras luchaban con asimilar la idea de que el papá cariñoso que siempre conocieron era un hombre con malos secretos.

Lo que él hizo fue algo malo, terrible y traumático, pero la única manera que yo conocía de seguir adelante era soportar el dolor de esta difícil etapa.

Al pasar por esta situación públicamente, como pastor muy conocido, yo también tuve que procesar esta devastadora noticia a nivel personal. Como esposo y como padre, y como hijo. Tuve que hablar con mis hijos sobre su abuelo, que era muy querido y un héroe absoluto para todos nosotros.

Nunca olvidaré cuando hablé con cada uno de mis hijos para contarles esta devastadora noticia. Todos ellos respondieron de manera diferente, pero desde mi forma de ver respondieron increíblemente bien. Ben, mi segundo hijo, ahora el pastor de Hillsong Los Ángeles, escuchó con atención como un muchacho de diecisiete años de edad, y trató de asimilarlo todo. Después de compartir unos momentos de silencio juntos, le dije: «Ben, espero que esto no afecte tu fe». Él asintió con la cabeza y dijo: «No te preocupes, papá. Eso no va a suceder; yo he tenido mi propia revelación de Jesús». En aquel momento esas fueron las palabras más valiosas que podría haber escuchado. Siempre que días grises traten de oscurecer nuestro camino de fidelidad, cada uno de nosotros debe aferrarse a nuestra propia revelación de Jesús.

Mi padre nunca volvió a ministrar, y descendió rápidamente en la vejez; pues la vergüenza y el tormento de su oscuro pasado lo dominaron. Cinco años más tarde, cuando padecía de demencia, y solo diez meses después de la muerte de mi madre, mi padre sufrió un aparente accidente cerebrovascular en la ducha, cayó hacia atrás, se golpeó la cabeza y murió. Mi héroe caído en desgracia se había ido.

Me encuentro ahora reviviendo las realidades de ese día en 1999 y todavía tengo que lidiar y navegar con los efectos de una vida tan difícil. Sin embargo, he aprendido que cuando caminamos por el valle de la sombra, cuando doblamos por una esquina y vislumbramos un camino difícil lleno de dolores y penas por delante, lo único que podemos hacer es seguir avanzando.

Y para poder dar el siguiente paso hacia adelante y luego el siguiente, hay que apoyarse en Dios y mantener nuestros ojos en Jesús. Él ha prometido que nunca nos dejará ni nos abandonará y que nos guiará a través de nuestros días más oscuros. Así que incluso en el valle de la sombra, con Dios de nuestro lado, podemos proclamar: «Ciertamente, el bien y la misericordia me seguirán todos los días de mi vida, y en la casa de Jehová moraré por largos días» (Sal. 23:6).

CAPÍTULO SIETE

Comprender el proceso del dolor

Esta es mi oración en el desierto,
Cuando todo en mi interior se siente seco,
Esta es mi oración durante mi hambruna
y necesidad,
Mi Dios es el Dios quien provee.

«Canción del desierto» Hillsong Music, 2008

Siempre que pienso en cómo la vida de repente se puede convertir en una crisis, recuerdo a uno de los grandes héroes de Australia, el capitán James Cook. Ahora bien, él fue un pionero. En 1770 desembarcó en la hermosa Botany Bay, uno de los tres bellos puertos que forman el telón de fondo de lo que hoy es la ciudad de Sídney, a lo largo de la costa este de la parte continental de Australia. Por lo general, James Cook es considerado la persona que descubrió Australia, aunque por desgracia, la descubrió de la manera más difícil. Nadie le dijo al capitán Cook sobre la Gran Barrera de Coral, una plataforma de dos mil kilómetros de corales hermosos pero irregulares y una de las grandes maravillas del mundo. Y como es de esperar, los corales irregulares y su viejo barco de madera, el *Endeavour*, no se llevaban muy bien. Así que el capitán Cook quedó atrapado en el arrecife en una situación peligrosa, y su barco empezó a hundirse.

Si no fuera por la rapidez de pensamiento de su ingeniosa tripulación, que comenzaron a lanzar objetos por la borda para aligerar el peso, la embarcación se habría hundido en una tumba de agua. Sin embargo, los miembros de la tripulación arrojaron todo a lo que pudieron echarle mano: lastres, herramientas, tinajas de aceitunas, sacos de grano, incluso sus cañones. Ellos lanzaron todo tipo de cosas por la borda con el fin de sobrevivir. Finalmente, la nave se aligeró lo suficiente como para flotar por encima del arrecife y continuar navegando. Sin embargo, el punto donde se quedaron atascados, se hizo muy famoso. Y adivine cómo se llama. ¡Cabo Tribulación!

Todos tenemos nuestros Cabos Tribulación. Las Escrituras incluso nos dicen que esta clase de padecimiento es inevitable. «*Todo* tiene su tiempo, y *todo lo que se quiere* debajo del cielo tiene su hora» (Ec. 3:1; énfasis añadido). Por mucho que no nos guste o no lo entendamos, «todo» significa todos los momentos dolorosos, inesperados, decepcionantes, aterradores, desafiantes, así como todos los momentos alegres, predecibles, emocionantes, alentadores y agradables. La vida incluye momentos de dolor, de luto y aflicción, de sufrimiento y sanidad, y de lucha y conciliación. El mayor problema puede venir cuando nos quedamos atascados en nuestro dolor, cuando parece que no podemos encontrar la fuerza para ponernos en pie nuevamente y continuar nuestra travesía. La vida es un camino difícil, pero que sigue adelante. Si nos detenemos solo porque sufrimos dolor y no podemos imaginar cómo continuar, entonces nos perderemos aquello que Dios quiere hacer en nuestras vidas. No creo que el sufrimiento en sí venga de Dios, pero sí creo que Él utiliza nuestro sufrimiento, porque con Él, no se desperdicia nada. Con Cristo como nuestro modelo para vivir, amar y liderar, vemos que Él sufrió más allá de lo que podemos imaginar, para que nosotros podamos disfrutar la realidad de la vida eterna:

> Despreciado y desechado entre los hombres,
> varón de dolores, experimentado en sufrimiento;
> y como que escondimos de él el rostro,
> fue menospreciado y no lo estimamos.
>
> Ciertamente llevó él nuestras enfermedades
> y sufrió nuestros dolores,
> ¡pero nosotros lo tuvimos por azotado,
> como herido y afligido por Dios!
> Mas él fue herido por nuestras rebeliones,
> molido por nuestros pecados.
> Por darnos la paz, cayó sobre él el castigo,
> y por sus llagas fuimos nosotros curados
> (Is. 53:3-5).

Tenemos un Salvador que no solo sabe lo que es sufrir, sino que también se entregó a Sí mismo voluntariamente como un sacrificio en nuestro lugar. Él nos amó lo suficiente como para soportar más que una bala por nosotros; Él soportó la cruz. Y Él derrotó el pecado y la muerte para que podamos tener gracia, gozo y esperanza. Debido a que Cristo resucitó de entre los muertos, podemos soportar las pruebas que se nos presentan en el difícil camino de la vida. Pero al igual que la tripulación del capitán Cook a bordo de su barco que se hundía, nosotros a menudo tenemos que aligerar nuestra carga si queremos mantenernos navegando.

Aprender mis límites

Aprendí esta lección (la de soltar las cargas pesadas que me hunden), de la manera difícil. A pesar de que manejé la situación con mi padre lo mejor que pude, confiando en el poder del Espíritu de Dios para recibir el valor, la fuerza y la resistencia para seguir adelante, el dolor continuo tuvo su efecto. Cuando mi padre falleció en 2004, yo lloré la pérdida del padre que conocí mientras crecía: el hombre cariñoso que era mi héroe y modelo a seguir; el brillante predicador y evangelista, el hombre que reunía multitudes y los hacía morirse de risa en un momento y llorar al siguiente, mientras les contaba historias de fe increíbles. Y luché para aceptar las realidades del hombre que no conocía, el que albergaba oscuras luchas en sí mismo y cometió actos que nunca podría haber imaginado. Esto, también, mantuvo vivo el dolor en mi cuerpo y en mi corazón.

Finalmente llegué a un punto en el que el efecto acumulativo de todo el estrés, el conflicto y la lucha se hizo demasiado para mí. Durante los siguientes doce años, después de esa conversación inicial con George en mi oficina acerca de mi padre, me encontré en un movimiento descendiente, hacia la depresión, traumatizado por la experiencia de años anteriores e internamente en declive, mientras intentaba cuidar a todos, menos a mí mismo. Por fuera, mi vida estaba explotando. Nuestra iglesia florecía en Australia y se expandía a nivel mundial, el impacto de Hillsong Music iba en aumento, nuestro ministerio televisivo estaba experimentando un crecimiento sin precedentes, y Dios nos facilitó, a Bobbie y a mí, una influencia creciente sobre nuestra obra en el reino. Sin embargo, internamente, yo estaba viviendo una implosión.

Con el crecimiento vino un nivel de escrutinio que nunca habíamos experimentado antes. Me sentí separado de mi vida, de la pasión y del propósito que por lo general me mantenía con ganas de levantarme por la mañana y saludar el día por delante. Yo proseguía por inercia, a menudo perdido en mis pensamientos, sin saber cómo recuperar mi gozo y paz.

Durante este tiempo yo viajaba muchísimo, ministrando en el extranjero y estableciendo nuestros campus por el mundo. Con los frecuentes cambios de horario y la oportunidad de dormir en los aviones, comencé a tomar una pastilla para dormir con el fin de lograr descansar unas horas o simplemente superar la desadaptación horaria. No pasó mucho tiempo antes de que las tabletas perdieran su eficacia, y empecé a tomar más de una para obtener el beneficio previsto. Varios años más tarde, ya no podía conseguir un sueño reparador sin tomar somníferos.

Mi familia se dio cuenta y empezó a preguntarme si estaba bien. Yo les decía que sí y trataba de seguir adelante, siempre que pude, predicando y hablando, viajando y liderando, mientras Hillsong continuaba creciendo y Dios continuaba haciendo cosas increíbles. Sin embargo, los efectos físicos de este período de agitación comenzaron a manifestarse cuando me empezó a faltar la concentración, y ya no hablaba con la misma confianza que había experimentado en los primeros años de ministerio. Dios fue muy bueno conmigo, porque a pesar de mis retos personales, la gente todavía experimentaba la bendición y encontraba libertad en Cristo en nuestra iglesia; sin embargo, los más cercanos a mí sabían que algunas cosas no estaban bien con mi alma.

Entonces, un día algo se derrumbó dentro de mí. Fue como si toda la fuerza emocional en mi tanque se hubiera drenado de repente. Mi barco se hundía, sobrecargado por el exceso de equipaje y otras cuestiones de la vida, y me encontré destrozado sobre un gran arrecife irregular de dolor, miedo y tristeza. Bobbie y yo estábamos visitando nuestro campus junto a la playa de Noosa, en el hermoso estado de Queensland, después de un torbellino de dos semanas de mini conferencias Hillsong y de viajar por todo el país. Yo estaba programado para hablar aquella noche del domingo, y aunque había preparado mi mensaje me sentí físicamente débil, y mis rodillas se doblaron mientras caminaba hacia el podio. Mis palabras se mezclaban, como si estuviera hablando incoherencias, y parecía que estuviera dando un mensaje de escuela dominical en vez de un sermón.

Cuando llegamos a nuestra habitación más tarde esa noche, entré en un estado de miedo y pánico mientras pensaba en las tensiones de la vida, y de repente me empezó a faltar el aire. No podía respirar normalmente y sentí mi corazón como un martillo neumático que latía cada vez más rápido dentro de mi pecho. Empecé a sudar y se me secó la boca. Un millón de pensamientos pasaron por mi mente a la vez, pero no podía abrir la boca para explicarlos. Sin aliento y temeroso, sentí como si me estuviera ahogando, y exclamé a Bobbie que pensaba que tal vez me iba a morir.

Era pasada la medianoche, y Bobbie se dio cuenta inmediatamente de que estaba teniendo un ataque de pánico. Afortunadamente, ella pudo contactar a un miembro fiel de nuestra congregación, un médico que pudo hablar conmigo por teléfono durante este episodio y que quiso verme tan pronto como llegamos de vuelta a Sídney. Con el tiempo, me diagnosticaron un trastorno por estrés postraumático (TEPT), y otros médicos sugirieron que podría seguir teniendo ataques de pánico toda mi vida, pero me propuse en mi corazón que eso no iba a suceder.

El diagnóstico tenía sentido desde una perspectiva lógica, clínica, y en cierto modo me sentí aliviado porque de repente todo lo que estaba experimentando fue validado. Sin embargo, en cierto modo, yo estaba estupefacto. ¡Sin duda, los médicos no estaban hablando de mí! Siempre había sido lo suficientemente fuerte como para manejar cualquier situación; nunca fui «ese tipo» que cedía ante la presión. Crecí feliz y despreocupado, seguía siendo un visionario, y estaba experimentando algunos niveles de éxito. Lo que estaba en mi corazón estaba creciendo, y yo quería ser aquel en el que otros podrían obtener apoyo. No podía creer que yo hubiese permitido que mi vida llegara a este punto. Sin embargo, tenía que aceptar el hecho de que yo no era invencible. A pesar de que mi Dios es omnipotente, yo no lo soy. Mi cuerpo, mente y espíritu tienen límites.

Inmediatamente me tomé unos días de descanso para pensar en mis prioridades, y cambié la forma en que había estado viviendo y liderando. Tomé algunas decisiones importantes acerca de la manera en que yo estaba abordando los viajes y el ministerio, dejé de tomar los somníferos que estaban modificando mi comportamiento e impactaban negativamente en mis emociones, y dejé que Dios tomara el control de las tensiones que me ahogaban. Durante este tiempo, yo sabía que había mucha gente orando; siempre he sido bendecido con una familia muy amorosa y que me apoya. Por la gracia de Dios, me recuperé rápidamente. Nunca he tenido otro ataque de pánico y espero no tenerlo jamás. Este bache en el camino fue algo inesperado, pero con la ayuda de mi familia, consejeros de confianza, y la paz de Dios, mi barco no se hundió.

A pesar de lo dolorosas que puedan ser tus circunstancias, independientemente de lo difícil que pueda parecer el camino de la vida, tú no serás destruido. Creo que la vida se trata de elecciones, y podemos optar por cooperar con las palabras de muerte y enfermedad que vienen a nuestras vidas, o podemos elegir levantarnos por encima de ellas. La angustia que se siente es real, pero hay algo más poderoso, más potente, más abarcador que cualquier pérdida, crisis o trauma que podamos sufrir: el amor de Dios a través del poder de Su Hijo, Jesucristo.

> Por lo cual estoy seguro de que ni la muerte ni la vida, ni ángeles ni principados ni potestades, ni lo presente ni lo por venir, ni lo alto ni lo profundo, ni ninguna otra cosa creada nos podrá separar

> del amor de Dios, que es en Cristo Jesús, Señor nuestro. (Ro. 8:38-39)

No importa cuán difícil sea el camino de la vida, nada puede separarnos del amor de Dios.

Proceso y progreso

Aunque nada puede separarnos de la presencia de Dios, para recuperarnos, sanarnos y crecer más fuertes necesitamos entender el proceso del dolor. Aunque nos gustaría que desaparecieran rápidamente, la mayoría de las cargas no se van de la noche a la mañana.

La Biblia muestra de forma clara que el sufrimiento y las luchas son un proceso continuo, no un suceso o un momento ocasional. Cuando pienso en mis propias experiencias, a menudo quiero alejarme de mis desafíos sin tener que aceptar el proceso. Sin embargo, todos debemos darnos cuenta que no podemos compartimentar y encajonar el dolor en un estante. Los acontecimientos dolorosos que sufrimos sangran en nuestras vidas todos los días si los ignoramos.

Vimos en las Escrituras que hay un tiempo para todo, y que todo lo que se quiere debajo del cielo tiene su hora (Ec. 3:1). Esto significa que, si hay un tiempo para todo, entonces hay un proceso para lograr un propósito.

A menudo sentimos que no podemos ver ningún buen propósito en las pruebas de la vida, pero es increíble cómo Dios puede usar absolutamente cualquier cosa para llevarte hacia adelante y hacerte una mejor persona; para hacerte más fuerte, más sabio y más compasivo. Para darle a tu ministerio un poco más de profundidad, a tu empresa una nueva oportunidad de vida, a tu familia una segunda oportunidad de afecto y comprensión. Para obligarte a ir a Sus brazos con el fin de que alcances una relación más estrecha e íntima.

Aunque desde entonces he experimentado tribulaciones, internamente mi corazón y mi alma se mantienen firmes. Por lo tanto, por mucho que queramos, no podemos ignorar la importancia del proceso. Yo mismo he aprendido a reconocer y aceptar el proceso del dolor, y he aprendido a cooperar con la respuesta en lugar de seguir siendo una víctima del problema.

En las Escrituras hay muchos ejemplos que describen lo que sucede cuando no esperamos el tiempo de Dios y no abrazamos el proceso de circunstancias dolorosas. Cuando aplazamos y evitamos las decisiones difíciles y las acciones difíciles necesarias para avanzar a través de nuestro dolor, por lo general esto resulta en calamidad. La negación solo agrava el dolor y hace que crezca y se arraigue como una infección en tu cuerpo.

Cuando nuestros hijos eran pequeños, al igual que muchas familias jóvenes, nosotros optábamos por viajar por carretera en lugar de los costosos vuelos. Estos largos viajes en auto, sin duda, iban de la mano con la pregunta familiar desde el asiento trasero: «¿Falta mucho para llegar?» Mis hijos recuerdan mi respuesta con humor sarcástico ahora, pero mi respuesta coherente siempre era: «¡Sí. Nos faltan muchísimos kilómetros para llegar!» Yo no suavizaba el largo camino por delante, y mi respuesta honesta era un esfuerzo bien pensado que tenía como objetivo endurecerlos para el viaje.

Nuestras tribulaciones son similares. No retrases lo que debe ser tratado al comienzo del proceso, con la esperanza de poder evitarlo o de alguna manera reducir al mínimo el sufrimiento. Por insoportable que sientas el dolor en el momento, hacer lo correcto y ser obediente a Dios te permite moverte a través del proceso más rápido y más consciente de lo que está por venir.

El apoyo de mi alma

Abrazar el proceso no significa revolcarse en la autocompasión o confiar en tus propios esfuerzos para pasar a través del dolor. En los próximos capítulos estudiaremos el papel de las relaciones y el poder de la comunidad en el difícil camino de la vida, pero por ahora permíteme decir que debes aceptar el hecho de que todos necesitamos apoyo. Cuando te encuentres en medio de una tribulación llena de confusión y trauma, necesitarás el consuelo de los demás; necesitas apoyo, y necesitas a Dios.

Antes mencioné que la Biblia está llena de ejemplos de cómo la vida puede ser difícil y mencioné también el proceso del dolor. Quizá no hay ejemplo mejor y más concentrado de esta verdad que el que encontramos en los Salmos. Como probablemente sabes, los Salmos son una colección de poemas y letras de canciones, muchas de ellas escritas por David, el niño pastor que llegó a ser rey de Israel. Muchas de las hermosas palabras de David reflejan el gozo y la pura admiración que experimentó en su relación con Dios. Sin embargo, muchas de ellas también reflejan la ira, el dolor, la aflicción y el miedo que él sentía.

En Salmos 142, una de sus expresiones más crudas, David comienza diciendo: «Con mi voz clamaré a Jehová; con mi voz pediré a Jehová misericordia. Delante de él expondré mi queja; delante de él manifestaré mi angustia (vv. 1-2). A partir de ahí, él menciona una larga lista de por qué se siente tan mal. Básicamente, él revela lo mal que se siente con la sensación de que todos lo quieren atrapar, le tienden trampas, ignoran su dolor, y no reconocen su necesidad de recibir consuelo. Tales emociones pueden ser comunes a todos nosotros: «Nadie se preocupa por mí». «Esa persona me quiere tender una trampa». «¿Por qué nadie me ayuda?» «¡Ay de mí!»

Pero entonces David concluye el Salmo recordándose a sí mismo lo que él sabe que es cierto: «¡Tú eres mi esperanza...! (ver Sal. 142:5). De hecho, este tema y esta misma frase aparece en muchos otros salmos, incluyendo el 18, 46, 62 y 91. Tenemos que clamar a Dios, haciéndole saber cuán abrumados estamos de dolor, de aflicción y de ira.

No puedo decirte cuántas veces durante los meses y años después de octubre de 1999, yo me retraje emocionalmente o cuestioné las formas en que los demás trataban con mi dolor silencioso.

Sin embargo, aun cuando no estaba seguro de poder manejarlo, yo sabía que Dios podía manejar mi dolor. Así como David, yo clamé a Él y me recordé lo que sabía que era verdad, aunque particularmente no lo sentía en ese momento.

Dios *siempre* será el apoyo de tu alma.

Especialmente en tus peores días.

Saca mi alma de la cárcel

En Salmos 142, David declara: «Saca mi alma de la cárcel, para que alabe tu nombre» (v. 7). Tal como se representa en este salmo, David hace lo que tenemos que hacer con el fin de avanzar por el proceso de dolor que se produce cuando la vida se pone difícil. Él tomó la decisión de rodearse de los justos, y a pesar de que comenzó el Salmo con llanto, lo terminó con alabanzas.

El Salmo de David me recuerda mucho una historia dentro de nuestra propia iglesia, que nos conmovió profundamente a Bobbie y a mí. Cuando mis hijos estaban en la secundaria, conocieron a otro joven llamado Matt, o «Sigi» (diminutivo de «sigiloso»), como todos sus compañeros lo llamaban. Sigi era un talentoso nadador y un estudiante brillante, con mucha vitalidad y determinación, el tipo de amigo que todos quieren para sus hijos. Sin embargo, el dolor que soportó en su vida joven fue más de lo que la mayoría de la gente podría resistir.

A una edad temprana, Sigi fue adoptado en una familia maravillosa. Sus padres adoptivos se preocupaban por él con extravagancia, lo enviaron a una buena escuela, y él y sus hermanos recibieron un amor como si fueran hijos propios. Cuando estaba en su adolescencia temprana, a la madre de Sigi le diagnosticaron cáncer, se deterioró rápidamente, y falleció poco después de que él cumpliera diecisiete años. Solo unos años más tarde, su padre también falleció, dejando huérfanos a Sigi y a sus hermanos. Él necesitaba una familia, y tuvimos el privilegio de traerlo a nuestras vidas.

Sigi vivió sus días de universidad junto con mi hijo Joel, y estaba todo el día en nuestra iglesia, donde conoció a Jill, una de nuestras jóvenes estudiantes de Hillsong College. Jill era de los Estados Unidos, una joven increíblemente talentosa que servía en nuestro equipo de adoración como líder y compositora. Su romance se desarrolló rápidamente, hasta que al final se casaron; y solo dos años después de su boda, ellos compartieron con nosotros la alegre noticia de que estaban esperando su primer hijo.

Max Kingston McCloghry nació con solo veintitrés semanas de gestación y partió para estar con Jesús el mismo día. Matt me habló de los amigos que se reunieron en el hospital durante esas horas de incertidumbre, brindándoles compañía mientras clamaban a Dios en nombre de sus amigos y el primogénito cuya vida había tocado a tantos. El dolor que Sigi ya había experimentado en su corta vida culminó aquella noche de febrero, mientras él y Jill lloraban por el hijo que habían anhelado y amado, solo para quedar decepcionados por una tragedia tan injusta e inexplicable.

Este fue uno de los funerales más difíciles que he tenido que presidir. Debido al amor y el respeto que tenemos por Sigi y Jill, Bobbie y yo, junto con nuestros hijos y nuestra familia de la iglesia, lloramos ese día mientras decíamos nuestro adiós. Sin embargo, creo que los acontecimientos que tuvieron lugar durante las próximas semanas hicieron que el dolor y la derrota de las circunstancias se inclinaran ante la poderosa sanidad y el consuelo que tenemos en Jesús.

Solo unos días después del funeral del bebé Max, estábamos a punto de celebrar nuestra conferencia anual de mujeres del 2008 (Colour Conference), y además íbamos a grabar el álbum de adoración de Hillsong titulado *This Is Our God*. Brooke Ligertwood estaba terminando la letra de una nueva canción, y su relación con Jill hizo que le preguntara a su amiga (quien sin duda, vivía su hora más oscura), si ella consideraría liderar la adoración a su lado esa noche, pocas semanas después de su pérdida. Cuando Jill valientemente subió a la plataforma esa noche, el sentir de la presencia de Dios fue muy palpable. Como muchas personas testificaron aquella noche, mientras ella cantaba, era como si su alma se liberara de la prisión de sus heridas, y ella logró que un estadio entero se entregara por completo a la adoración, de una forma que nunca habíamos visto. Ella valientemente declaró:

> *Toda mi vida, en toda tiempo,*
> *Tú sigues siendo Dios.*
> *Tengo una razón para cantar,*
> *tengo una razón para adorar.*
> *«Canción del desierto» Hillsong Music, 2008*

El duelo es un camino duro, al que no se le debe quitar importancia. Sin embargo, muchos años después, sin dejar de pasar por su proceso de sanidad (y de ser una bendición para muchos otros que están caminando por el de ellos), Jill y Matt están criando a dos hermosos hijos, regalos de Dios, y viviendo una vida grande y espaciosa en Nueva York. A través de las decisiones tomadas por personas cuyos corazones se mantuvieron firmes y enamorados de Jesús, y por la gracia infinita de un Dios Todopoderoso, lo que comenzó como una prisión de dolor se ha convertido en un prisma de alabanza.

Paz como un río

No importa quién seas, o cuántos años hayas sido cristiano, todo el mundo enfrentará desafíos y pruebas en algún momento. Pero es en esos momentos donde descubres que la fuerza de tu espíritu y la salud de tu alma vienen de Dios. Tales contratiempos sin duda pasan factura, y buscamos consuelo tanto en Dios como en la gente, pero la Biblia nos dice que no permitamos que los problemas de este mundo nos devasten. «Un espíritu sano vence la adversidad, pero ¿qué puedes hacer cuando tu espíritu está aplastado?» (Pr. 18:14, MSG). Comprométete a ser perseverante en tu caminar con Dios, y permite que Su gracia te sostenga, empodere y sustente cuando te sientas abrumado y no puedas imaginar cómo vas a seguir adelante.

A veces temo que nosotros nos interponemos en el camino de la sanidad sobrenatural que Dios nos quiere dar en medio de nuestro dolor. Si yo hubiera fijado mis pensamientos solo en lo que hizo mi padre y todas las terribles repercusiones, entonces yo me habría quedado paralizado por el dolor, la ira y la amargura. Así que tuve que mantener mi perspectiva centrada en Cristo. *Aquello en lo que te enfoques en la vida determina si vas a experimentar o no la paz en tu corazón.* La Biblia nos da instrucciones claras sobre cómo encontrar y vivir en un lugar de paz, así como lo que nos quita la paz.

La ansiedad y la preocupación operan en oposición a la paz interior. Cuando estás preocupado o ansioso por algo, incluso algo que debes enfrentar y abrazar como un proceso, entonces dejas poco espacio para la paz de Dios. Como yo lo descubrí, la preocupación es un peligro real para la salud. La Biblia nos dice: «La congoja abate el corazón del hombre; la buena palabra lo alegra» (Pr. 12:25). O como la Nueva Traducción Viviente lo expresa: «La preocupación agobia a la persona; una palabra de aliento la anima».

La paz fluirá como un río si no permites que tu corazón se endurezca y levante muros. Yo no podía hacer nada para cambiar lo que mi padre había hecho tantos años atrás. Jill y Matt no tenían control sobre las circunstancias que la vida les había presentado. Simplemente tenían que centrarse en el presente y continuar avanzando. La preocupación es confiar en tu propia capacidad y no descansar en la fe del poder y la bondad de Dios. Las Escrituras son innegablemente claras: «Por nada estéis angustiados, sino sean conocidas vuestras peticiones delante de Dios en toda oración y ruego, con acción de gracias. Y la paz de Dios, que sobrepasa todo entendimiento, guardará vuestros corazones y vuestros pensamientos en Cristo Jesús (Fil. 4:6-7).

Si deseas vivir una vida grande, espaciosa y abundante como Jesús, sobre todo cuando la vida se pone difícil, entonces toma la decisión diaria de creer a Dios en Su Palabra. Cree que Su promesa para ti es que tengas éxito, mientras siembras las semillas de la fe y la paciencia. Pide a Dios que te ayude a ser paciente mientras te mueves a través del proceso del dolor y esperas que se cumplan Sus promesas para tu vida. Pídele que te llene de esperanza y confianza, y cree que Él es un buen Dios que desea cosas buenas para tu vida. Y pídele que te conceda la paz que ha prometido en Su Palabra: «Y la paz de Dios, que sobrepasa todo entendimiento, guardará vuestros corazones y vuestros pensamientos en Cristo Jesús (Fil. 4:7).

La vida espaciosa y amplia es tu porción, pero oh, ¡cuán impredecible puede ser el camino!

CAPÍTULO OCHO

No más vergüenza

Mil veces te fallé, mas Tú fuiste fiel,
Tu gracia me levantó, me basta Tu amor.
«Desde mi interior» Hillsong Music, 2006

Cuando tenía trece años, mi mamá nos llamó a mis dos hermanos y a mí a la sala familiar y dijo que tenía una gran sorpresa para nosotros. Ella y nuestro papá habían acordado cuidar de un bebé por un tiempo, algo así como ser padres de acogida, y necesitaba que todos nosotros ayudáramos. Nos sorprendimos, pues era la primera vez que oíamos hablar del asunto. Pero, en efecto, un par de semanas más tarde mi madre trajo el bebé a casa y cuidamos de él durante el año siguiente.

Lo que no sabía en aquel momento era que el bebé era en realidad mi sobrino. Mi hermana mayor, de unos diecisiete años, se había mudado recientemente de Wellington (Nueva Zelanda) a Melbourne, en la costa este de Australia. Desconocíamos que nuestros padres la habían alejado en secreto luego de conocer que estaba embarazada fuera del matrimonio. Como pastores de una iglesia, mis padres sufrían el peso de la culpa y la vergüenza que generaba la mentalidad de la época, y pensaban que no tenían otra opción que alejarla de casa. Más tarde supe que la enviaron a Australia durante varios meses y luego la trajeron calladamente de vuelta a un pequeño pueblo llamado Martinborough, ubicado del otro lado de los montes Rimutaka. Allí tuvo el bebé, que después pasó aproximadamente su primer año con nosotros.

Transcurrió algún tiempo para que yo conociera el secreto. Años más tarde encontré el papeleo mientras hurgaba en unos cajones, y comprendí que la madre del bebé ¡era mi hermana! En aquella época, en aquel contexto, era muy vergonzoso ser una madre soltera, y a ella se le hizo sentir todo el peso de su situación. Hoy me entristece pensar que mi hermana tuvo un bebé como si fuera un secreto vergonzoso, en lugar de una bendición maravillosa. Esto la afectó por muchos años, pero afortunadamente su historia tiene un bello final. Hoy en día, mi sobrino Rick, su madre y sus hermanos disfrutan de una estrecha relación familiar.

Sé que mi hermana no es la única que tiene que enfrentar una vergüenza secreta. Muchas personas permiten que la vergüenza envenene sus acciones, y luego quedan bajo su control. La vergüenza te roba de las bendiciones que Dios te brinda, y trata de controlarte para que no experimentes toda la fuerza del amor de Cristo. La vergüenza hace que un camino difícil sea mucho más traicionero y mortal.

Pero no tiene por qué ser así.

Librarse de las cadenas de la vergüenza

Uno de los mayores obstáculos para disfrutar de las bendiciones que Dios nos concede es el gran peso de la vergüenza. Lamentablemente, muchas personas no comprenden el poder de la vergüenza y el efecto que tiene en ellas al confinarlas a una prisión. La vergüenza nos aísla y pesa sobre nosotros, nos sobrecarga con el pasado y trata de sabotear nuestro glorioso futuro. Sin embargo, la buena noticia es que a través de la salvación en Jesucristo, somos libres de la vergüenza.

Como sabes, todo el mundo tiene un pasado. No eres el único que tiene vergüenza por los errores y fracasos del pasado. Todo el mundo tiene cosas que desea olvidar, cosas que quiere dejar atrás, que lo agobian con noches de insomnio. Muy a menudo, permitimos que nuestro pasado determine nuestro estado de ánimo, la forma en que sentimos y pensamos. Sin importar si las indiscreciones que cometiste ocurrieron años atrás o la noche anterior, hay poder en las ataduras con las que el pecado te subyuga. La Biblia nos dice que la paga del pecado es la muerte (ver Ro. 6:23). Si piensas en eso por un momento comprenderás que lo que ganamos cuando pecamos es nuestra propia destrucción. Por lo general pensamos en recibir una paga a modo de salario, pero cuando pecamos recibimos la paga de la muerte.

La gracia, por el contrario, nos otorga un don, el precioso don de la justicia ante Dios. No tenemos que ganarlo, no podríamos si lo intentáramos, solo tenemos que pedirlo y aceptarlo. «Si por la transgresión de uno solo reinó la muerte, mucho más reinarán en vida por uno solo, Jesucristo, los que reciben la abundancia de la gracia y del don de la justicia» (Ro. 5:17).

¿Estás gobernando y reinando en la vida?

¿Vives dominando?

Considera lo que este versículo nos dice como seguidores de Jesús hoy: «El don de la justicia hará que reines en vida a través de Jesucristo». Tú estás llamado a florecer en la vida, a disfrutar de esa vida abierta, libre y abundante que tenemos a través de Cristo. Así como el Antiguo Testamento describe este regalo y don: «Como palmeras florecen los justos». Y continúa: «Como cedros del Líbano crecen. Plantados en la casa del Señor, florecen en los atrios de nuestro Dios» (Sal. 92:12-13).

Si tú vives bajo el peso de la culpa, la vergüenza y la condenación, no puedes florecer. No estás gobernando y reinando. Las Escrituras nos dicen que los justos pueden reinar en la vida. Puedes gobernar y tener el dominio, pero si vives en la vergüenza, no estás gobernando, estás siendo gobernado. En lugar de tener el dominio, estás siendo dominado; dominado por cosas que no tienen poder o valor alguno en tu vida.

Puedes vivir pensando que debes sentirte mal por cosas que ocurrieron en el pasado. No digo que debes tomar a la ligera tus pecados pasados. Lo que afirmo es que hay verdadera esperanza en Jesús. Tu atención debe centrarse en seguir a Cristo, y no en mirar hacia atrás lamentando lo que ya no puede cambiarse. La vergüenza es una prisión, pero la puerta de tu celda está abierta.

Jesús te llama a seguirlo en la libertad de la gracia.

Darse cuenta

Uno de mis versículos favoritos es Proverbios 15:24: «El camino de la vida es hacia arriba para el prudente». Lamentablemente, en lugar de ir hacia arriba, algunas personas caen en un descenso abrupto, en una espiral descendente. He aquí lo que sucede: El pecado lleva a la culpa, la culpa conduce a la vergüenza y la vergüenza en última instancia lleva a la condenación. La condenación lleva a la muerte.

Si se condenan las puertas de un edificio, eso significa que no es habitable, que no está en condiciones de ser usado y que solo puede ser demolido. Así es como muchas personas viven sus vidas. Viven sintiéndose condenadas, no aptas cuando se trata de servir a Dios, incluso cuando se trata de estar en la casa de Dios, de adorarlo, cuando se trata de la gracia de Dios. Se sienten indignas, sin perdón y llegan a pensar que no merecen ser amadas.

Algunas personas son salvas, pero no son libres. Piensan que no merecen ser felices, que no merecen disfrutar de la vida amplia y alegre que Dios les brinda. Se sienten Como si estuvieran descalificadas. No son aptas para la felicidad. ¡Pero no es verdad! Esas solo son mentiras del diablo.

El pecado se convierte en culpa, la cual es algo que sentimos, una emoción. Sin embargo, la vergüenza es algo que cargas sobre ti, un estado del ser. Las personas a veces dicen «¡no te da vergüenza!», y tratan de poner vergüenza sobre tus hombros. Te juzgan, te condenan, buscan que sientas el duro aguijón de su rechazo. ¿Han puesto vergüenza sobre tus hombros como una carga? ¿Alguna vez te has sentido peor por la manera en que te han tratado o mirado luego de saber lo que hiciste en el pasado? El pecado es algo que hacemos y las emociones son algo que sentimos, pero la vergüenza está en un nivel diferente. Es algo que se lleva encima, un peso, una carga. Caminamos por la calle con ella y sentimos su peso sobre nosotros. En última instancia, es exactamente lo contrario de la bendición de Dios.

Si queremos deshacernos de la vergüenza, debemos comprender el poder de lo que Jesucristo ha hecho por nosotros. Si tú cargas con la vergüenza, entonces no llevas en sí lo que te brinda la bendición de Dios. Con Su bendición, tienes el beneficio completo de todo lo que está en Su nombre. No hay otro nombre que proporcione la salvación que libera a los cautivos, que perdona la condenación del pecado. Si permites que otras cosas ocupen ese lugar, si permites que otras cosas te controlen y te doblegen, entonces lamentablemente estás viviendo muy por debajo de lo que Dios tiene para ti. El pecado empequeñece. La Biblia nos dice: «por cuanto todos pecaron y están destituidos de la gloria de Dios» (Ro. 3:23). Si piensas en eso, si estás destituido de la gloria de Dios, entonces el pecado te hace más pequeño. Disminuye tu potencial, tu relación con Dios y tu confianza. No puedes desenvolverte con audacia y confianza si vas cabizbajo por el peso de la vergüenza.

Cuando las personas viven gobernadas por la vergüenza, el efecto negativo sobre ellas es enorme. Viven bajo el poder de la condenación, como alguien sobre quien pende constantemente una nube negra. En realidad, la versión de la Biblia en inglés denominada *The Message* [El Mensaje] describe a menudo la condenación como una nube negra, una que siempre está a punto de descargar un rayo de castigo.

Pero eso no se alinea con la verdad de la Palabra de Dios y el poder de la muerte y la resurrección de Cristo. Se nos dice: «De tal manera amó Dios al mundo, que ha dado a su Hijo unigénito» (Jn. 3:16). Y también se nos dice exactamente por qué lo envió: «Dios no envió a su Hijo al mundo para condenar al mundo, sino para que el mundo sea salvo por él» (Jn. 3:17). Muchas personas conocen bien la primera parte de este versículo, pero la plenitud de su poder se revela en realidad en la segunda parte. El Padre quería darte la libertad de una vida plena y vibrante; quería que experimentaras en abundancia la salvación y la vida.

Por eso envió a Jesús.

El jugo de naranja nunca supo mejor

Tenemos que aprender a vivir nuestras vidas como hombres y mujeres salvos. Y eso significa estar libres del pecado, de la culpa, de la vergüenza y de la condenación. Recuerda, el pecado es algo que se comete, la culpa es algo que se siente y la vergüenza es algo que se lleva. Y, finalmente, el peso de la vergüenza te domina y la condenación acaba contigo. La condenación te hace creer que al igual que un edificio declarado en ruinas, también tú eres inservible.

Esa no es la voluntad de Dios en absoluto. Y siempre es necesario recordarlo. Cuando nuestro camino se vuelve difícil, la vergüenza intentará desviarnos de nuestra ruta. A veces también ocurre cuando la vida nos va bien y disfrutamos de una gran bendición del Señor. El diablo no puede soportar que tú disfrutes de la bondad de Dios, y tratará de frustrarte y sofocarte con la vergüenza. Conozco de primera mano cómo la vergüenza puede tendernos una emboscada a la vuelta de la esquina.

En el año 2002, la Iglesia Hillsong acababa de terminar una importante ampliación del edificio y habíamos inaugurado nuestro nuevo centro de reuniones y convenciones. En ese momento se nos conocía en todo el mundo por nuestra música de adoración, pero en Australia la mayoría de la gente nunca había oído hablar de nosotros. La persona promedio en la calle probablemente no sabía que existíamos.

Sin embargo, de repente irrumpimos en medio de la cultura convencional de una manera inolvidable. Al igual que en muchos países, los principales periódicos australianos tienen sus grandes ediciones de fin de semana, por lo general con una revista ostentosa en la parte central. Así que un sábado, poco después de terminado nuestro nuevo centro, el periódico de mayor circulación en Australia nos sacó a Bobbie y a mí en la portada de su revista de fin de semana. Y nada de lo que decía era elogioso.

Estábamos tan humillados y molestos, tan dolidos. Varias semanas antes habíamos cooperado ingenuamente con el autor del artículo. Habíamos posado para las fotos y habíamos tratado de ser lo más transparente posible. Pero aquello se volvió contra nosotros. Nos sentimos engañados, nos habían hecho creer que sería un reportaje justo y equilibrado, de nosotros y nuestro ministerio. Pero no lo era. El artículo tenía varias páginas y era una tergiversación total. Desvirtuaba por completo nuestras motivaciones y menospreciaba todo lo que representábamos.

Recuerdo que me sentí muy apenado. Muy avergonzado. Estábamos en la playa de Bondi ese mismo sábado por la mañana. Era el fin de semana, por lo que todo el mundo estaba fuera de casa, disfrutando de la playa y del buen tiempo. Los cafés estaban llenos de personas que se relajaban y disfrutaban de un desayuno al aire libre. Y parecía que todo el mundo estaba leyendo el periódico, con nuestra imagen y su terrible subtítulo en la revista de fin de semana.

Recuerdo que caminaba por la rambla justo al lado de la playa, un lugar que nos encantaba y en el que anteriormente nos sentíamos como en casa, pero me sentía tan humillado, avergonzado. Finalmente, esa mañana, entramos a una cafetería para desayunar. Habíamos estado allí muchas veces, por lo que el personal nos conocía. Me sentía incómodo y trataba de mantener la cabeza gacha para que nadie me reconociera. Entonces se acercó el camarero y pedí un jugo de naranja. Un par de minutos más tarde regresó con el vaso de jugo más sorprendente que jamás hubiera visto. En lugar de un vaso normal, era un vaso gigante de jugo de naranja recién exprimido, decorado en el borde con hermosos adornos de fruta. Luego de colocarlo en la mesa, nuestro camarero me miró y dijo: «Usted es una buena persona». Sus palabras, su bondad y la referencia tácita al artículo alegraron mi alma. Se rompió el yugo de la vergüenza que me agobiaba. Nunca antes me había sentido tan agradecido a un camarero en un restaurante. Es sorprendente cómo Dios utiliza momentos en nuestras vidas para comunicarse y darnos certeza de Su amor. Él quería que yo supiera que, aunque el periódico hubiera publicado todas aquellas tergiversaciones y mentiras, eso no significaba que todo el mundo las creía.

He vuelto a Bondi muchas veces luego de aquella agridulce mañana de sábado. La playa es uno de mis lugares favoritos en todo el mundo. No permití que la vergüenza me doblegara entonces, y tampoco permito que ahora se aferre a mí. También aprendí a no dejar que las opiniones y las actitudes de los demás me gobiernen. Soy un hombre libre por la gracia de Jesucristo. Mi Padre Celestial me ama más allá de todo límite.

Y así también te ama a ti.

Florecer en libertad

Necesitas entender la victoria que Dios te da sobre la vergüenza. Creo que debes aprender a caminar con la frente en alto las buenas noticias del evangelio de nuestro Señor, Jesucristo. Él te da suficientes motivos para mantener la cabeza en alto y no permitir que nadie ponga vergüenza sobre ti. Vive en libertad.

No tenemos que deshacernos por nosotros mismos de la vergüenza que trata de ahogarnos. Cristo lo ha hecho por nosotros. «Ahora, pues, ninguna condenación hay para los que están en Cristo Jesús, los que no andan conforme a la carne, sino conforme al Espíritu» (Ro. 8:1). Nota la distinción que hace este versículo. No dice que tú no enfrentarás la tentación, y no dice que las cosas no van a mostrar su lado feo a veces. ¡Pero no hay condenación! La condenación no tiene ningún derecho sobre ti ni sobre tu vida amplia y abundante de libertad en Cristo. Dios quiere romper el poder de la vergüenza sobre tu vida.

¿Y tú? ¿Comprendes que no tienes absolutamente nada de qué avergonzarte debido a lo que Jesús hizo por ti? ¿O todavía te condenas a ti mismo? Tal vez crees que Dios te ha perdonado. Tal vez aceptas que otras personas estén dispuestas a perdonarte por las heridas que puedes haberles causado. Pero, ¿estás dispuesto a dejar que la gracia de Dios penetre profundamente en tu interior? El camino de la vida tiene suficientes dificultades en sí, y no debemos hacerlo más difícil de lo que tiene que ser. No permitas que el enemigo te hostigue con tus errores del pasado. Dios no los recuerda, ¿por qué tú debes recordarlos? La justicia es un regalo gratuito que has recibido.

Vive en ella, llénate de ella y florecerás como la palmera.

Tú vives por fe, no por vergüenza.

Eres amado.

Eres libre.

Has sido perdonado.

La vergüenza no tiene derecho sobre ti.

Perteneces a Jesús.

CAPÍTULO NUEVE

Apóyate en mí

Creo en nuestro Dios el Padre,
Y en su hijo Cristo el Rey.
Creo en el Espíritu Santo, Dios tres en uno es.
Creo que resucitaste, que nos levantarás.
Creo en el nombre de Jesucristo.

«En esto creo (el Credo)» Hillsong Music, 2014

«Mi púlpito es más grande que el tuyo».

Estas palabras, que un periodista australiano me dijo con una sonrisa, enmarcaron doce años de intenso escrutinio por parte de los medios de comunicación. De hecho, tenemos una despensa en nuestra oficina de la iglesia con estantes dedicados exclusivamente a colecciones de recortes de periódicos, cintas de video, CDs, y DVDs llenos de historias sobre la Iglesia Hillsong que han aparecido por años en los medios de comunicación de Australia.

En su mayor parte, lo más doloroso no era solamente lo que los medios de comunicación decían sobre Bobbie y yo y la Iglesia Hillsong; lo más doloroso era lo que ellos ignoraban. Las respuestas casi nunca las publicaban, y las personas intereses anti religiosos parecían conducir la mayor parte de la percepción negativa que enmarcaba lo que nuestra comunidad creía acerca de nosotros. Algunas de esas críticas las provoqué yo mismo. En los primeros días de la Iglesia Hillsong, escribí un libro titulado *Necesitas* más diner*o.* ¿En qué estaba pensando? Yo era joven y entusiasta, y tenía poca influencia fuera de nuestra propia iglesia local, y pensé que los lectores se sentirían atraídos por un título provocador. Parece que también me pinté una diana en la cabeza, porque los críticos tomaron el título y nos etiquetaron «predicadores de la prosperidad» que enseñábamos un «evangelio de la prosperidad». ¡Yo odio ese término! Siempre ha habido un solo evangelio, y solo uno, el evangelio de Jesucristo.

Quizá la crítica a este libro podría resumirse mejor en una conversación que un amigo mío sostuvo con un pastor evangélico que se unió al coro de opiniones. Justo después de su valoración incriminatoria del libro (que más tarde admitió que en realidad nunca había leído), él compartió con mi amigo la gran necesidad que su iglesia tenía de un pastor de jóvenes, pero carecían de los fondos necesarios para contratar a uno. ¡Y en eso consiste la tesis de mi libro!

Como verás, sin dinero es difícil (como ministerio, empresa, familia) cumplir con las tareas del reino que están en su corazón. Los misioneros necesitan dinero, las iglesias necesitan dinero, la educación de tus hijos requiere dinero. De hecho, el libro en sí da una idea general de los peligros que vienen con el amor al dinero y cómo Dios rechaza las actitudes de codicia, pero también dice que Él se preocupa por bendecirnos de manera que, a su vez, nosotros podamos usar lo que tenemos para equiparnos a nosotros y a otros para la trayectoria que tenemos por delante. O, como Dios dijo a Abraham: «Haré de ti una nación grande, te bendeciré, engrandeceré tu nombre y serás bendición» (Gn. 12:2).

En realidad, yo debería haber sido mucho más cuidadoso para que el libro no hubiera sido sacado de contexto y perdido su eficacia. Es una persona imprudente la que no aprende una lección de tales críticas. Incluso si los hechos estaban equivocados o torcidos, las percepciones pueden enseñarnos cosas y hacernos mejores personas y hacer mejor las cosas, si lo permitimos.

Lo más sorprendente de toda esta crítica es que en todos los momentos de la misma, el apoyo que Bobbie y nuestros hijos, y que yo personalmente recibimos de nuestra propia iglesia local y de muchas otras personas no tiene comparación. Todos estos intentos de desalentarnos y mancharnos solo hicieron que la gente que conocían a Hillsong de manera diferente a través de su propia experiencia se levantaran valientemente y se mantuvieran firmes en lo que creían: que Bobbie y yo siempre hemos tratado de vivir de acuerdo con los principios que enseñamos a otros. Una de las cosas que he aprendido a través de estas tribulaciones ha sido lo resistente que es la Iglesia de Dios. Dios dice: «edificaré mi iglesia, y las puertas del Hades no la dominarán» (Mt. 16:18), y hemos visto que esto es cierto en todos los sentidos, pues crecimos no solo en tamaño sino también en influencia. También he aprendido que lo que dicen los medios no es lo que te hará daño; es lo que los medios dicen que es *cierto*. Por lo tanto, es primordial practicar lo que predicamos y vivir frente a nuestra familia de la iglesia y la comunidad con franqueza y transparencia.

Desarrollar el valor de vivir con convicción y responsabilidad es la puerta de entrada a la plenitud en la vida, el amor y el liderazgo. En mi experiencia, siempre vale la pena el esfuerzo para tratar con el dolor y la decepción, y ver tus circunstancias difíciles como una oportunidad para el crecimiento y el aprendizaje, en lugar de convertirte en una víctima. Hay tres maneras de aprender de nuestros errores: de la manera fácil, de la manera difícil y de la manera trágica. La manera fácil es aprender de los errores de otras personas. La manera difícil es aprender de los nuestros. Y la manera trágica es no aprender de ninguno.

No pierdas la oportunidad de aprender de tus errores, permíteles que te enseñen, permítete crecer en ellos y conviértete en una mejor persona a causa de ellos. Y cuando tu peor día se convierte en una larga temporada, puedes cobrar valor al saber que habrá personas fieles que están listas y dispuestas a estar junto a ti en cada bache del camino.

Vive de manera transparente

Una de las grandes tentaciones, cuando el camino de la vida se vuelve difícil, es aislarse. El instinto natural es tratar de contener tus emociones y no sentir el dolor agudo causado por tu crisis. Si tú eres igual que yo en esos momentos, también puedes sentir la necesidad de retirarte y aislarte. Incluso cuando se está rodeado de gente, uno puede retraerse emocionalmente. Pasar por una tribulación, una tentación o un trastorno te hace sentir muy vulnerable, por lo que es natural que quieras levantar muros y esconderte detrás de ellos. Pero eso no ayuda a resolver el problema y es de poco consuelo. A menudo, cuando menos quieres tener comunión con los demás es cuando más lo necesitas. Dios entiende el valor de la relación, el valor del equipo. Por naturaleza, Él existe como una Trinidad; un concepto que me encanta. Él es el Dios del universo, y sin embargo decide asociarse con nosotros para ver Sus planes y propósitos realizados en la Tierra.

La Palabra de Dios ciertamente confirma esta verdad: «Y considerémonos unos a otros para estimularnos al amor y a las buenas obras, no dejando de congregarnos, como algunos tienen por costumbre, sino exhortándonos; y tanto más, cuanto veis que aquel día se acerca» (Heb. 10:24-25, NVI). Cuando estás luchando en una parte difícil de tu camino, lo mejor que puedes hacer es entrar en un entorno lleno de fe, lleno de fe y positivo.

Y aquí es donde la iglesia local puede ser de muchísimo valor.

Bobbie y yo siempre aspiramos a construir una iglesia joven en espíritu, generosa de corazón, llena de fe en la confesión, con una naturaleza de amor e inclusiva en su expresión.

Tristemente, tengo que reconocer que no todas las comunidades tienen una expresión saludable de la iglesia local, y aquí es donde tenemos que estar plantados en la Palabra de Dios; de forma tal que podamos hablar a nuestra propia alma, reclamar la victoria y levantarnos en el nombre de Jesús. Pero recuerda, la iglesia perfecta no existe, así que no subestimes el valor de construir relaciones sanas, que glorifiquen a Dios donde quiera que te encuentres. Como hemos comentado en capítulos anteriores, David entendió el proceso del dolor, pero también se dio cuenta de la increíble importancia de permitir que otros lo apoyaran. Después de su oración para que Dios librara su alma de la prisión (Salmos 142), él declaró: «Me rodearán los justos» (v. 7).

David sabía que cuando uno se siente rodeado por las acusaciones o por personas que no lo entienden o no se preocupan por nuestro sufrimiento, es cuando más necesitamos al pueblo de Dios. Yo te animo a que, durante los momentos de dificultad y desaliento, y a pesar de tu inclinación natural, te establezcas en un ambiente donde la alabanza pueda quitar toda tu atención de los problemas y restaurar tu mirada en una perspectiva eterna. Haz todo lo posible por rodearte de personas que puedan sentarse contigo en tu dolor y no intenten arreglar tu problema o darte respuestas superficiales; personas que te sostendrán con su fe cuando la tuya se siente un poco débil y golpeada.

De la misma manera, no es prudente confiar el dolor de tu corazón a cualquiera. Debes reunir a tus compañeros de confianza, personas que amas y en las que confías, personas que conocen tu corazón y pueden manejar tu frágil condición. La Biblia nos dice: «Donde no hay dirección sabia, el pueblo cae; la seguridad está en los muchos consejeros» (Pr. 11:14). ¿Notaste que dice muchos *consejeros*, no muchas opiniones? Así que no confíes en cualquiera: el vecino de la esquina, la señora en la fila de la caja, el chico en el gimnasio, o el compañero de trabajo en la oficina. En lugar de esto, céntrate en las personas que compartan tu fe.

En el pasado me ha sorprendido ver cómo la gente pierde el camino cuando permite que su peluquera, cuyo propio mundo es una catástrofe, se convierta en su consejera. No tengo nada en contra de las peluqueras (o peluqueros), pero lo mismo se puede decir de los colegas y vecinos que no son cristianos. Compartir tus problemas con personas cuyas propias vidas no se alinean con la voluntad de Dios puede conducir a un mal consejo y malas decisiones. Busca a las personas en tu vida que te aman y aman a Dios y que desean claramente lo mejor para ti, sin intereses personales ni condiciones.

¿Solidaridad o compasión?

Todo el mundo quiere un poco de solidaridad.

En el Antiguo Testamento, uno de los reyes de Israel, el rey Acab, buscó el consejo de cuatrocientos profetas antes de ir a la batalla. Los cuatrocientos profetas se solidarizaron con su gobernante, y dijeron al rey lo que quería oír: que sí, el Señor seguramente le daría la victoria. Pero había un joven profeta que optó por escuchar al Señor, y no ceder ante el poder de intimidación. En 1 Reyes 22 vemos que incluso el propio rey reconoció que él simplemente estaba buscando personas que estuvieran de acuerdo con él y le llevaran una buena palabra que justificara lo que quería hacer. Después de llamar a los cuatrocientos profetas: «El rey de Israel contestó a Josafat: —Hay un hombre más que podría consultar al SEÑOR por nosotros, pero lo detesto. ¡Nunca me profetiza nada bueno, sólo desgracias!» (v. 8, NTV).

Esta historia siempre me hace sonreír; el rey confesando abiertamente que prefiere escuchar lo que quiere escuchar, en lugar de la verdad. ¿Alguna vez has evitado a alguien por ser una persona que dice la verdad y porque tenía cosas que decirte que no querías escuchar? Yo lo he hecho, y déjame decirte, desde luego que no me ayudó, y a ti no te ayudará ahora.

Cuando estás pasando por una mala racha, tú necesitas amigos, colegas, mentores o pastores que tengan las agallas para decirte la verdad y para recordarte la verdad de Dios; no gente que simplemente esté tratando de complacerte. Personas que te dan consejos motivados por el amor, y no el juicio, la condenación y la manipulación. Mi propia experiencia me ha llevado muchas veces a recibir el consejo de personas que son mayores que yo o más maduras en su fe y que han pasado por sus propios desafíos; personas que han salido más fuertes de estos desafíos y pueden ofrecer apoyo, sabiduría, amor y garantía reales.

Ni una sola vez nos encontramos que Jesús fuera movido por la solidaridad; pero cada vez que la *compasión* lo movía, algo poderoso estaba a punto de suceder, un milagro estaba en camino. Esto se debe a que la solidaridad se identifica con el problema, pero la compasión se levanta, mira hacia arriba, y dice: «Tengo que hacer algo al respecto». Así que cuando estés luchando en el camino difícil, busca a alguien que te mire a los ojos, ponga las manos sobre tus hombros, y te diga la verdad sin adornos, la verdad del amor, la esperanza, la sanidad y el poder de Dios en tu vida.

Ama de manera auténtica

Es importante encontrar a personas con las que caminar en la vida y a la vez crecer para ser una mejor persona conforme sigues caminando. Cuando estás pasando por un tramo difícil, también tienes la oportunidad de bendecir y ayudar a las personas a tu alrededor. Tienes la oportunidad de llevar a tu familia, amigos y seres queridos contigo en este camino, compartir lo que Dios está haciendo en tu vida y mostrar liderazgo a medida que caminas de forma auténtica y honesta.

Cuando estás sufriendo y luchando, tu vida es el centro de atención. Cuando Bobbie y yo hemos enfrentado la oposición de otros, sabemos que por mucho que nos haya dolido a nosotros, nuestros hijos siempre han sentido nuestro dolor muchísimo más, y nuestra familia de la iglesia también ha sentido el peso del escrutinio por parte de vecinos, colegas y compañeros. El saber que teníamos la oportunidad de ejercitar nuestra fe sobre todo en medio del dolor, nos ha ayudado a centrarnos en Dios y no en nuestras circunstancias. No queríamos que nuestros hijos pensaran que habíamos dejado de confiar en el poder y la bondad de Dios solo porque estábamos pasando una mala racha. Era entonces cuando ellos necesitaban ver en acción aquello en lo que creíamos.

La decepción y el dolor son una oportunidad para ser transparentes, pero sin ser lastimeros, y hay una diferencia. Este proceso puede ser un desafío, que se agrava mientras más gente haya observándolo. Es en momentos como estos que nuestra naturaleza humana es poner buena cara para los que nos rodean, pero descargar e incluso arremeter contra las personas que están más cerca de nosotros en medio de la angustia. A menudo, el cónyuge es «sacrificado» a nuestras emociones no redimidas durante los momentos de angustia y dolor, y sin embargo las personas más cercanas a nosotros son las que más necesitamos. No renuncies a las buenas relaciones por un momento de dolor y enojo. Aprende a apoyarte firmemente en los que se han comprometido a seguir siendo fieles en las buenas y en las malas.

El liderazgo, a cualquier nivel, se prueba a menudo en los momentos difíciles; definitivamente se necesita ser fuerte para mostrarte a ti mismo como ser humano y vulnerable en estos momentos, sin hundirse en la desesperación. Por la gracia de Dios, Él ha ayudado a Hillsong en cada prueba que ha surgido, siempre empujándonos hacia arriba en lugar de dejarnos caer en espiral descendente, pero esto no ha llegado sin un precio. Como líderes, Bobbie y yo siempre hemos tomado la decisión de no permitir que la crisis cree una crisis más grande. Y nunca permitimos que nada nos aleje de lo que Dios nos ha llamado a hacer: amar a Dios y amar a las personas.

Estoy convencido de que cuando uno le dice a la gente lo que está pasando y dónde nos encontramos, con transparencia y autenticidad, ellos responden de manera positiva y querrán mostrarte su apoyo.

Este proceso de transparencia no significa ponerse a la defensiva y culpar a los demás. Cuando conduzco mi motocicleta, que no es muy a menudo en estos días, lo hago con la actitud de que cualquier posible accidente es culpa mía. Como es una moto, uno no tiene demasiadas segundas oportunidades. Así que, en otras palabras, si alguien sale delante de mí o me cierra, yo soy quien corre el riesgo y el que enfrenta un posible accidente que me puede costar la vida. De esta forma yo conduzco, consciente de que soy responsable de lo que me pase en la carretera. Obviamente, no puedo controlar a los otros conductores y sus aciertos y errores, pero eso es parte del riesgo que yo asumo siempre que elijo salir en motocicleta.

Yo trato de liderar de la misma manera, no culpando a otros ni asumiendo que otra persona tiene la culpa, sino asumiendo la responsabilidad de mis decisiones y de cualquier cosa que pase. Siempre encontrarás razones para sentir que no tienes la culpa y que tú eres la víctima. Pero esta no es la manera de llevar tu vida, y en última instancia destruirá la vida grande y espaciosa que deseas vivir al seguir a Jesús.

En Su ministerio en la Tierra, Jesús muchas veces enfrentó una presión increíble, cuando las noticias de la grave enfermedad de Lázaro llegaron hasta Él, cuando fue tentado en el desierto por Satanás, en Getsemaní y en la cruz; sin embargo, en todo momento se mantuvo centrado y firme en Su Espíritu. Satanás usará la presión y la oposición para tratar de controlarnos, y cuando cedemos a la presión, renunciamos a nuestro liderazgo. Cuando surge la oposición es importante hacer frente a las circunstancias, pero no permitas que estas te controlen.

Avanzando

Hace muchos años nos vimos frente a uno de los retos más extraños e imprevistos que hayamos enfrentado. Nuestra iglesia acababa de sacar un nuevo disco y, literalmente, en cuestión de días descubrimos que una de las canciones del álbum, que estaba atrayendo mucha atención, había sido escrita por alguien que no solo estaba viviendo una mentira, sino que también había engañado a sabiendas a muchas personas con una historia fabricada que evocaba la atención y la compasión de la gente.

Como no queríamos perpetuar el engaño de esta persona, estábamos obligados a tomar una decisión difícil. El impacto inmediato de estas revelaciones incluía una enorme carga financiera y retirar miles de DVDs del mercado. El impacto continuo de este comportamiento engañoso podría muy bien haber devastado muchas vidas y las consecuencias podrían haber sido catastróficas tanto a nivel local dentro de nuestra propia iglesia como a nivel mundial en la comunidad cristiana. Sin embargo, era en ese momento que a pesar de sentirme completamente engañado y decepcionado, yo tenía que liderar a la iglesia de una manera que animara a las personas que estaban heridas y confusas a levantarse por encima de la decepción y encontrar a Dios en medio de sus preguntas. Hice un llamado a los demás para optar por ver a esta persona desde la perspectiva de sus debilidades humanas y extender el perdón en lugar de ofendernos.

En estos momentos podemos optar por permitir que la decepción produzca una raíz de amargura o un dolor profundo en nosotros, o podemos permitir que nos haga humildes y brindemos comprensión y amor. Tal decepción es una oportunidad de evaluar y considerar nuestra propia vida y el efecto que podemos tener sobre los que nos rodean.

Increíblemente, el problema en sí fue de muy corta duración dentro de nuestra iglesia. En el liderazgo general, yo he aprendido que, si algo es un problema para mí, lo será para los que me rodean. Por lo tanto es importante no fingir que todo está bien, sino simplemente abordar el problema, cambiar el enfoque y seguir adelante.

Liderar con valentía

Por último, al andar por el camino difícil con los demás (apoyándote en la fuerza de ellos), permanece centrado en avanzar hacia adelante. Aprende del pasado, sí, sobre todo si hay decisiones que podrías haber tomado de manera diferente; estos son principios básicos de la sabiduría. Pero también debes abrazar el presente y darte cuenta de que no puedes cambiar el pasado. Debes seguir adelante con valor, no precipitar las cosas, pero tampoco permanecer estancado en algún trauma que haya ocurrido.

Una de las mejores formas de avanzar de acuerdo al tiempo de Dios es centrarse en Su bondad. Se nos dice: «Concéntrense en todo lo que es verdadero, todo lo honorable, todo lo justo, todo lo puro, todo lo bello y todo lo admirable. Piensen en cosas excelentes y dignas de alabanza» (Fil. 4:8). Cuando arremetemos contra nosotros mismos por lo que podría haber sucedido o lo que podría haber sido, perdemos lo que Dios quiere darnos mientras avanzamos hacia adelante y lo que quiere enseñarnos en el presente. Cuando estamos lidiando con el dolor, es tentador hacer exactamente lo contrario a esta exhortación. Cuando me dirijo a nuestra congregación y quiero aclarar un punto, yo destaco la forma en que como humanos pensamos a menudo, y para esto utilizo lo que yo llamo «Traducción del mundo al revés». En este caso sería algo como: «Todo lo que sea rumor, todo lo negativo, todo lo malo, todo lo vil, todo lo que saca lo sucio, todo informe escandaloso, si hay esqueletos en el armario, algo digno de chismes, piensen en estas cosas».

¿Estás viviendo de acuerdo con la Traducción del mundo al revés, o de acuerdo a la Palabra de Dios? Porque es bueno enfocarse en el informe positivo cuando estás rodeado completamente por datos negativos. No digas que estás enfocado en la perspectiva de Dios, cuando en realidad estás mirando por encima del hombro o hacia tus pies. ¡Mira hacia adelante! ¡Mira hacia arriba! Y recorre tu camino con las personas que han de reajustar tu brújula espiritual si esta se desorienta. Vive la crisis con valor y con la autoridad que apunta a la gente a Aquel que tiene respuestas, no al que tiene problemas.

Y nunca olvides que Dios te ayudará en tu prueba actual. Él te librará de las circunstancias actuales y redimirá tu sufrimiento. Y una de las mejores maneras en que Él logra ambos resultados es a través de Su pueblo. Así que cuando el camino se oscurece y sientas deseos de renunciar, vuélvete a tus hermanos y hermanas, a tus hermanos en la fe, a tu iglesia local, y apóyate en su fuerza. Permíteles entrar en tu dolor y permíteles que compartan un poco de lo que estás pasando. Así es como pasamos a través de las etapas duras de la vida. Así es como crecemos y así es como lideramos.

Vive de manera transparente.

Ama de manera auténtica.

Y lidera con valentía.

CAPÍTULO DIEZ

El pionero original

Déjanos ver lo que entristece tu corazón.
La iglesia que deseas tener, refleja tu luz.
«Con todo» Hillsong Music, 2008

Imagínate la pérdida de un hermano debido a una enfermedad incurable. Luego imagínate el descubrimiento de la cura para esa enfermedad incurable. Eso es exactamente lo que hizo Christian Barnard, un cirujano cardiotorácico de Ciudad del Cabo. Fue el primer cirujano en realizar un trasplante de corazón de humano a humano en 1967. Las investigaciones previas, llevadas a cabo por otros médicos durante años, y varias cirugías experimentales le dieron la oportunidad de ser pionero en este procedimiento médico para salvar vidas, que sin duda ha revolucionado la medicina moderna. Muchos lo considerarían como el pionero del corazón, pero hubo otro incluso antes que él.

El pionero original del corazón

Por supuesto, Dios mismo es el pionero original, al crear los cielos y la Tierra de la nada. Él creó el primer hombre y la primera mujer, algo nunca antes intentado o logrado hasta que sopló Su aliento de vida en el polvo para formar carne y hueso. A través del tiempo, el ser pioneros o iniciadores parece estar en nuestro ADN, lo cual tiene sentido si tenemos en cuenta que estamos hechos a imagen de Dios.

Juan 1:1 dice: «En el principio era el Verbo, el Verbo estaba con Dios y el Verbo era Dios». El versículo 14 continúa diciendo: «Y el Verbo se hizo carne y habitó entre nosotros». No hay duda alguna, desde el principio ¡Dios fue el pionero! De modo semejante, Hebreos 4:12 dice: «La palabra de Dios es viva, eficaz y más cortante que toda espada de dos filos: penetra hasta partir el alma y el espíritu, las coyunturas y los tuétanos, y discierne los pensamientos y las intenciones del corazón».

Me encanta la forma en que la Biblia describe la Palabra de Dios. No es simplemente poderosa, también es más cortante que una espada de dos filos, tan filosa que puede partir no solo el alma y el espíritu, sino las coyunturas y los tuétanos. ¡Eso es precisión! La Biblia, la Palabra de Dios, tiene la capacidad (con una precisión aún mayor que la del doctor Christian Barnard) de discernir entre los pensamientos y las intenciones del corazón.

Jesús es el pionero internamente y lo desarrolla externamente. La Biblia lo describe como el pionero de nuestra salvación, el iniciador de nuestra fe. Y yo lo describiría como el pionero de nuestros corazones. La salvación es algo que Cristo hace en nuestro corazón y que cambia nuestro destino eterno. Cambia nuestra razón de ser, nuestro sentido de propósito, la forma en que vivimos, cambia la razón de nuestros dones y talentos, cambia nuestras familias y nuestros matrimonios. En última instancia la salvación que comienza en el corazón tiene un impacto en las generaciones futuras.

Y tú, ¿qué tienes en tu corazón?

Iniciador y Perfeccionador

Después de la muerte de Walt Disney, su esposa, Lilly, asistió a la inauguración del nuevo parque temático, Walt Disney World en Orlando (Florida). Durante la ceremonia, uno de sus amigos se inclinó y le dijo: «Es una pena que Walt no esté aquí para verlo». A lo que Lilly respondió: «Walt sí lo vio, por eso se hizo realidad».

¿Qué ves en la actualidad cuando cierras los ojos? ¿Qué visión o sueño ha plantado Dios en tu corazón para que tú lo nutras y lo cultives? ¿Qué visión te sostiene cuando estás herido y asustado, sorprendido y aturdido por los acontecimientos de la vida? Dios es en verdad un gran pionero, y creo que no solo te da visiones y sueños, sino que siempre termina lo que empieza. Dios no inicia algo en nosotros para que vivamos vidas frustradas, limitadas y amargas.

Jesús es llamado el Autor y Consumador de nuestra fe, o como otra traducción lo expresa, el Iniciador y Perfeccionador. Dios ha plantado algo en ti y tiene la intención de hacer que dé frutos, tú solo debes mantener vivos tus sueños y tu visión. ¡Él desea que prosperemos en un territorio amplio donde nuestras almas puedan florecer! Es muy importante recordar esto cuando enfrentamos un camino difícil.

Es tu corazón el que dirige tu camino y determina tu capacidad para experimentar la gran vida que Dios tiene reservada para ti. En las Escrituras, vemos al apóstol Juan saludar a su amigo: «Amado, yo deseo que tú seas prosperado en todas las cosas y que tengas salud, así como prospera tu alma» (3 Jn. 1:2).

Esta capacidad de prosperar no se refiere solo a bienes materiales sino más bien a un estado interno de paz, alegría y satisfacción en la forma de vivir tu vida. En realidad, creo que cuando crecemos internamente, entonces las bendiciones pueden finalmente tener una mayor influencia en todos los ámbitos de la vida. El crecimiento se inicia en el interior, en nuestro corazón.

Cuando el camino se hace difícil, a menudo tenemos que detenernos y reagruparnos, hacer una pausa y verificar nuestra dirección. Pero la brújula interna en sintonía con el espíritu de Dios es nuestro corazón. El salmista dice: «Rebosa mi corazón palabra buena; dirijo al rey mi canto; mi lengua es pluma de escribiente muy diestro» (Sal. 45:1). Cada historia se escribe para un buen tema; y el tema de tu corazón determina la historia de tu vida. David dice: «aun de noche mi corazón me enseña» (Sal. 16:7, NTV). Hay tantas cosas que se generan en la noche. El miedo y la ansiedad se generan en la noche. La confusión y el desánimo, la desesperación y el descontento se generan en la noche. ¿Cuántas personas conoces que han perdido su camino en la oscuridad absoluta de una larga noche? Sin embargo, según se lee en la Biblia, el tema del corazón de David le permitió decir: «Las cuerdas me cayeron en lugares deleitosos y es hermosa la heredad que me ha tocado. Bendeciré a Jehová que me aconseja [...] A Jehová he puesto siempre delante de mí» (Sal. 16:6-7, 8).

Cuando llegan las pruebas y aparecen los obstáculos en el camino de la vida, la forma de reajustar y reanudar tu trayecto es mantener el corazón centrado en Dios. La manera en que vives tu vida tiende a reflejar lo que fluye de tu corazón. Si dejas de seguir la visión, el sueño que Dios ha sembrado en ti, entonces finalmente perderás tu camino.

Un capitán en la tormenta

Bobbie y yo solo llevábamos un par de días de casados cuando nos enfrentamos a aguas turbulentas. ¡Y lo digo en sentido literal! No teníamos mucho dinero, así que disfrutábamos de una luna de miel económica y permanecíamos en pequeños moteles y cabañas alrededor de nuestra Nueva Zelanda natal. Nada de lujos, pero éramos jóvenes, felices y estábamos muy enamorados.

Mi mamá me había prestado su automóvil para conducir por la Isla Sur y nos habíamos despertado temprano para tomar el gran ferry que comunica ambas islas. Estos barcos no son como los pequeños ferrys que llevan turistas y trabajadores entre el puerto de Sídney y su famosa playa de Manly. Son ferrys enormes, lo suficientemente grandes para dar cabida a cientos de autos en su casco, a trenes de mercancías e incluso a más pasajeros en la cubierta.

Sentados en el salón delantero, junto a decenas de personas, mirábamos a través de las enormes ventanas que daban a la proa del barco. Nos encontrábamos a unos tres pisos de altura, y la vista era espectacular. Recuerdo a un hombre mayor y su joven nieto, charlando animadamente, de pie junto a las ventanas que se alzaban del piso al techo. Fue entonces que la tripulación pidió a todos que se sentaran.

Nuestra embarcación salió del puerto y se adentró en aguas conocidas por su turbulencia. En realidad, solo unos años antes, un enorme ferry de pasajeros que navegaba entre Lyttelton y Wellington se había volcado durante una tormenta de proporciones históricas. Aunque la embarcación, el Wahine, estaba a solo unos pocos cientos de metros de la costa, a la salida del puerto de Wellington, muchas personas murieron debido a que el mar estaba muy embravecido; la corriente arrastró a las víctimas mar adentro y los equipos de rescate no pudieron llegar a ellas.

El día estaba un poco nublado; lo cual no era inusual a lo largo de la costa, aunque luego el sol de la mañana hacía desaparecer las nubes. Sin embargo, a medida que nos alejábamos del puerto, las nubes oscuras se fueron incrementando y el viento aumentó notablemente. Al principio sentíamos como si estuviéramos en una montaña rusa, subíamos y bajábamos al ritmo de las olas. Pero pronto quedó claro que el viaje no iba a ser fácil, pues las olas eran cada vez más altas, y la nave comenzó a cabecear bruscamente. A medida que las olas de color verde oscuro aumentaron en tamaño e intensidad, comenzaron a barrer la cubierta debajo de nosotros. Vimos como se formaban murallas de agua a nuestro alrededor, sí, ¡*murallas* de agua!

La proa del barco continuaba recibiendo el mayor castigo de las fuertes olas. Pero entonces, de repente, casi como en cámara lenta, una ola gigante llegó desde un costado. La proa se sumergió bajo el agua, y vimos llenos de terror como la ola alcanzaba la cubierta debajo de nosotros y se estrellaba contra las ventanas del salón de pasajeros. Por instinto natural, cerramos los ojos y nos aferramos a nuestros asientos mientras la ola destrozaba el ventanal y caía sobre nosotros.

Después de varios segundos, Bobbie y yo abrimos nuestros ojos en estado de shock. Las personas comenzaron a gritar, empapadas y sangrando de las heridas provocadas por los cristales rotos. El fuerte olor salado del océano nos envolvió mientras el agua inundaba el interior de la nave. Luego, leí en un periódico acerca de un pobre hombre que había estado en el cuarto de baño en la parte trasera del salón. ¡Estaba usando el retrete cuando levantó la vista y vio un chorro de agua que entraba por la puerta del cubículo! ¿Puede imaginarlo? Estar utilizando el retrete y en un instante encontrarse en medio de un paseo en un parque acuático. ¡Creo que le hizo bien el haber estado sentado!

Tomé a Bobbie de la mano y nos dirigimos con el agua a la rodilla hacia la parte posterior de la nave. Los miembros de la tripulación trataban desesperadamente de moverse entre el caos. Los pasillos estaban llenos de cristales, sangre y objetos flotantes como sombreros y carteras. Recuerdo haber sentido la necesidad de asegurarle a mi esposa que todo saldría bien, así que le dije algo así como: «No te preocupes, Bobbie, vamos a estar bien, y si no lo estamos, entonces estaremos ¡en el cielo! ¡Es solo cuestión de cómo llegaremos allí!» No eran exactamente las palabras más reconfortantes, pero ella conocía mi forma de pensar.

Nuestro capitán, conocedor de estas aguas, detuvo la nave y la dejó escorar hasta que fuera seguro navegar de nuevo. Él sabía que tenía que hacer frente a las secuelas: sacar el agua y reajustar el curso antes de poder continuar. No estoy seguro de que yo hubiese tenido la calma necesaria para centrarme en lo que había que hacer y lograr que la nave estuviese lista para navegar de nuevo. Pero gracias a Dios teníamos un capitán que llevaba calma en su corazón, y que no solo conocía la ruta y podía ver la orilla, sino que también se había preparado para el viaje.

Muchos eran los secretos y sueños de nuestros jóvenes corazones. ¡Agradezco a Dios que nuestro capitán nunca perdió su visión! No hace falta decir que nuestro viaje hacia lo desconocido y glorioso de nuestro futuro juntos comenzó con aguas turbulentas. Pero sí debo exclamar, ¡qué viaje!

Secretos del corazón

¿Qué es lo que fluye de tu corazón en este momento? ¿Cuál es la historia que tu vida está contando? ¿Estás dispuesto a declarar tu confianza en Dios durante las tormentas de la vida? ¿O te quejas, refunfuñando y desesperado cuando las olas te vienen encima? Si deseas experimentar una vida larga y alegre, entonces debes aferrarte a la visión que Dios puso dentro de ti. No en tus fuerzas sino con una gran visión. Si hay un secreto para vivir una vida grande, abierta y abundante, este tiene que ver con lo que está pasando dentro de tu corazón. Dios planta esas cosas hermosas en nuestro corazón. A menudo pensamos en los secretos de una manera negativa, y ciertamente muchos secretos pueden ser dolorosos, incluso perjudiciales. Muy a menudo pensamos que los secretos son como esqueletos en el armario, cosas que no queremos que la gente descubra. Pero, ¿qué hay de esos «secretos» que Dios ha plantado en tu corazón? Algo que es solo entre tú y Él; un deseo, una ambición, un anhelo, algo que trae lágrimas a tus ojos y despierta algo muy dentro de ti.

No hace mucho, animé a los miembros de mi congregación a poner por escrito las visiones de su corazón. ¿Qué es eso que Dios te ha dicho y que tal vez tú tienes demasiado miedo decir en voz alta? Si pudieras soñar un gran sueño, uno del que nadie se riera o se burlara... ¿cuál sería? ¡Me sorprendió que muchas personas me dijeran que temían hacerlo!

En tu corazón pueden haber tantas cosas maravillosas, quizá tantas cosas personales, cosas que Dios ha hecho germinar allí. Tal vez los sueños son tan tiernos, tan vulnerables y tan personales que nunca se los has contado a nadie. Tal vez solo le has dicho a tu cónyuge de algún anhelo profundo, alguna convicción profunda, algún sueño increíble que Dios puso en tu corazón. Bueno, te puedo decir con absoluta certeza que Él quiere que se cumpla en tu vida lo que Él ha puesto en tu corazón.

En Lucas, capítulo 2, hay un pasaje acerca de María, la madre de Jesús. Habían pasado doce años desde que un ángel habló a María y le dijo que iba a concebir, y desde que ella meditara estas cosas en su corazón. Más tarde, se nos dice que Jesús, ya un niño de doce años de edad, fue encontrado en el templo, y «bajó con sus padres a Nazaret y vivió sujeto a ellos. Pero su madre conservaba todas estas cosas en el corazón» (v. 51, NVI). María reaccionó ante el misterio de su hijo en el templo de la misma manera que reaccionó a la noticia de su concepción virginal. Conservó estos secretos en su corazón. Como ser humano, María, sin duda, se esforzó por comprender el plan divino en el cual aceptó participar; sin embargo, su gracia y obediencia a Dios, y la visión que Él plantó en su vida, hicieron que continuara trabajando para cumplir las cosas que consideraba secretas y sagradas.

¿Qué conservas en tu corazón? ¿Qué necesitas guardar en tu corazón, ya que no quieres quedar por debajo de todo lo que Dios desea para ti? A menudo he notado que cuando el camino se bloquea y la vida nos obliga a detenernos y volver a calcular la ruta, el secreto de Dios en nuestros corazones puede ayudarnos a seguir adelante.

Ana es otra mujer en la Biblia que conocía sobre los secretos del corazón. Tenía un ardiente deseo de tener un hijo, a pesar de que parecía físicamente imposible. Casada con un hombre llamado Elcana, Ana luchaba con la ira en su alma y un punzante dolor en su corazón motivado por su situación. Pero se negó a renunciar a su esperanza, la visión de dar a luz a un niño, plantada por Dios en su corazón:

> Ella con amargura de alma oró a Jehová, y lloró abundantemente. E hizo voto, diciendo: Jehová de los ejércitos, si te dignares mirar a la aflicción de tu sierva, y te acordares de mí, y no te olvidares de tu sierva, sino que dieres a tu sierva un hijo varón, yo lo dedicaré a Jehová todos los días de su vida, y no pasará navaja sobre su cabeza. Mientras ella oraba largamente delante de Jehová, Elí estaba observando la boca de ella. Pero Ana *hablaba en su corazón*, y solamente se movían sus labios, y su voz no se oía; y Elí la tuvo por ebria (1 S. 1:10-13; énfasis añadido).

¿No es una forma fascinante de expresar la petición de Ana ante Dios? «Pero Ana hablaba en su corazón». Me pregunto cómo funciona esto exactamente, a pesar de que todos nosotros podemos entender esa voz interior, ese ardiente deseo interno. Ana hablaba en su corazón, y solo se movían sus labios sin que ningún sonido saliera de su boca. Elí, el sacerdote del templo, supuso que ella ¡estaba loca o ebria!

¿Te has sentido como Ana en tu deseo urgente de aferrarte a la visión que Dios te ha dado? En ocasiones, cuando no se puede verbalizar todo lo que Dios ha puesto en nuestro corazón, luchamos para darle voz. No podemos articularlo, y nos preocupa que si intentamos hacerlo resulte tonto o estúpido al oído. Tal vez quienes nos escuchen no lo entiendan y piensen que estamos presumiendo o incluso delirando. Pero lo que Dios pone en nuestro corazón es tan precioso y hermoso; debemos aferrarnos a esos secretos y guardarlos.

Años atrás y aún hoy, cuando cierro los ojos veo un lugar lleno de gracia, una iglesia tan grande que la ciudad no podría ignorar; un Cuerpo de Cristo sano, funcional y glorioso. Mucho antes de que hubiera unas pocas personas reunidas en un aula en un suburbio de Sídney, mucho antes de que hubiera una Iglesia Hillsong en Australia, y muchísimo antes de que hubiera una en más de una docena de países, vi esta visión en mi corazón. Ahora que hemos visto a Dios hacer tantas cosas increíbles, el resultado supera todo lo que podría haber imaginado. Sin embargo, desde que era joven me he aferrado, dentro de mi corazón, a esa iglesia de la que fuimos pioneros. ¿Que si hubo momentos en que pensé que nunca podríamos lograrlo? ¡Por supuesto! Pero nunca perdí de vista esa visión en mi corazón.

Considera también cómo el anhelo de Ana tardó tiempo en hacerse realidad. «Aconteció que al cumplirse el tiempo, después de haber concebido Ana, dio a luz un hijo, y le puso por nombre Samuel, "por cuanto —dijo— se lo pedí a Jehová"» (1 S. 1:20). Tal vez transcurrirá algún tiempo, tal vez incluso varios años de su vida, para que se haga realidad lo que has concebido en tu corazón. Hay tantos sueños que requieren tiempo: recobrar la salud, sanar un matrimonio, comenzar una empresa, ver a tus hijos salvos, reunificar familias, restaurar relaciones dañadas. Si lo que el Señor ha puesto en tu corazón no ha fructificado, no te rindas. Solo mantén viva la esperanza en tu corazón y guárdala. Cierra los ojos y asegúrate de que tu visión siga siendo clara de modo que incluso si las circunstancias parecen frustrar tu sueño a cada paso, puedas mantenerlo con vida hasta que Dios determine que pueda nacer.

Derrama tu corazón

Hace años, mi madre me contó una historia de una etapa que yo era demasiado joven para recordar. Mi padre, quien había sido un oficial del Ejército de Salvación, estaba desempleado, y no solo eso, estaba imposibilitado de trabajar debido a dos recientes crisis de nervios. Mi madre estaba criando cinco niños en una habitación, no tenía dinero y mi padre había perdido toda perspectiva y visión, sin medios para mantenerse. Un día, mientras colgaba la ropa en el patio trasero, en Nueva Zelanda, se arrojó literalmente sobre el tendedero y clamó desesperada a Dios: «¡No aguanto más!»

Pues bien, ella encontró a Dios en aquel lugar. Recuerda haber caído con un suspiro; desesperada por obtener respuestas del Señor. ¿Qué significa ese suspiro para ti? ¿Qué hay hoy en tu vida que no entiendes, que te causa desesperación o que no puedes enfrentar?

Porque el mismo pionero que fue el autor de tu salvación también puede renovar la fe en tu corazón; y el poder de la fe en tu corazón puede conducir a un gran avance en tu vida.

¿Cuál es tu anhelo? Eso tierno y vulnerable que ni siquiera puedes expresar con palabras. En el Salmo 62:8, el salmista dice: «Confía siempre en él, pueblo mío; ábrele tu corazón cuando estés ante él» (NVI).

Derrama tu corazón ante Él, porque Dios es nuestro refugio.

Afrontar la tormenta

En ocasiones no tenemos más remedio que aguantar y dejar que las «olas» de la vida (circunstancias imprevisibles como la enfermedad y la muerte, dificultades financieras, pérdidas inesperadas) golpeen sobre nosotros. Pero entonces tenemos que ser como el capitán del ferry en el que Bobbie y yo nos encontrábamos. Tenemos que evaluar los daños, remediar y resolver todo lo que podamos y luego centrar nuestra atención y energías en el objetivo que perseguimos. Hay que asegurarse de que nuestro corazón esté en sintonía con lo que Dios quiere para nosotros, con lo que nos ha inculcado y con lo que Él quiere desarrollar en nuestras vidas. Al considerar nuestro siguiente paso, y luego el siguiente, cuando el camino se hace difícil, a menudo descubrimos que es preciso detenernos y reajustar el curso. Cuando la vida se hace difícil y las olas golpean a tu alrededor, no puedes esconder la cara y pretender que nada ocurre. Pero tampoco puedes permitir que las tormentas de la vida hagan naufragar tu trayecto de forma permanente. Puede ser tentador detenerse y justificarse y luego quedar atascado en lugar de comenzar de nuevo.

Esta tentación de quedar inmóviles por el miedo y la autocompasión confirma la necesidad de que la pausa sea solo por el tiempo necesario para restaurar adecuadamente nuestra visión. Muchas veces, los obstáculos externos en nuestro camino no son tan grandes como los internos. Cuando luchamos con los desafíos de la vida, la mayor limitación puede venir de los problemas de nuestro corazón. Si no guardamos y protegemos lo que Dios ha puesto en nuestros corazones, entonces perdemos nuestra visión y nos resulta difícil perseverar. La visión que tú tienes para tu vida debes guardarla y protegerla en tu corazón. Al enfrentar un camino difícil, debes mantener tus ojos en el premio.

Mantener viva la esperanza

Era el 27 de diciembre de 2012; lo recuerdo bien porque Bobbie y yo salíamos de Sídney para los Estados Unidos ese día, y antes de ir al aeropuerto nos reunimos con Joel y Esther (mi hijo mayor y su nueva esposa) para desayunar en la playa de Bondi, en un pequeño café llamado Trios. Irónicamente, ellos habían venido de visita a Sídney desde Nueva York, y nosotros íbamos en camino a Nueva York; así son nuestras vidas. Nunca olvidaré ese día porque fue cuando nos dijeron que iban a tener un bebé.

Adoramos a Esther, y realmente sentíamos que apenas habíamos superado la muy agradable sorpresa de que nuestro hijo mayor, finalmente, se había casado. ¡La noticia del bebé era muy emocionante! Después de nuestra animada charla y de todas las preguntas y felicitaciones, fuimos a pagar la cuenta y nos informaron que ¡alguien ya lo había hecho! Siempre supe que quien pagó la cuenta ese día había escuchado toda nuestra conversación, había escuchado a Joel y a Esther decirnos que estaba embarazada, había visto nuestra alegría y, supongo, se había sentido feliz por nosotros. Siempre me pregunté quién habría sido.

Bueno, exactamente un año después, el 27 de diciembre de 2013, iba haciendo algo de ejercicio al lado de la playa. Para ser honesto probablemente estaba simplemente caminando, pero mientras lo hacía un joven extendió su mano y me dijo:

«Discúlpeme, discúlpeme, Pastor Brian, ¿puedo hablar con usted? Permítame que le cuente una historia rápida». Tú sabes lo que se siente cuando estás haciendo ejercicio y alguien quiere pararte, pero él me llamó «Pastor Brian», así que pensé que sería mejor parar. Me detuve y caminé junto a este joven que comenzó a contarme su historia:

—Hace doce meses, mi esposa y yo estábamos en un pequeño café en Bondi desayunando. Estábamos desesperados. Estábamos desesperados porque no podíamos tener hijos y teníamos la esperanza y creíamos que a pesar de todo íbamos a tener un bebé en el nuevo año. Fue allí, en aquel café que decidimos ayunar durante los primeros treinta días del año nuevo, y acabábamos de tomar esa decisión cuando usted, Bobbie, Joel y Esther entraron y se sentaron en la mesa casi justo al lado nuestro.

Luego me dijo que había escuchado a Joel y a Esther compartir con nosotros su gran noticia, y admitió que, en honor a la verdad, había sentido dolor. Allí estaba aquella pareja hablando de su desesperación y el deseo de sus corazones, solo para escuchar y ser testigos de la alegría de otras personas. Dijo que a pesar del dolor que sintieron, pagaron nuestra cuenta de todos modos. Había pasado doce meses preguntándome quién había pagado esa cuenta.

El joven continuó:

—Hicimos lo que dijimos que íbamos a hacer, y ayunamos durante treinta días.

La mejor parte de la historia es que a medida que me contaba todo esto se llenaba de alegría, pues tenía una pequeña y hermosa hija de dos meses de edad la cual cargaba atada a su pecho. Mis ojos se humedecieron mientras él compartía conmigo su determinación de aferrarse a los sueños de su corazón y la fidelidad de Dios en su desesperación. Probablemente corrí dos veces más rápido para regresar y contarle a Bobbie esta increíble historia.

¡Alabado sea el Señor! Él plantó algo en el corazón de esos jóvenes, y lo que plantó en sus corazones lo completó en sus vidas.

Nunca dejes de ser pionero

Lo mismo se aplica a ti y a los nuevos territorios que Dios tiene para ti. Al igual que Ana y María, y al igual que mis amigos en la playa de Bondi, si mantienes viva la esperanza y viva la visión, si proteges tu corazón, entonces seguirás dando fruto en tu vida. Sí, el camino va a ser difícil, y las inevitables tormentas de la vida pueden romper tus ventanas y dejarte empapado. Pero si regresas al secreto que Dios ha puesto en tu corazón, si mantienes viva Su visión para tu futuro, entonces conocerás el tipo de satisfacción que Pablo describe aquí: «He aprendido a contentarme, cualquiera que sea mi situación. Sé vivir humildemente y sé tener abundancia; en todo y por todo estoy enseñado, así para estar saciado como para tener hambre, así para tener abundancia como para padecer necesidad. Todo lo puedo en Cristo que me fortalece» (Fil. 4:11-13).

TERCERA PARTE

Una puerta estrecha

CAPÍTULO ONCE

No hay otro nombre

Un nombre sobrepasa a todos los demás.
Su fama perdurará más que la tierra
que Él formó.

«No hay otro nombre» Hillsong Music, 2014

Las entrañas de la historia han creado multitudes
de nombres famosos.
Los tenaces, los notables; religiosos y sacrílegos.
¿Qué imagen pasa por tu mente cuando escuchas
nombres como el de Sócrates y Churchill,
Mussolinni, Mandela y Einstein?
¿Qué recuerdas cuando escuchas el nombre
de Hitler?
¿Acaso la inspiración te golpea en el medio de los
ojos cuando escuchas Armstrong?
¿Acaso bostezas y te aburres cuando piensas en
Shakespeare?
Los nombres están embarazados con propósito.
Eso es lo que hay en un nombre.
Y amigos, si me dejan preguntar, ¿qué sientes
en lo profundo de tu alma cuando escuchas el

nombre de Jesús?
Un enigma personificado. Completamente
hombre, completamente divino.
Tomó el nombre mas bajo, para que esclavos
pudiesen reinar como reyes.
Deidad que eligió soportar la mortalidad para
que nosotros podamos disfrutar de la
eternidad.
¿Por qué NINGÚN OTRO NOMBRE afecta al
escéptico, al hereje y al majestuoso?
¿Al homicida, suicida y al galán?
NINGÚN OTRO NOMBRE cambia la
naturaleza, pensamientos y la materia.
Hace a los ciegos ver, a los sordos escuchar y cura
el cáncer.
NINGÚN OTRO NOMBRE vino con este
mandato:
El Reino de los Cielos expresado en la Tierra.
Pero si Sus milagros son solo cuentos de hadas,
entonces ¿por qué millones se reúnen
poniendo sus vidas en peligro por Su nombre?
¡He llegado a la conclusión de que NO HAY
OTRO NOMBRE!

Letra del poeta Iseme Adeola
(también conocido como Isi el Escriba)

Me encanta este pasaje. Nuestro equipo creativo escribió y conceptualizó estas palabras, enmarcando nuestro álbum de adoración en vivo y la Conferencia de Hillsong en torno a estos mismos pensamientos e imágenes. Después que mi hijo Joel y Jonas Myrin escribieron la canción «No hay otro nombre», nosotros (como iglesia) comenzamos a acampar alrededor del nombre de

Jesús y del poder abarcador, la majestuosidad, la belleza y la santidad contenidas dentro de Su nombre, y su efecto en nuestras vidas hoy en día. El nombre de Jesús nos da acceso. El camino a la vida es Jesús. Solo Jesús. Sin embargo, para los que están en Cristo, esto no equivale a una vida pequeña. En cambio, en Cristo, la vida se hace más grande, más amplia, más llena de potencial y bendición de lo que cualquier otro camino nos pueda ofrecer.

En la primera mitad de este libro nos hemos centrado en la visión, en las maravillas de vivir una vida totalmente abierta, amplia y en el a veces difícil camino que debemos andar con el fin de llegar allí.

Pero creo que demasiado a menudo las personas correlacionan erróneamente el camino difícil con un camino estrecho y restringido, ¡pero la Biblia no dice eso! A través del Antiguo Testamento leemos que la vida de David a veces fue intensamente difícil, pero en 2 Samuel 22:37, él dice: «Ensanchaste mis pasos debajo de mí, y mis pies no han resbalado». El camino puede ser difícil, y la puerta puede ser estrecha, pero déjame decirte, ¡a través de esa puerta estrecha se puede acceder a muchísima vida! Su nombre es JESÚS. Y a medida que avanzamos en la gracia y a través de la puerta estrecha, Él nos guía a una vida de un potencial glorioso.

El Camino, la Verdad y la puerta estrecha

¿Por qué es importante esto para nosotros mientras procuramos seguir a Cristo y crecer en nuestra fe? Porque hay un nombre que es fundamental para nuestra capacidad de vivir la vida grande y abundante que Dios quiere que tengamos: Jesús. Quizás no nos paramos a pensar en las implicaciones,, el significado y el poder detrás del nombre de Jesús, pero es esencial si queremos llegar a nuestro destino divinamente señalado. De hecho, Jesús no nos dejó mucha opción. Él dijo: «Yo soy el camino, la verdad y la vida. Nadie viene al Padre, sino por mí» (Jn 14:6).

Nota que Jesús no dijo que Él es el guía turístico o el policía de tránsito que indica el camino para conocer a Dios. Dijo que Él es el camino. Aunque no tengo ninguna duda de que el camino para conocer a Dios se encuentra solo a través de Jesús, también sé que el mensaje del Evangelio es inclusivo, no exclusivo. Jesús invita a todos (hombres y mujeres, judíos y gentiles, ricos y pobres, jóvenes y viejos, a todo el mundo), a aceptar el don de la gracia al confesar ese único e incomparable nombre. Aunque Jesús declara que Él es el único camino (exclusivo), Él abre el camino para todos los que invocan Su nombre (inclusivo). Él es al mismo tiempo inclusivo y exclusivo; es la naturaleza subversiva del Evangelio, el camino al revés del reino, y las buenas noticias para todo el mundo.

Así que para poder disfrutar de la vida abierta y espaciosa que Jesús vino a traer y a la que nosotros podemos acceder y disfrutar en Él, tenemos que creerle cuando también dijo: «Entren por la puerta estrecha. Porque es ancha la puerta y espacioso el camino que conduce a la destrucción, y muchos entran por ella. Pero estrecha es la puerta y angosto el camino que conduce a la vida, y son pocos los que la encuentran.» (Mt. 7:13-14). Como ya he compartido en la Introducción, este versículo me inspiró a escribir este libro y sirvió como su andamiaje estructural. Jesús deja claro aquí que seguirlo no será fácil o cómodo o popular. Sin embargo, como veremos, temo que a veces hacemos la puerta más estrecha y más limitada que lo que Dios la hace.

Pero me estoy adelantando a mí mismo. La llave para abrir la puerta estrecha es Jesús. No hay otro nombre. Vamos a considerar lo que hace único Su nombre y por qué este por sí solo es más poderoso que cualquier otro nombre.

¿Qué hay en un nombre?

—¿Houston?

—Presente.

Ya sabes cómo sigue. Innumerables veces tenemos que dar nuestro nombre, reconocerlo o responder a él. Dependiendo de la dificultad que otros tienen con nuestro nombre, puede que estemos acostumbrados a deletrearlo cuando hacemos una compra para llevar o pedimos una cita con el médico.

Podemos sentirnos muy orgullosos de nuestro nombre y la herencia familiar que representa, o puede que nos hayamos cambiado el apellido con el que nacimos por una serie de razones. Pero no se puede negar que los nombres tienen un gran poder por lo que asociamos con ellos.

La mayoría de nosotros tenemos una relación curiosa con nuestros nombres. Puede que ni siquiera pensemos en ellos muy a menudo, pero por lo general sirven como punto de referencia para las personas que nos rodean. Llamamos por nombre a la gente para distinguirlos, para identificarlos, y tal vez en honor a algo más grande (una familia, una empresa, una herencia) de la que forman parte.

Mi nombre es Brian Charles Houston. No sé exactamente lo que mi madre y mi padre estaban pensando cuando eligieron el nombre «Brian». Charles era el nombre de mi abuelo materno, y yo nunca supe bien el peso de honor que llevaba hasta que mi hijo mayor tuvo un niño y eligió nombrarlo Zion Alexander CHARLES Houston, ¡por sus dos abuelos! Brian Charles Houston me ha servido bien en lo que se refiere a nombres. Mi identidad está en mi nombre, no espiritualmente hablando, sino al vivir mi vida en la Tierra como hombre.

Mi credibilidad está en ese nombre.

Mi reputación está en ese nombre.

Mi autoridad está en ese nombre.

Para dar autoridad a alguien, mi autoridad, yo firmo mi nombre. Mi nombre porta el reconocimiento. Sin embargo, sí tiene algunas limitaciones. Mi nombre no me dará acceso automático al Palacio de Buckingham o a la Casa Blanca.

Pero mi nombre sí me permite entrar a ciertos lugares.

Recientemente, mi hija y su pequeño hijo, Jack, mi nieto, iban a viajar el mismo día que yo. A pesar de que nos dirigíamos a destinos completamente diferentes, y viajaríamos en aerolíneas diferentes, tuvimos un poco de tiempo para estar juntos en el aeropuerto de Sídney. En aquel momento, Jack todavía tomaba leche de pecho, así que mi hija deseaba un lugar privado; por lo que le sugerí que viniera conmigo al salón del club de la aerolínea. A pesar de que ellos tratan de mantener una cierta exclusividad, debido a mis frecuentes viajes, a veces siento que el salón del aeropuerto es mi segunda casa, y yo esperaba que no les importara si llevaba a una huésped que no era de sus pasajeros.

Así que entramos a través de puertas corredizas de vidrio esmerilado, pasamos el portero que siempre me saluda con una sonrisa, e inmediatamente una cara familiar nos miró desde detrás del mostrador de recepción, y sonrió. Dado que la honestidad es siempre la mejor política, he descubierto que un enfoque directo es a menudo el más eficaz. Después que la anfitriona y yo intercambiamos cumplidos, me incliné y le dije:

—Ella es mi hija, Laura. En realidad no viaja conmigo hoy; de hecho, tiene pasaje para un vuelo en una aerolínea diferente un poco más tarde. ¿Cree usted que hay alguna posibilidad de que pueda estar conmigo en el salón?

La señora miró a mi hija y al pequeño Jack, y no pudo evitar sonreír ante la hermosa vista de una madre y su hijo.

—Bueno, señor Houston —dijo en tono de disculpa—,

realmente no se nos permite hacerlo… y no debería siquiera considerarlo, pero tratándose de usted, claro que podemos.

Así que a mi hija se le permitió entrar en la exclusiva área del salón y esperar junto a mí en un entorno más tranquilo, más privado. Ella no podía hacerlo por el poder de su propio nombre, pero en este caso mi nombre le permitió entrar. En este ejemplo, mi nombre pudo conseguir que ella entrara a lugares que su propio nombre no le permitía. Obvio, sé que no pasará mucho tiempo hasta que nuestros papeles se inviertan, y yo diga a todos: «Soy el papá de Laura. Usted conoce a Laura, ¿verdad? Bueno, yo soy su padre». Pero aquel día, su nombre y las circunstancias limitaron su capacidad para entrar en ese salón privado. Ella no habría tratado de entrar por su cuenta, porque conocía las reglas de membresía. Sin embargo, como su padre estaba con ella, yo fui capaz de lograr que ella entrara.

Desafortunadamente, en la vida a menudo tratamos de vivir de acuerdo a las limitaciones de nuestro nombre en lugar de entender que la esperanza que tenemos, la victoria que tenemos, el poder que tenemos, la promesa que tenemos, está en un nombre completamente diferente, que opera en un nivel completamente aparte. En otras palabras, a menudo asumimos que no podemos hacer algo debido a nuestras propias limitaciones. Olvidamos quién nos hizo y nos empodera y puede hacer cualquier cosa. Como puedes ver, podemos entrar en la plenitud de la vida, a pesar de que la puerta es estrecha, gracias a que tenemos la autoridad del nombre de Jesús. No hay una sola cosa en tu vida (ningún desafío, ningún problema, ningún dolor) sobre el cual no puedas pronunciar el nombre de Jesús y ver la victoria. Así como Laura pudo entrar porque es mi hija, nosotros pertenecemos a una familia con mucho más peso, influencia y autoridad: la familia de Dios.

El nombre inmutable

Como nosotros hemos fundado nuevas iglesias alrededor del mundo en ciudades como Londres, Kiev, Düsseldorf, París, Ciudad del Cabo, Nueva York y más recientemente en Los Ángeles, podríamos sentirnos tentados a suponer que el nombre Hillsong atrae a la gente. Pero esto sería un gran error. El nombre Hillsong puede inicialmente atraer a las personas, ¡pero nunca va a salvar a nadie!

No me malinterpretes; tenemos la bendición de contar con un nombre reconocido que Dios ha favorecido, como Hillsong. Es nuestro nombre, y Dios nos ha bendecido con este nombre. De hecho, sé que Hillsong es quizás un nombre un poco raro para una iglesia. Es posible que a estas alturas ya te hayas dado cuenta de que no surgió del texto original en hebreo o griego, y que no encontrarás Hillsong en la Biblia. No, nosotros empezamos como pioneros nuestra pequeña iglesia en una zona de colinas en el noroeste de Sídney llamado el «Distrito Hills[2]». Es tan simple como eso.

Cuando empezamos a producir nuestros primeros álbumes de adoración en vivo, me di cuenta de que la gente no compraría música titulada Alabanza del Centro de vida cristiana de Hills (según el nombre original de nuestra iglesia), porque era demasiado largo para pronunciarlo. Así que me reuní con nuestro equipo, y nos sentamos e hicimos una lluvia de ideas sobre cómo podríamos llamar a estos proyectos, y finalmente, todo el mundo se decidió por «Hillsong». En aquel momento, esta marca abarcaba nuestros álbumes y nuestra pequeña conferencia musical e innovadora que celebrábamos anualmente; de modo que cada anuncio que poníamos invitaba a la gente a estos

2 Nota del traductor: *Hills, significa «colinas».*

eventos «Hillsong». Pero cuando la conferencia, así como la música, crecieron rápidamente en popularidad, y más y más gente llegó, parecía que había confusión sobre el nombre de la iglesia. No era raro escuchar: «¿Es este el Centro cristiano de Hills?», o «¿El Centro de vida de Hills?», y ¿Es esta la gente de la música de Hills?» Con el tiempo la gente comenzó a decir cosas como: «¿Vas a la Iglesia Hillsong?», hasta que captamos la idea y cambiamos nuestro nombre. Y el resto, como dicen, es historia.

Ahora Hillsong es un nombre reconocible no solo en Australia, ¡sino también en todo el mundo! Nunca imaginamos que una pequeña iglesia suburbana, apodada localmente como «Hills» se extendería mucho más allá de la región de su homónimo.

No hace falta decir que estamos orgullosos de ser parte de esta comunidad mundial de iglesias, y damos gracias a Dios que nos ha dado influencia a través del nombre Hillsong. Pero la influencia verdadera, la fuente de poder real de cada ministerio que Hillsong haya intentado lograr, no tiene nada que ver con el nombre que está sobre la puerta de nuestra iglesia. La fuente de influencia y el poder real vienen de Aquel que es nuestro enfoque y Salvador. Cualquier impacto que tengamos proviene del Hijo de Dios, Jesús. Él es a quien adoramos, a quien seguimos, a quien miramos para que nos guíe. Su nombre es sobre todo nombre y tiene poder sobre todo nombre. Nunca se ha tratado de una iglesia llamada Hillsong; ¡siempre se ha tratado de un Salvador llamado Jesús!

El juramento

Las Escrituras dicen que en los tiempos bíblicos, cuando se hacía un juramento, la gente buscaba un nombre que tuviera más autoridad, alguien con más poder que ellos mismos. Si hacían un juramento en el nombre de esta autoridad superior, entonces era obligatorio, y la autoridad superior era responsable en caso de que no se cumpliera la promesa. Fíjate entonces en la promesa única que Dios hizo a Abraham:

> Por ejemplo, estaba la promesa que Dios le hizo a Abraham. Como no existía nadie superior a Dios por quién jurar, Dios juró por su propio nombre, diciendo: "Ciertamente te bendeciré y multiplicaré tu descendencia hasta que sea incontable". Entonces Abraham esperó con paciencia y recibió lo que Dios le había prometido.
>
> Ahora bien, cuando las personas hacen un juramento, invocan a alguien superior a ellas para obligarse a cumplirlo. Y, no cabe ninguna duda de que ese juramento conlleva una obligación. Dios también se comprometió mediante un juramento, para que los que recibieran la promesa pudieran estar totalmente seguros de que él jamás cambiaría de parecer. Así que Dios ha hecho ambas cosas: la promesa y el juramento. Estas dos cosas no pueden cambiar, porque es imposible que Dios mienta. Por lo tanto, los que hemos acudido a él en busca de refugio podemos estar bien confiados aferrándonos a la esperanza que está delante de nosotros.
>
> Esta esperanza es un ancla firme y confiable para el alma; nos conduce a través de la cortina al santuario interior de Dios. (Heb. 6:13-19, NTV)

Aquí tenemos una explicación que parece casi un documento legal o algo que se encuentra en una sala de audiencias. En cierto sentido, eso es exactamente, una comprensión de la autoridad de Dios que se manifiesta a través de Su Hijo. Dios estaba hablando acerca de bendiciones y fructificación, y para sellar Su promesa Él hizo un juramento por Su propio nombre. Debido a nuestra naturaleza pecaminosa, Dios sabía que había una brecha, una separación permanente, entre Su mundo y el nuestro. Por eso envió a Jesús que sería el puente para que nosotros viajáramos al reino de Dios.

¿Y por qué Dios hizo tal juramento en Su propio nombre? ¡Porque no hay otro nombre más alto! ¡No hay autoridad más alta o nombre más grande en el universo! En otras palabras, Su nombre nos da acceso a las cosas de Dios, acceso a lo milagroso, a lo sobrenatural. Nos lleva más allá de la barricada y la limitación y nos lleva a la presencia de Dios Todopoderoso.

El poder de Su nombre se repite continuamente a través de las Escrituras. En Efesios 1:21 encontramos Su nombre «sobre todo principado y autoridad, poder y señorío, y sobre todo nombre que se nombra, no solo en este siglo, sino también en el venidero». Y de nuevo en Filipenses 2:9-11: «Por eso Dios también lo exaltó sobre todas las cosas y le dio un nombre que es sobre todo nombre, para que en el nombre de Jesús se doble toda rodilla de los que están en los cielos, en la tierra y debajo de la tierra; y toda lengua confiese que Jesucristo es el Señor, para gloria de Dios Padre».

La Biblia también deja claro que incluso los demonios tienen que reconocer el poder del nombre de Jesús. Su nombre hace que todas las rodillas se doblen y todas las lenguas confiesen la verdad de quién es Él.

En la cultura judía, el nombre de Jesús significa literalmente «Jehová es salvación», lo que nosotros con frecuencia traducimos como «salvador». El nombre proviene de Dios mismo cuando envió el ángel a casa de María con la sorprendente noticia de que ella sería la madre del Hijo de Dios. «Entonces el ángel le dijo: "María, no temas, porque has hallado gracia delante de Dios. Concebirás en tu vientre y darás a luz un hijo, y llamarás su nombre Jesús. Este será grande, y será llamado Hijo del Altísimo. El Señor Dios le dará el trono de David, su padre; reinará sobre la casa de Jacob para siempre y su Reino no tendrá fin"» (Lc. 1:30-33). ¡Tanto significado, poder, historia y autoridad contenidos en un nombre!

Mi nombre tiene limitaciones y lo mismo ocurre con el tuyo. Si tan solo vivimos de acuerdo a nuestra propia autoridad e influencia, entonces siempre vamos a tropezar con nuestras limitaciones.

Es por eso que la única esperanza que tenemos proviene del nombre de Jesús. Su nombre es la puerta estrecha, y tenemos el derecho de vivir y operar bajo ese gran nombre sobre todo nombre. Esta es la mejor noticia que pueda existir, especialmente en cuanto a los problemas para los cuales no conocemos las respuestas. A menudo enfrentamos obstáculos en la vida y sentimos que somos sacados del camino fiel por el que seguimos a Cristo. Nos acercamos tanto a lo que depara el futuro, y sin embargo no tenemos ningún acceso a ello. No podemos encontrar el camino que conduce a este lugar que Dios nos está llamando a alcanzar, y no estamos seguros de cuáles son los próximos pasos a dar. Ahí es donde el poder del santo nombre de Jesús se convierte en nuestra llave.

Su nombre es fuerte y tierno a la vez. Impetuoso y suave al mismo tiempo. Es digno de confianza y sincero, poderoso y misericordioso, y la declaración de su capacidad ilimitada podría continuar para siempre. La mejor noticia de todas es que tú y yo lo hemos heredado como coherederos, hermanos y hermanas de Jesús. Tenemos un legado de poder, de propósito y de posibilidades que apenas hemos aprovechado. La puerta puede ser estrecha, pero Jesús siempre hace un camino para que los que viven bajo Su juramento de salvación, Su promesa; para aquellos que viajan apoyados en Su inmutable e inquebrantable nombre.

¿Quieres conocer la manera de pasar por la puerta estrecha? ¡El nombre de Jesús, no hay otro camino, no hay otro nombre!

CAPÍTULO DOCE

Invocar el nombre de Jesús

Jesús tu nombre, tan alto, tan grande,
solo en ti confiaré.
Tu amor no falla, tus planes no cambian,
solo en ti confiaré.

«Anclado» Hillsong Music, 2013

¡JESÚS!

¿Alguna vez has clamado a ese nombre? Tal vez a causa de la desesperación o el miedo, has enfrentado una situación en la que no pudiste pensar en ningún otro nombre.

A mí me ha sucedido.

Al principio nuestra iglesia se reunía en una pequeña sala de una escuela en los suburbios al noroeste de Sídney; y mi hijo, Ben, tenía unos dos años de edad. Después de casi dos años de crecer constantemente, semana tras semana, ya llenábamos aquella pequeña sala donde todo había comenzado para nosotros, y empezamos a buscar un local de reunión más grande. Fue difícil, pero alquilamos un local nuevo en la misma zona, la cual se desarrollaba cada vez más. Los pastos y las cuadras estaban siendo reemplazados por empresas y locales como el que habíamos alquilado.

Supongo que en esa época la salud y la seguridad en el trabajo no se controlaban ni se regulaban tan estrictamente como en la actualidad, porque nuestras oficinas estaban ubicadas en un entresuelo encima de nuestra área de reunión, y la baranda alrededor de la escalera tenía una función más decorativa que de protección. En realidad no podía evitar que alguien cayera o incluso se deslizara entre los espacios de las barandas.

Entonces una tarde, mientras me encontraba en mi oficina, oí un ruido seco, tan fuerte que hizo temblar el edificio momentáneamente. Venía de las escaleras, del otro lado de mi puerta. Inmediatamente, pensé: *Oh, por favor, Señor, te pido que no sea Ben.* Como dije antes, Ben tenía probablemente unos dos o tres años y solía visitar las oficinas mientras Bobbie y yo trabajábamos allí. Efectivamente, cuando llegué a las escaleras vi a Ben tendido en el suelo del piso de abajo, un duro piso de hormigón sin alfombra ni nada que amortiguara la caída. Me lancé escaleras abajo, saltando varios escalones a la vez. Corrí hacia mi hijo, mi pequeño hijo, y me di cuenta que no respiraba. La angustia dentro de mí dio paso al más absoluto terror. Cada instante parecía congelado, como si yo no pudiera hacer nada por él lo suficientemente rápido. La pálida piel de Ben se fue tornando aún más blanca, teñida de un color azul violáceo. Un pequeño hilo de sangre salía lentamente de la parte posterior de su pequeña cabeza, en la que yo sabía que debía tener una fractura.

Bobbie también estaba en la iglesia, y vino corriendo al oír el golpe seco. Los dos nos sentíamos tan impotentes y tan responsables de lo sucedido, por no tener mejor cuidado de él. Nos inclinamos sobre el cuerpo inmóvil de nuestro hijo, cuya piel brillaba con un tinte azulado aún más fuerte. Ben aún no respiraba, y aquellos segundos parecían una eternidad. No estaba seguro de que lo debía mover, pero tampoco podía soportar verlo allí tendido en el frío piso de hormigón. Así que instintivamente lo tomé en mis brazos y lo estreché en mi pecho mientras gritaba el único nombre que podía pronunciar: «¡JESÚS!»

Era una oración, una súplica, un pedido de ayuda urgente de un padre que ocuparía el lugar de su hijo en un instante, el grito de un alguien suplicando para conservar el regalo más precioso que tenía. Inmediatamente y de manera milagrosa, nuestro pequeño hijo parpadeó y comenzó a respirar de nuevo. No sé si fue el *shock* que recibió por el fuerte grito, pero me gusta creer que fue realmente el poder que hay en el único nombre que yo podía invocar en ese instante. Resultó que efectivamente Ben tuvo una herida en la cabeza y una fractura de cráneo. En realidad, todavía tiene la cicatriz, junto a un par de otras cicatrices causadas por el *rugby* y otros deportes extremos. Pero gracias a Dios no hubo un daño permanente ese día. No tengo ninguna duda de que la única palabra que podía decir, el nombre de Jesucristo, lo salvó.

Más allá de la plata y el oro

Como cualquier padre podría decirte, en ocasiones lo único que puedes hacer para ayudar a tu hijo, ya sea joven o adulto, es clamar al nombre de Jesús. Y no tienes que tener hijos para clamar por el poder de Su hermoso nombre. Solo tienes que creer, confiar y obedecer la voz de amor de Dios mientras recorres el camino de la vida.

Si bien encontramos numerosos ejemplos y demostraciones del poder del nombre de Jesús en la Biblia, uno de mis pasajes favoritos tiene lugar en Hechos. En el capítulo 3 nos encontramos con dos de los discípulos de Jesús en su camino hacia el templo de Jerusalén para orar.

> Pedro y Juan subían juntos al templo a la hora novena, que era la de la oración. Había un hombre,

> cojo de nacimiento, que era llevado y dejado cada día a la puerta del templo que se llama la Hermosa, para que pidiera limosna a los que entraban en el templo. Este, cuando vio a Pedro y a Juan que iban a entrar en el templo, les rogaba que le dieran limosna.
>
> Pedro, con Juan, fijando en él los ojos, le dijo:
>
> —Míranos.
>
> Entonces él los miró atento, esperando recibir de ellos algo. Pero Pedro dijo:
>
> —No tengo plata ni oro, pero lo que tengo te doy: en el nombre de Jesucristo de Nazaret, levántate y anda.
>
> Entonces lo tomó por la mano derecha y lo levantó. Al instante se le afirmaron los pies y tobillos; y saltando, se puso en pie y anduvo; y entró con ellos en el templo, andando, saltando y alabando a Dios. Todo el pueblo lo vio andar y alabar a Dios. Y lo reconocían que era el que se sentaba a pedir limosna a la puerta del templo, la Hermosa; y se llenaron de asombro y espanto por lo que le había sucedido (Hechos 3:1-10).

Entre las muchas entradas del templo, tal vez la más llamativa era esta puerta llamada la puerta Hermosa, o la Hermosa. Tenía unos 23 metros de altura (75 pies) y estaba hecha de bronce, con todo tipo de diseños ornamentales y elaboradas escenas grabadas en el grueso metal. Era tan pesada que requería veinte hombres fuertes solo para abrirla. El historiador del siglo I Josefo habló de esta puerta, y explicó que la llamaban la Hermosa, pues su intrincado y deslumbrante esplendor sobrepasaba el de la plata y el oro.

Se nos dice que esta puerta representaba mucho más que una

hermosa entrada para aquel hombre cojo. Un mendigo que, al no poder trabajar, había sido llevado allí durante cuarenta años para sentarse donde pasaban muchas personas y pedir dinero. Durante cuarenta años, todos los días de su vida, este hombre paralítico fue llevado a la puerta Hermosa. Podía sentarse allí y pedir al lado de ella, pero no se le permitía entrar en el patio del templo, como lo hacían muchos judíos que tenían cierto estatus. A pesar de su magnífica belleza, esta puerta también podría haber sido una barricada de piedra o una cortina de hierro.

El mendigo cojo vio que Pedro y Juan iban a entrar en el templo a través de la puerta Hermosa, y los llamó para que le dieran dinero. Hizo lo que hacía allí día tras día. Los dos discípulos notaron la presencia del hombre, le pidieron su completa atención y a continuación le dijeron que no tenían dinero. «No tengo plata ni oro», dijo Pedro, pero entonces le dio algo de valor incalculable al ordenarle que se levantara y caminara en el nombre de Jesucristo de Nazaret.

Fíjate que Pedro no trataba de vivir según lo que él no tenía. El sabía que su propio nombre, o el de Juan, o el de cualquier otra persona de la ciudad, no tenían la capacidad para sanar la dolencia crónica de este hombre. Pero Pedro sabía lo que tenía: el poder del nombre de Jesús. Con demasiada frecuencia, nos centramos en lo que nos falta y olvidamos lo que realmente tenemos. A través del nombre de Jesús, tenemos todo lo que necesitamos. Aunque no tenía dinero, Pedro sabía el valor precioso del nombre de su Señor. Él sabía que el nombre de Jesús, al igual que la puerta Hermosa del templo, estaba por encima de la plata y el oro.

Imagina ser este hombre cojo que había estado lisiado durante toda su vida. Él no solo vio que sus pies se enderezaban, también sintió que sus tobillos y sus piernas se fortalecían. Cuando Pedro lo ayudó a levantarse del suelo y sostenerse sobre sus propios pies, el hombre descubrió un estado de salud física, sin dolor en las piernas, que nunca había conocido.

De repente estaba probando su nueva fuerza y haciendo cosas que nunca antes había hecho; caminaba y saltaba. Ahora podía ir a donde nunca antes había podido ir sin ayuda. Había pasado todo ese tiempo, 14.000 días, siendo llevado a la puerta, y entonces, por primera vez era capaz de atravesarla y finalmente entrar en el templo. Ante ese tremendo poder sanador que recorría su cuerpo, este hombre recién restaurado no tenía más remedio que alabar a Dios. Finalmente fue capaz de atravesar la puerta Hermosa, y pudo entrar, de modo figurado y literal, en el lugar más profundo de oración, alabanza y adoración en la presencia de Dios.

Pedro indicó al hombre que se levantara y caminara, e incluso lo ayudó a pararse sobre sus pies. Me encanta este detalle porque nos recuerda que Pedro hizo lo que pudo para ayudarlo en su necesidad, pero sabía que el poder real para la sanidad del hombre solo podía venir de Jesús. Es una imagen hermosa y concisa del papel de la Iglesia. Nuestro papel es el de levantar a las personas, utilizando nuestras propias fortalezas y habilidades, para que el poder de Dios mediante el nombre de Jesucristo pueda sanarlas, restaurarlas y permitirles conocer Su amor.

Hace muchos años, cuando era un joven pastor, comprendí que si mi predicación y las enseñanzas iban siempre dirigidas a edificar y levantar las vidas de quienes me escuchaban (en lugar de exhortarlos a ayudarme a cumplir *mi* visión y construir *nuestra* iglesia), entonces Jesús edificaría *Su* iglesia. Siempre ha sido mi objetivo el edificar no solo la vida espiritual de las personas, sino también sus vidas cotidianas; predicar para sus lunes, no solo para sus domingos. Esto incluye levantar las vidas de los quebrantados y necesitados, y llegar a los pobres de espíritu y a los pobres en recursos.

Durante años, nuestra iglesia se ha esforzado por ver la necesidad, dentro de nuestras propias paredes y en el exterior, en nuestra comunidad local y más allá. La necesidad es grande, pero ha sido la generosidad sin límites de los creyentes la que ha permitido que la obra del reino y el nombre de Jesús lleguen a lugares que nunca podríamos haber soñado o imaginado.

Hoy en día, niños en Mumbai aprenden a leer y escribir, reciben alimentos, ropa y educación y constituyen una esperanza para el futuro próxima generación de su sociedad. Comunidades enteras en África se han visto transformadas por la generosidad de la Iglesia, y hemos visto como se levantan escuelas y casas, programas de alimentación y puestos de trabajo de entre el barro y la pobreza, llevando así alegría a las familias. Hemos salvado y rescatado a hombres y mujeres. Se ha evitado que caigan en la industria del tráfico sexual. Nos hemos asociado con otros para educarlos, procesar a los involucrados y poner fin a este horrible crimen contra la humanidad.

La Iglesia de Jesucristo en todo el mundo debe tener el compromiso de ayudar a cambiar las vidas de las personas, fortalecer las familias, transformar las ciudades y posicionar a las generaciones futuras para marcar una diferencia. Es mediante este trabajo que tenemos la oportunidad de mejorar la vida de las personas y darles a conocer la salvación de Jesucristo.

Lo que tenemos para ofrecer (el maravilloso y hermoso nombre de Jesús) es mucho más precioso que la plata y el oro.

Mencionar nombres importantes

Pero la historia de sanidad del hombre cojo no terminó allí ni mucho menos. Saltando y gritando de alegría, el hombre entró con Pedro y Juan al patio del templo y a una sección conocida como el pórtico de Salomón (Hch. 3:10-11). Cuando todo el mundo se maravilló al ver que el mendigo cojo caminaba, Pedro comprendió que no podía adjudicarse este milagro, aunque tampoco se le hubiera ocurrido tratar de hacerlo.

Pero adjudicárselo a Jesús, quien había sido detenido y crucificado para luego resucitar, no era de la simpatía de los líderes religiosos judíos, que ante todo querían a Cristo muerto. Por lo tanto, no es sorprendente que miembros del Sanedrín arrestaran inmediatamente a Pedro, allí en la puerta del templo, y lo interrogaran. Ellos querían saber lo que todos querían saber: ¿Cómo había hecho para que el hombre caminara? ¿En el nombre de quién? ¿Con el poder de quién? ¿Con qué autoridad? ¿Qué estaba pasando allí en realidad?

Pedro dejó bien claro que el único nombre capaz de tal milagro es el nombre de Jesús, y dijo: «Sea notorio a todos vosotros y a todo el pueblo de Israel…». Proclamó el poder del nombre de Jesús y quiso que todos allí en aquel momento, al igual que todos aquí ahora, reconocieran Su autoridad ilimitada. Como he indicado, Jesús no era muy popular en aquel momento, por lo que Su nombre no era uno que Pedro mencionaría para tratar de salir de aquella situación.

Como parte de nuestra naturaleza humana, somos propensos a mencionar los nombres de personas famosas; tú sabes, tendemos a mencionar las celebridades que hemos conocido o visto en el aeropuerto, en nuestro restaurante favorito, o al lado de quienes nos hemos sentado en una cena de caridad. Tal vez es un esfuerzo por parecer más atractivos e importantes, o para aparentar que nuestras vidas son más emocionantes, por asociación.

Sin embargo, como lo revela Pedro, solo el nombre de Jesús tiene el poder de sanar vidas y cambiar los corazones. Pedro y Juan no podían hacer por su cuenta más de lo que tú o yo podemos hacer para sanar un lisiado. Sin embargo, sabían lo que significaba el pasar por la puerta estrecha de una situación aparentemente imposible. Sabían lo que significaba confiar en Dios para lo imposible.

Mediante el nombre de Jesús tenemos el mismo acceso que ellos tenían al poder de Dios. Lamentablemente, muchas veces vivimos con las limitaciones de nuestro nombre en lugar de vivir en la libertad que tenemos a través de Su nombre. Nos conformamos con menos y suponemos que hemos llegado a nuestros límites, que los mejores días de nuestras vidas ya han pasado. Y si solo vivimos según el nombre que se nos da, o el nombre que elegimos para nosotros mismos, entonces nos enfrentamos a limitaciones imposibles. Incluso si somos una persona famosa, una figura pública notoria, o miembros de la realeza, aún tenemos las limitaciones de nuestra humanidad.

Solo un nombre nos eleva más allá de las limitaciones con las que hemos nacido. Ese nombre puede hacernos ir donde nunca hemos ido; puede llevarnos a hacer lo que nunca hemos hecho, incluso aquello que imaginamos que no somos capaces de hacer. Es un nombre personal y poderoso, íntimo y universal. Es exclusivo al ser el único camino a Dios, pero al mismo tiempo es totalmente inclusivo, pues invita a todas las personas, a judíos y gentiles, a hombres y mujeres, a esclavos y amos.

El nombre de Jesús puede desatar un poder sin igual en tu vida. Puede abrir puertas, cerrar heridas y revelar un camino en las aguas de un mar agitado por el viento. Su nombre nos permite superar las limitaciones de nuestros propios nombres y nuestras propias capacidades.

La esperanza que tenemos en el nombre de Jesús es un ancla para nuestras almas, es un puente seguro y firme que une el cielo y la Tierra. Nuestra relación con Jesús nos lleva directamente desde este mundo natural hasta el reino eterno de la presencia de Dios. Si en verdad creemos que Su nombre es más alto, que Su palabra es más grande y que Su poder lo hace todo posible, entonces nuestra ancla nos mantendrá a salvo, sin importar cuánto ruja la tormenta de la vida a nuestro alrededor.

Un ancla para nuestras almas

Tu promesa esperanza al mundo da.
Lo entregaste todo por la humanidad.
Mi esperanza anclada En ti está.
Mi Dios tú nunca cambiarás.
«Anclado» Hillsong Music, 2013

La letra de esta canción pertenece a dos de nuestros jóvenes compositores aquí en Sídney, Ben Fielding y Dean Ussher. Comenzaron a trabajar inspirados en Hebreos 6:19, que dice: «La cual tenemos como segura y firme ancla del alma». Al igual que le sucede a muchos compositores, se alejaron de la idea luego de quedarse atascados en la letra y la melodía, y se enfocaron en otras canciones. Solo unas semanas más tarde, Dean y Rachel, que ahora trabajan como pastores líderes de adoración en nuestro campus de Melbourne, sufrieron un trágico aborto involuntario, y esta canción se convirtió en algo mucho más personal. Tanto Ben como Dean sabían que tenían que terminar lo que habían comenzado. A pesar de la circunstancia, este pasaje se había convertido en un gran consuelo en medio de la pérdida y el dolor. Ambos compositores se dedicaron a crear la letra en torno a Hebreos 6. En una coincidencia orquestada por Dios, yo había programado predicar esa semana sobre la promesa de Dios, Su promesa a Abraham y ahora a nosotros.

Hebreos 6 muestra que nuestra esperanza presente y la naturaleza inamovible de la promesa de Dios son inseparables. Habla de dos cosas inamovibles: la promesa de Dios y Su juramento (Su nombre). La esperanza que sirve de ancla para el alma es la certeza de que Dios no solo desea cumplir Su promesa, sino que es absolutamente capaz de hacerlo. Él mantuvo Su palabra mediante la muerte y la resurrección de Jesús. Él nos ha dado Su nombre como un sello en Su promesa. Su nombre es más grande y más alto que incluso la circunstancia más abrumadora. Cuando todo se agita, Su palabra y el poder de Su nombre siguen siendo inquebrantables. Es a través del nombre de Jesús que puedes encontrar un nuevo comienzo y un nuevo día, una nueva esperanza y la certeza de un futuro glorioso. Dios te ama y está a tu favor. Él envió a Su único Hijo para salvarte de tus pecados.

Sí, la puerta es estrecha, pero también es hermosa. A través del poder del nombre de Jesús, tu pie ya se encuentra en la puerta. Incluso cuando caes y te falta el aire, hay un nombre que tiene el poder de la vida. Un nombre que levanta una y otra vez. Un nombre que es el ancla de nuestra alma. Un nombre que tiene las respuestas para la enfermedad y la muerte, tiene las llaves de la bendición y la esperanza futura. Sea cual sea tu siguiente paso, sean cuales sean las circunstancias que podrías enfrentar, que el nombre que invoques sea Aquel que siempre va a responder: Jesús.

CAPÍTULO TRECE

Descubrir que lo estrecho nunca es limitado

Señor del universo,
Señor de la creación.

«Te necesito a ti». Hillsong Music, 2005

«¿Por qué querría alguien ver una película sobre nosotros?»

Esta fue mi respuesta cuando algunos productores de Hollywood se acercaron a Bobbie y a mí con la propuesta de realizar una película sobre Hillsong. Estábamos en Los Ángeles, donde habíamos fundado recientemente una nueva iglesia, cuando recibimos un mensaje a través de nuestro departamento de medios en Sídney.

Dos caballeros que estaban relacionados con la industria del cine se pusieron en contacto con nuestra iglesia y pidieron una reunión con nosotros. Ambos estaban bien acreditados y bien conectados, y expresaron su disposición a viajar desde Hollywood hasta Orange County para reunirse con nosotros. Bobbie y yo sentíamos curiosidad, por no decir otra cosa.

En el almuerzo ese día fuimos bendecidos al escuchar la historia más increíble. Yo había conocido brevemente al primer productor, Jon, el año anterior, cuando estaba de visita en Australia para promocionar una película de Paramount Pictures. Durante su tiempo en Australia, él visitó la Conferencia Hillsong y compartió con nosotros ese día cuán profundamente la gente y el espíritu de nuestra iglesia lo había impactado. Él era creyente y había llevado recientemente a su compañero productor, Matt (nuestro otro invitado del almuerzo), al concierto de Hillsong UNITED en el icónico Hollywood Bowl. Esa noche puede haber sido una de las pocas veces que este famoso recinto se había colmado de adoración. Él no estaba seguro de que a su amigo le gustaría el mensaje abiertamente cristiano, pero estaba ansioso por presentarle la música que significaba mucho para él y para su fe.

Así que fueron al concierto y encontraron sus asientos arriba, hacia la parte posterior de la intensa multitud de dieciocho mil personas.

Después de un par de canciones, Jon se giró para mirar, y para pesar suyo, Matt había desaparecido. Supuso que a su amigo no le había agradado la música dinámica con ese innegable mensaje cristiano y se había ido. Entonces pensó: *Bueno, supongo que esto no es lo suyo; espero que no se haya sentido ofendido.*

Sin embargo, dos horas más tarde, al finalizar el concierto, levantó la vista y vio a Matt que corría hacia él.

—¿Dónde estabas? —preguntó—. Pensé que te habías ido.

—¡No, yo estaba allá delante! —respondió Matt—. No puedo explicarlo… Esta noche ha pasado algo muy poderoso. ¡Nunca he experimentado algo así!

Pues resulta que, como si fuera de secundaria, Matt se había abierto camino hacia abajo, hasta la parte delantera del escenario, y se quedó cautivado durante casi tres horas de adoración. Como director de producciones teatrales en vivo tales como *We Will Rock You* él vio un enorme potencial en el momento, y empezó a decirnos cuánto deseaba que otras personas pudieran experimentar lo que él vivió esa noche. Mientras escuchábamos esta historia, Bobbie y yo nos miramos el uno al otro y aguantamos nuestras sonrisas. Ellos sin duda tenían nuestra atención. Ambos hombres comenzaron a describir su visión de una película que resaltaría algunas de nuestras canciones favoritas de todos los tiempos, de nuestra historia de treinta años, y una mirada detrás de las escenas con respecto a las canciones, las historias y los compositores; todo a través de la lente de Hillsong UNITED. Ellos claramente habían pensado mucho en su discurso y parecían realmente entusiasmados.

Bobbie y yo compartimos su visión con el resto de nuestro equipo en Hillsong, y después de algún intercambio, empezamos a movernos en la realización de la película *Hillsong: Let Hope Rise.* Fue algo surrealista encontrarnos en las oficinas de los distribuidores y los financieros de Hollywood durante los próximos meses, y entrevistar a posibles directores de cine, los cuales habían construido impresionantes hojas de vida después de dirigir algunas películas de gran éxito. Por la gracia de Dios, vimos cómo todas las piezas encajaban milagrosamente.

Al compartir nuestra historia desde un salón de escuela en los suburbios de Sídney a una iglesia bendecida con congregaciones en crecimiento en muchas de las grandes ciudades del mundo, la película da a los espectadores la oportunidad de experimentar el impacto de la alabanza y la adoración que Dios ha hecho brotar a través de la Iglesia Hillsong. Sabíamos que iba a ser difícil, especialmente para el equipo UNITED y sus familias, por no hablar de la situación a veces incómoda de tener cámaras apuntando a nosotros constantemente. Sin embargo, cuando todo estuvo dicho y hecho, no podíamos dejar pasar la oportunidad de apuntar a otros a Aquel por el que vivimos y a quien anhelamos glorificar: Jesús.

Al cine

A veces tengo que sacudir la cabeza con asombro ante los días en que vivimos y la forma en que el mundo ha cambiado. Para utilizar una generalización ¡hace años, muchos cristianos pasaban su tiempo gastando energía en preocuparse acerca de las prácticas externas y los asuntos religiosos que realmente no tienen mucho que ver con amar a Dios y a la gente! Las actitudes críticas de una pequeña minoría, que forzaban sus opiniones quizá bien intencionadas pero mal informadas sobre otros, tales como «no nadar los domingos» o «el *rock and roll* es del diablo», terminaron excluyendo a muchos y repeliéndolos de entrar de nuevo en una iglesia o invocar el nombre de Jesús. Crecí en una época en que nuestros pastores de la iglesia, los ancianos e incluso los padres nos decían que no debíamos ir al cine por si acaso «Jesús volviera y nos encontrara en la sala de cine». Al parecer, ¡Jesús no iba al cine! Este ejemplo de pensamiento pequeño no hace nada por el mensaje del evangelio, y aún hoy en día vemos que este tipo de actitudes le da mala reputación a los cristianos.

Si vivimos nuestras vidas de una manera tan estrecha, creyendo lo que una gran parte del mundo sigue creyendo sobre el cristianismo (que está destinado a mantenerse pequeño y callado, representado por edificios en ruinas, llenos con gente de mente estrecha y que apunta con el dedo) entonces nunca encontraremos todas las oportunidades que Dios puede traer a nuestra vida. ¡Oportunidades como una iglesia local que trabaja en conjunto con Hollywood en una manera culturalmente relevante para difundir las buenas nuevas!

De la misma manera, las películas, la tecnología multimedia, las luces y la música fuerte no son para todo el mundo, y mi firme creencia es que la relevancia no tiene que ver con la ropa que usas, el tipo de música que cantan en tu iglesia, o el tipo de auto que conduces. La verdadera relevancia se mide por la distancia entre lo que dices y lo que haces. Si tus acciones y estilo de vida no se alinean con lo que dices, predicas y crees, entonces, el mensaje se hace irrelevante. Creo que si vivimos nuestras vidas de una manera muy abierta y seguimos siendo relevantes en términos de la definición anterior, veremos las oportunidades con ojos espirituales y atraeremos el favor de Dios.

¡Esto significa que no podemos limitar nuestra visión sobre qué es servir a Jesús! Lo que he llegado a aprender durante muchos años es que el favor de Dios a veces es inexplicable y queda fuera de la caja del cristianismo «seguro» y «cómodo» que algunas personas parecen preferir. No creo ni por un minuto que tenemos que conformarnos al mundo con el fin de hacernos atractivos para los no creyentes; es importante entender que el mensaje (el evangelio) es sagrado, pero creo que los métodos tienen que cambiar.

Abierto y expansivo

A menudo he dicho que prefiero ser un músico que un crítico de música, un realizador de cine que un crítico de cine, un chef que un crítico de comidas; y prefiero ser un edificador de la iglesia que un crítico de la iglesia. Yo prefiero vivir mi vida como el tipo de persona que se involucra con el mundo del cine y la televisión, que gasta dinero en el sistema de sonido de modo que las noches de los viernes del grupo de jóvenes compitan con cualquier buena fiesta de la ciudad, y que hace el esfuerzo extra para abrir gentilmente de par en par las puertas de nuestra iglesia para actividades durante la semana, de modo que las personas que quizás nunca consideren venir a una reunión dominical se sientan bienvenidas, amadas y cuidadas.

Me encanta la manera en que Pablo se dirigió a los corintios acerca de la vida con Jesús: «Nosotros no los hemos limitado. La pequeñez que ustedes sienten proviene de su interior. Sus vidas no son pequeñas, pero ustedes viven de una forma pequeña. Estoy hablando tan claramente como puedo y con gran cariño. Abran sus vidas. ¡Vivan de manera abierta y expansiva!» (2 Co. 6:11-13, MSG).

De manera abierta y expansiva o, en otros términos, de forma compasiva y abrazando, con gracia y abarcándolo todo. Con las redes sociales tan generalizadas hoy en día, me sigo sorprendiendo por la cantidad de personas enojadas que se identifican como cristianas, pero que no tienen nada positivo, esperanzador, confortable, amable o compasivo que decir de nadie ni de nada. Hay algunos críticos particularmente duros y sentenciosos que parecen decididos a escoger gente a través de Instagram, Twitter, Facebook y los foros de comentarios, y criticar todas las formas de fe y burlarse públicamente de otros que tienen puntos de vista diferentes. Mi amigo Phil Cooke llama a la gente como esta «teólogos de sillón», aquellos que se esconden detrás de la pantalla de una computadora y buscan «problemas» para señalárselos a los hermanos en la fe, todo bajo el disfraz de la rendición de cuentas bíblica. Se consideran como una especie de brújula teológica, listos para señalar cualquier cosa que parezca fuera de lugar, fuera de curso, o simplemente que no se ajuste a su propia comprensión de la Biblia. Esto no es vivir de manera abierta y expansiva en lo absoluto, y lo más importante, no se parece a la manera llena de gracia con la que Jesús vivió Su vida en la Tierra. Irónicamente, Jesús reservó Sus palabras más duras para los religiosos.

Como líder, valoro la necesidad de rendirle cuentas a alguien, y de la crítica constructiva de parte de colegas y compañeros, de amigos con credibilidad relacional y ministerial que se toman el tiempo para extender su cuidado y corrección. Estas conversaciones nos pueden hacer mejores líderes si mantenemos un espíritu enseñable. Probablemente es prudente no prestar mucha atención a los ataques anónimos y mezquinos de los que quizás nunca se han sometido a la corrección o nunca le han rendido cuentas a alguien.. Sin embargo, debemos seguir la dirección de Dios y no los caprichos de la opinión pública.

Todo el que quiera

La verdad es que esta forma de cristianismo mezquino, de mente estrecha y amargada que vive una pequeña minoría no es nada nuevo. De hecho, este es el tipo de personas que los discípulos encontraban a menudo en sus viajes; muy críticos de Jesús, que buscaban todas las oportunidades para demostrar que Él no era el Hijo de Dios. Estos son los mismos líderes religiosos santurrones que Pedro y Juan encontraron después de sanar al hombre cojo que mendigaba al lado de la Puerta la Hermosa en el templo de Jerusalén. Tan pronto como entraron en el patio del pórtico de Salomón, con el hombre recién sanado saltando de alegría, otros comenzaron de inmediato a exigirles saber cómo esto fue posible.

Como Pedro estaba lleno del Espíritu Santo, y además era un apasionado predicador en proceso, él supo que tenía la atención completa de todo el mundo, y tuvo la oportunidad de compartir el Evangelio:

> «Israelitas, ¿por qué os admiráis de esto? ¿o por qué ponéis los ojos en nosotros, como si por nuestro poder o piedad hubiéramos hecho andar a este? El Dios de Abraham, de Isaac y de Jacob, el Dios de nuestros padres, ha glorificado a su Hijo Jesús, a quien vosotros entregasteis y negasteis delante

> de Pilato, cuando este había resuelto ponerlo en libertad. Pero vosotros negasteis al Santo y al Justo, y pedisteis que se os diera un homicida, y matasteis al Autor de la vida, a quien Dios resucitó de los muertos, de lo cual nosotros somos testigos. Por la fe en su nombre, a este, que vosotros veis y conocéis, lo ha confirmado su nombre; y la fe que es por él ha dado a este esta completa sanidad en presencia de todos vosotros» (Hch. 3:12-16).

Una vez más, Pedro deja bien claro que no fue su poder el que sanó al cojo, sino el poder del nombre de Jesús. Y para asegurarse de que su audiencia había captado el mensaje, Pedro explica la conexión directa entre «el Dios de Abraham, de Isaac y de Jacob, el Dios de nuestros padres» y «su Hijo Jesús». Todo el mundo en el templo estaría allí para adorar y honrar a Jehová, el gran «Yo Soy», que habían conocido como el único Dios verdadero, el Dios de su pueblo, el que liberó al pueblo de Israel de Egipto y los llevó a la tierra prometida. Pero la mayoría de ellos habían rechazado a Jesús como el Mesías, el Salvador prometido desde antaño, y en parte fueron responsables de Su detención y muerte.

Lo que me asombra muchísimo aquí es la valentía que Pedro muestra, ¡no tiene pelos en la lengua! Básicamente, él reconoce que el camino a Dios es en verdad a través de una puerta estrecha; después de todo, Dios es santo y perfecto y la gente es pecadora. Pero él les dice la misma buena noticia que nosotros tenemos que compartir con la gente en todo el mundo hoy: Jesús es la puerta estrecha y «todo aquel que invoque el nombre del Señor, será salvo» (Ro. 10:13).

«Todo aquel que invoque». Me encanta esta frase. ¿Quién soy yo para obstaculizar la obra salvadora de Cristo al poner restricciones estrechas sobre los demás? Durante cuarenta años el cojo había sido llevado *a* las puertas del templo, pero por primera vez en la historia él podía entrar *por* las puertas del templo, *ir a donde nunca había ido y hacer lo que nunca había hecho*: andar, saltar y alabar a Dios. Así es exactamente la vida con Cristo: ir por donde nunca habías ido y hacer las cosas que todo el mundo decía que no podían hacerse.

Ir al cementerio de iglesias

Hace solo unos pocos años, creo que Dios me habló sobre el momento justo de plantar nuestra primera Iglesia Hillsong en los Estados Unidos. Siempre ha existido algo en las grandes ciudades, con una gran cantidad de gente, que me ha llamado la atención. Por la gracia de Dios, en todas las ciudades grandes y de talla mundial en las que hemos fundado iglesias, Hillsong está floreciendo. Yo sabía, mucho antes de que comenzáramos allí, que Nueva York sería una de esas ciudades, y desde entonces sabía que Carl Lentz y mi hijo Joel (como jóvenes de veintiún años de edad en el instituto bíblico en Australia) habían soñado con comenzar un día una iglesia juntos en Nueva York, una ciudad que previamente había sido etiquetada como un «cementerio» para las iglesias. Pues a pesar de las muchas y excelentes iglesias y pastores que ya sirven a Dios en esta increíble «ciudad que nunca duerme», donde se abren nuevas discotecas y restaurantes por docenas, también hay muchas iglesias que tienen que cerrar. Muchas personas nos advirtieron de esta realidad y de los peligros de abrir una iglesia en una ciudad tan grande, tan impía y transitoria; sin embargo, sabíamos que Dios siempre nos había abierto las puertas si estábamos en sintonía con Su Espíritu, escuchando Su dirección, y si estábamos en el lugar adecuado, en el momento adecuado, con las personas adecuadas.

Cinco años después, la iglesia Hillsong en la ciudad de Nueva York está prosperando. Ofrecemos constantemente siete reuniones cada fin de semana y vemos cómo la gente hace cola alrededor de la cuadra para escuchar la verdad del Evangelio. Una de mis partes favoritas de Hillsong Nueva York es ver la diversidad de la multitud cada domingo. Desde los desconocidos a los famosos, la Palabra de Dios y la adoración apasionada están tocando las vidas de las personas en esa ciudad y cambiándolos desde dentro hacia fuera. Estamos sirviendo junto a otras grandes iglesias y ministerios en Nueva York, y juntos estamos viendo esta jungla de asfalto y «cementerio de iglesias» cobrar vida en el poder del nombre de Jesús.

Pablo dijo a los corintios que la «pequeñez» viene de dentro de nosotros, y no de Dios. La «pequeñez» que sentíamos en una ciudad tan grande podría haber impedido lo que Dios quería hacer si le hubiéramos permitido que se quedara en nuestro pensamiento. La verdad es que la puerta de entrada para conocer a Dios parece apretada y estrecha solo cuando tratamos de hacerlo por nuestra cuenta. Cuando nuestra mente humana no puede comprender la obra milagrosa de Cristo, entonces, en lugar de permitir que Su gracia y poder salvador nos asombre, criticamos lo que no conocemos y retrocedemos ante lo que parece desconocido. Las reglas, los límites, las normas y la disciplina se convierten en una carga solo cuando nos vemos obligados a obedecer y comprender en nuestro propio poder, lo que simplemente no podemos hacer.

No obstante, por medio de Jesús tenemos libertad y vida, propósito y poder, gozo y paz. La puerta estrecha nunca te hará una persona más pequeña; porque nunca acabarás en segundo lugar, cuando pones a Dios en primer lugar.

Cuando suceden cosas asombrosas en nuestras vidas, algunas personas pueden tratar de justificarlas hábilmente o encontrar una explicación «racional». Si no nos pueden entender porque han reducido la puerta estrecha al tamaño de la cerradura de una puerta para que coincida con sus propios prejuicios y limitaciones, entonces nosotros en respuesta debemos ser amables, cariñosos y respetuosos. Tenemos que darnos cuenta de que, en nuestra vida cotidiana, a través de nuestras iglesias, a través de las situaciones en las que Dios nos pone, la gente por lo general se sentirá confundida por un testimonio que no tiene sentido para ellos.

Cuando somos parte de algo que no es el resultado de nuestro propio poder, los demás solo pueden rascarse la cabeza; e incluso cuando reflejas de forma activa y precisa quién es Jesús, incluso cuando muestras la vida abierta y espaciosa que Él trae cuando pasamos por la puerta estrecha, algunas personas se sentirán atraídos a Dios por causa tuya. Se darán cuenta de algo diferente en ti, algo que no depende de quién eres o lo que haces, sino que es algo sobrenatural, un destello de Cristo. Ellos tienen hambre de conocer a Dios, así que cuando tenemos la oportunidad de sanar, predicar y enseñar en el nombre de Jesús, no debemos dar marcha atrás.

Otros pueden tratar de silenciarte, ya sea porque afirman conocer a Dios, pero no lo representan de forma sincera, o porque no lo conocen y simplemente no pueden entender las cosas de Dios. Pero debido al poder que tenemos mediante Jesucristo, siempre nos veremos obligados a decir la verdad de lo que Él es y lo que ha hecho por nosotros. Donde el Espíritu de Dios nos abre puertas, hay que seguir caminando, sabiendo que la puerta es estrecha, pero no restrictiva. En otras palabras, si alguien se te acerca un día y te propone hacer una película de tu vida, que refleje lo que Cristo ha hecho, ¡no lo descartes!

«Así de amplio es Él, tan espacioso, que todo lo de Dios encuentra su lugar en Él sin colmarse» (Col. 1:19, MSG).

CAPÍTULO CATORCE

Un llamado santo

Cuando me llames, no me negaré.
Cada nuevo día te elegiré una vez más.
No hay nadie más para mí.
Nadie más que Jesús

«Solo Cristo» Hillsong Music, 2006

En los primeros años de nuestro ministerio, cuando nuestros hijos eran pequeños, Bobbie y yo casi no podíamos darnos el lujo de tomarnos unas vacaciones, y mucho menos dejar nuestra pequeña pero creciente congregación. Sin embargo, desde el principio comprendimos la importancia de dedicar tiempo a estar con nuestros hijos, y empezamos a acumular maravillosos recuerdos de vacaciones, incluso con nuestros limitados recursos. Recuerdo que en días de verano a menudo llevaba a mis hijos al mar, a lo profundo de las olas, y los animaba a subirse a mi espalda y aferrarse fuertemente mientras nos deslizábamos sobre las olas hasta la orilla. Así, durante unos pocos días, el estrés y la presión de ser pastores jóvenes en un nuevo país y fundar una nueva iglesia parecían derretirse con el calor del sol.

En mis peores días, he pensado en lo agradable que sería dar marcha atrás, y tal vez conseguir un trabajo sin presión. Incluso he visto a alguien segar un campo en un tractor, con ese aroma de pasto recién cortado que acompaña a la primavera, y he pensado: «¡Qué maravilla un trabajo como ese! Donde la mayor preocupación es si se tiene o no el combustible suficiente para terminar». Pero esos pensamientos nunca han durado mucho, porque siempre tuve una abrumadora sensación de que iba a vivir por un llamado, no solo salvo.

La Palabra de Dios dice: «Pues Dios nos salvó y nos llamó a una vida santa, no por nuestras propias obras, sino por su propia determinación y gracia. Nos concedió este favor en Cristo Jesús antes del comienzo del tiempo (2 Ti. 1:9, NVI). ¿Estás satisfecho con vivir salvo? ¿O estás comprometido a vivir llamado? Creo que el «llamado» elimina la opción de simplemente « vivir cómodos ».

Había un pastor anciano que fundó una iglesia en Sídney a principios de la década de 1920 o 1930, y continuó su ministerio, predicando y pastoreando, bien entrado en sus ochenta años. Según se cuenta, había terminado su predicación un domingo por la mañana y la congregación finalizaba la reunión con el himno «Dentro del velo ahora entraré». ¡Y eso fue precisamente lo que hizo! El anciano predicador partió de este mundo al cielo allí mismo, ¡en la misma iglesia que fundó! ¿Podría haber una mejor manera de partir? Admiro su determinación para cumplir su llamado de compartir el Evangelio, y aunque no quiero hacer a los ochenta años todo lo que hago hoy, oro que mientras tenga aliento pueda vivir con un sentido de llamado y propósito. Quiero encontrar alegría y pasión siendo mentor de otros, y levantando generaciones que edifiquen sobre los cimientos que nosotros (y los que nos han precedido) hemos construido.

¿No es así como deseas vivir tu vida? Llena de pasión y emoción, con la certeza de que estás marcando una diferencia las vidas de los demás, y contribuyendo con tus esfuerzos al reino de Dios para Sus propósitos eternos. No siempre es fácil, pero siempre me he sentido satisfecho siguiendo el ejemplo de Jesús, guiado por el Espíritu de Dios y llevando a cabo el propósito por el cual me creó. Como hemos descubierto, este proceso es una aventura que se desarrolla continuamente, llena de desafíos inesperados y sorpresas milagrosas, en la que tanto las pruebas como las alegrías nos llevan a enamorarnos más y más de Jesús.

El único momento en el que no he disfrutado de este nivel de satisfacción ha sido cuando he sido tentado a conformarme con menos que lo mejor de Dios o he perdido la visión para el futuro.

Visión personal

Proverbios 29:18 dice: «Cuando falta la profecía, el pueblo se desenfrena». Otra versión dice: «Donde no hay visión, el pueblo se extravía» (NVI).

Nunca debemos subestimar la importancia de lo que pensamos de nosotros mismos, el llamado y el propósito a los cuales nos aferramos y que impulsan hacia adelante nuestras vidas. ¿Qué te motiva a levantarte cada mañana? ¿Cuál es tu visión personal para tu vida? Cuando no tenemos confianza en el plan y el propósito de Dios para nuestra vida, cuando caminamos por la vida sin visión, caminamos en una línea peligroso.

Pablo tuvo una vida destructiva antes de tener un encuentro con Cristo en el camino a Damasco, antes de entrar por la puerta estrecha. A pesar de que mantuvo su forma de ser después de su conversión, Pablo reajustó su estilo de vida para convertirse en un edificador de la Iglesia en lugar de un destructor de la misma. Todo lo que había en él antes estaba destinado a destruir la Iglesia, pero en Cristo encontró su llamado; en Cristo encontró una visión personal.

Tal vez, al igual que Pablo, tú piensas que has ido demasiado lejos en el camino equivocado, que has tomado demasiadas malas decisiones como para poder vivir una vida de sabiduría y discreción. Tal vez te sientas como si hubieras perdido por completo tu camino y no puedes encontrar una salida, o quizás tan solo has tomado un par de malas decisiones en un camino difícil. ¡No te desesperes! *Nunca* es demasiado tarde para hacer cambios y elegir de nuevo el camino de Dios en tu vida. El camino de Dios es Jesús (ver Jon. 14:6) y Su Palabra es la luz que muestra la dirección a seguir (ver Sal. 119:105). La gracia de Dios te reubicará en el camino correcto y establecerá tu vida sobre una base sólida que permanecerá firme en tiempos de tormentas, y te enseñará a tomar decisiones sabias para un futuro glorioso. La vida está llena de opciones, y las decisiones que tomes determinarán el curso de tu vida. Pero el camino de Dios, la puerta estrecha, siempre te apuntará en la dirección de Su propósito y Su cumplimiento.

Mirar hacia arriba, mirar al futuro

A menudo nuestras decisiones más difíciles son las más pequeñas, las progresivas, aquellas que parecen inofensivas en el momento. A menudo identificamos y resistimos las grandes tentaciones, pero los asuntos más importantes de la vida por lo general comienzan con pequeñas decisiones. Nadie se levanta un día y piensa: *Hoy me conformaré con menos. Hoy dejaré de seguir a Dios y esperaré a ver qué pasa.* No, en lugar de eso el enemigo tiende a socavarnos con pequeños momentos de debilidad. Un atajo aquí, una concesión allá, una pequeña desviación de vez en cuando. Es por eso que debemos permanecer centrados en el ejemplo que es Jesús para nosotros. Aunque vino a la Tierra en una misión como el Hijo de Dios, Jesús se enfrentó a las mismas tentaciones que enfrentamos, incluso la tentación de conformarse. Nuestro enemigo tentó a Jesús con las mismas oportunidades que el diablo nos tienta hoy, para que se conformara con menos que lo mejor de Dios. La escala es diferente, pero la esencia de la tentación es básicamente la misma.

En Mateo 4, el diablo reta a Jesús a cuestionar Su propia identidad. Dos veces le dice: «Si eres Hijo de Dios...». ¿Puedes notar la burla en sus palabras? «¡Si eres realmente quien dices ser, entonces debes ser capaz de convertir las piedras en pan y saltar desde acantilados!» Pero Jesús sabe cómo manejar la Espada de la Verdad y resiste el intento del diablo de ponerlo a prueba. Él responde con el argumento adecuado de las Escrituras para revelar la lógica tergiversada del diablo. «Vete, Satanás, porque escrito está: "Al Señor tu Dios adorarás y solo a él servirás"» (v. 10).

Creo que el tentador a menudo nos desafía con la misma estrategia en mente. Si es capaz de hacernos dudar de lo que somos y de lo que estamos haciendo, si puede nublar nuestra visión, entonces puede hacer que nos conformemos con menos que lo mejor de Dios. El hará que cuestiones tu llamado, tus mejores esfuerzos, y hará que te sientas condenado al cuestionar tu identidad en Cristo.

Este tipo de trampas trata de desautorizar la dirección en la que Dios nos está llevando. Si empezamos a dudar de nuestra dirección, de nuestra ruta o de nuestro destino, entonces por lo general nos detendremos para tratar de resolver el problema. Pero cuando nos detenemos, se hace cada vez más tentador tomar el camino más fácil, el camino donde encontramos menor resistencia. ¿Por qué preocuparnos por lograr algo que parece imposible cuando podemos tomarlo con calma? Jesús resistió las tentaciones del diablo apoyándose en la verdad de la Palabra de Dios, que es nuestro mayor recurso. Cada vez que empezamos a sentir que no somos lo suficientemente inteligentes o talentosos, que no tenemos los recursos o el apoyo suficiente, que debemos bajar nuestras expectativas, entonces tenemos que volver a lo que nos dice la Palabra de Dios. La Biblia nos asegura que podemos hacer todas las cosas a través de Cristo, que somos más que vencedores. Dios nos dice que Él satisfará todas nuestras necesidades según Sus recursos ilimitados. Hay que recordar lo que es verdadero y no cuestionar a que Dios nos ha llamado a lograr.

A veces creo que seguir a Jesús a través de la puerta estrecha es similar a cuando Pedro caminó sobre las aguas. Mientras mantuvo sus ojos en su Maestro, pudo dar el siguiente paso. Pero tan pronto como bajó la mirada y se dio cuenta de lo imposible que era para él hacer lo que estaba haciendo, entonces, efectivamente, se hundió como una piedra. Si mantenemos nuestros ojos en Jesús, entonces la puerta es lo suficientemente amplia para que pasemos a través de ella. Pero si nos centramos en lo pequeña que se ve la abertura, o en todos los caminos que otras personas puedan estar tomando a nuestro alrededor, entonces perdemos de vista la puerta. La mirada al frente, y un pie delante del otro.

Innovar e invertir

Para resistir la tentación de conformarnos, vamos a vivir nuestras vidas de manera que los frutos de nuestro trabajo perduren mucho tiempo después que nuestros cuerpos físicos hayan perecido. Para construir el reino eterno de Dios y dejar este tipo de legado, tenemos que seguir siendo pioneros motivados por la gracia, comprometidos a explorar el territorio salvaje al que Dios nos llama, ya sea en la sala de clase del jardín de infancia, el campo de una misión en otro país o la sala de juntas en nuestro lugar de trabajo. Cada campo tiene sus pioneros que dedican sus vidas y sus carreras a la innovación y la experimentación. Puede ser en un laboratorio o en una computadora portátil, en el espacio exterior o en una oficina. Es el compromiso a ser la mejor versión de ti mismo en lo que estás llamado a hacer. Es identificar tus pasiones y dedicarte a ellas, con curiosidad, durante toda tu vida. Es liderar cuando sería más fácil seguir a alguien más, y seguir a Dios cuando quieres tomar tu propio camino.

Los pioneros se arriesgan y dan los primeros pasos hacia un nuevo descubrimiento. Van creando lo que necesitan a medida que avanzan, se apoyan en los recursos que Dios provee y no se centran en lo que no tienen. Avanzan hacia algo nuevo, y creen que Dios cumplirá Sus promesas y proporcionará los recursos necesarios para hacer realidad las posibilidades de grandeza en sus vidas. Innovar, no conformarse con menos, significa permitir que Dios expanda tu imaginación, aumente tu sabiduría y multiplique tus recursos para que tus energías puedan renovarse y ampliarse. No para tu propia gloria, sino para la gloria de Dios. Cuando sirves a Dios al llevar una vida grande, no solo tú eres bendecido; también estás ofreciendo oportunidades para que otros puedan serlo.

La misión de Dios tiene su máxima expresión cuando saciamos la sed profunda y la continua necesidad que hay en el alma humana. Vivimos una vida grande no para nuestra propia fama y satisfacción, sino para poder guiar a otras personas a casa, a la casa de Dios, la Iglesia, aquí en la Tierra y al hogar eterno que nos espera en el Cielo. Mientras sigas el llamado de Dios en tu vida y continúes siendo fiel a la maravilla pionera de Su Espíritu Santo, tu vida rebosará de alegría, sentido y de lo mejor de Dios.

El llamado antes que la comodidad

Nunca me atrajo la idea de conformarme cuando era claro que la Iglesia Hillsong era la más grande de Australia, porque mi meta como líder de la iglesia nunca fue construir una iglesia de determinado tamaño o ganar notoriedad por el éxito, sino simplemente hacer lo que Dios me estaba llamando a hacer. Mantener esta mentalidad nos ha permitido llegar a más personas en más países de los que podríamos haber imaginado. Y todavía siento como si Dios me exigiera más, como si nos llevara al límite, desafiándonos a no conformarnos, a no sentirnos demasiado cómodos.

Se ha llamado a Hillsong «la iglesia que nunca duerme». En muchos sentidos, esta es una descripción adecuada para una casa que siempre está abierta, siempre en movimiento, de un evento a otro, de una reunión a otra, de una ciudad a otra. Siempre buscamos algo nuevo, lo nuevo que Dios quiere hacer. Cuando nos detenemos a celebrar, es solo una pausa momentánea, porque no nos conformamos con los triunfos del pasado y siempre miramos hacia el futuro.

En ocasiones esta forma de vida puede causar un poco de fricción. La continua expansión que hemos experimentado en los últimos años ha traído inevitablemente los problemas típicos del crecimiento. Nunca olvidaré la primera reunión un viernes por la noche en París, la ciudad de las luces, la ciudad del amor, donde las catedrales históricas son visitadas diariamente por turistas, pero rara vez por adoradores. Desconozco en qué momento de la historia sucedió, pero Francia, como país, se alejó de Dios. Más del 40% de la población afirma que no tiene ninguna creencia espiritual. Pero eso no nos impidió hacer lo que sentíamos que Dios nos estaba llamando a hacer.

París iba a ser nuestro primer intento de establecer una Iglesia Hillsong en Europa Occidental (a parte de Londres), y realmente no sabía qué esperar. Durante años, un pequeño grupo de personas de Hillsong de Londres trabajó y oró para fundar una iglesia contemporánea centrada en Cristo en París. Nuestro objetivo a largo plazo siempre fue que Hillsong de Londres tuviera un impacto en el resto de Europa, pensábamos que sería así, y esa fue la semilla que permitió nuestra primera reunión. Muchas personas que conocían París mejor que yo me dijeron que sería un avivamiento si lográbamos reunir un centenar de personas en aquella ciudad «sin Dios».

La noche de la primera reunión, Gary Clarke, nuestro pastor principal en Londres, y yo tomamos un taxi hasta el local que estaba a menos de una cuadra del Centro Pompidou, y a poca distancia del Louvre y el río Sena. Al acercarnos al lugar, pudimos apreciar una fila de personas que doblaba la esquina de la manzana, de pie en el frío. Me volví a nuestro anfitrión y le pregunté qué hacían allí. Me sorprendió saber que estaban tratando de entrar al pequeño teatro que habíamos alquilado. Era imposible que todos entraran, ¡y hasta la fecha no sé de dónde vinieron todas aquellas personas! Incluso un reportero y un camarógrafo de uno de los principales periódicos australianos estaban allí para informar de la expansión de Hillsong en Europa y dejar constancia de lo que fue una noche histórica.

Aquella noche obtuve una nueva inspiración y una mayor comprensión del clima espiritual predominante en Europa. Comprendí la sed de verdad que allí existía, la misma sed que hemos visto de Barcelona a Ámsterdam y de Estocolmo a Dusseldorf. Nuestra oración constante es que veremos un avivamiento espiritual despertarse en Europa.

Después de esa primera noche tuvimos que darnos a la tarea de convertir aquella multitud en una iglesia y determinar quiénes estaban allí para quedarse. Tuvimos que encontrar lugares permanentes, asequibles y adecuados para reunirnos y edificar el ADN y la cultura en el equipo de liderazgo. Desde la primera noche hemos tenido que trabajar duro para construir una iglesia que se llene de forma habitual con gente fiel; pero hoy en día, en muchos de los campus de la Iglesia Hillsong, estamos creando equipos enteros de voluntarios que son expertos en la organización y la atención de largas filas de personas, quienes en ocasiones esperan fuera durante horas hasta la próxima reunión. Hasta el día de hoy, las filas se han convertido en una característica de muchas de nuestras congregaciones, mientras las paredes de los edificios tratan de contener nuestro crecimiento. Así ocurre ya sea fuera del *Dominion Theatre* en el *West End* de Londres, o fuera del *Hammerstein* y el *Manhattan Ballroom*, en el centro de Manhattan, o incluso fuera del *Belasco Theater*, lo cual trae nueva vida al centro de Los Ángeles. Estos son problemas que nunca imaginamos enfrentar, y que quienes vinieron antes que nosotros habían orado tener… son buenos problemas, dolores típicos del crecimiento. En muchos sentidos, estos dolores de crecimiento no nos dan la posibilidad de acomodarnos, pues demandan a diario respuestas milagrosas y recursos.

El gran esfuerzo que se exige a los nuevos líderes, la urgencia de crear equipos de voluntarios y discipular a los nuevos cristianos son el tipo de tareas que pueden llegar a ser abrumadoras y, a veces, incómodas. Sin embargo, cuando las cosas se tornan incómodas podemos optar por centrarnos en el objetivo final: la salvación, el discipulado y el futuro glorioso de Dios.

Sin importar lo difícil que se torne el camino, cuán lejos esté la visión, o lo incómodo del esfuerzo a realizar, yo te animo a elegir el llamado en lugar de la comodidad.

Plantados y floreciendo

Tu llamado y tu vocación corren el riesgo de tambalearse, perder su sustento y extraviarse durante esos momentos, inevitablemente incómodos, si no estás cimentado en la verdad y regado por relaciones saludables y enseñanza que te levanta. Si quieres cultivar una gran vida como la que Cristo modeló, si quieres florecer en tu visión personal y tu vocación, y así entrar en un futuro glorioso, entonces es necesario echar raíces profundas. Esta es una verdad bíblica que encontramos a lo largo de las Escrituras.

En la Palabra de Dios, con frecuencia se nos compara con árboles en la forma en que vivimos nuestras vidas y respondemos al don de la gracia de nuestro Padre. «Porque será como el árbol plantado junto a las aguas, que junto a la corriente echará sus raíces» (Jer. 17:8). «El justo florecerá como la palmera; crecerá como cedro en el Líbano. Plantados en la casa de Jehová, en los atrios de nuestro Dios florecerán» (Sal. 92:12-13).

En mi opinión, cuando se trata de florecer en nuestro llamado, la iglesia es un punto que no es negociable. Reconozco que no todos ven la iglesia de la misma manera, pero plantarse en una comunidad de creyentes que puedan edificarte, desafiarte y animarte en tu llamado, es imprescindible. Y no estoy hablando de ser un cristiano de esos que solo se ven los domingos. Al igual que un árbol, si vamos a florecer y producir fruto, tenemos que tener nuestras raíces bien arraigadas para recibir nuestro alimento de forma regular. Estar allí y construir relaciones significativas con otros creyentes tiene un impacto significativo en nuestra relación con Dios y en nuestro futuro.

Muchas personas, cuando encuentran su lugar en la familia de Dios es ahí donde también descubren su llamado, o hallan un sentido de propósito en su vocación. Pero no te desanimes si esto te toma un tiempo, o si aún no te sientes plantado o fructífero. Es difícil mirar un árbol y verlo crecer ante nuestros ojos. La vida, la fe y el servicio a Jesús son así; no siempre podemos ver lo que Dios está haciendo en este momento, pero tenemos que confiar en que si somos fieles a cuidar de nuestro llamado, Él proveerá todo lo que necesitamos para seguir creciendo.

Al igual que un árbol, una vida floreciente es una vida fructífera; mostrará señales de crecimiento y salud: follaje, frutos, flores y semillas en abundancia. El árbol se hará fuerte y resistente, se sobrepondrá a las tormentas de la vida y brindará refugio a los demás.

Cuando vivimos según los propósitos de Dios, cuando no nos limitamos a vivir simplemente salvos, cuando plantamos nuestras raíces en la buena «tierra y agua» de las relaciones saludables, la sana doctrina y la verdad de la Palabra de Dios, entonces veremos que nuestras vidas producen más fruto de lo que podíamos imaginar. Cuando nuestra visión es clara y no nos conformamos con menos que lo mejor de Dios; cuando nos negamos a escuchar las mentiras del enemigo y caminamos por la puerta estrecha, seguros en nuestro llamado, encontramos vida en abundancia; un futuro glorioso. Pablo realmente lo resume todo en Efesios 1:11: «Es en Cristo que descubrimos quiénes somos y para qué vivimos» (MSG).

Un llamado santo. Un futuro glorioso.

CAPÍTULO QUINCE

Una generación de Jesús

Veo cómo se levanta una gran generación,
con compasión.

«Hosanna» Hillsong Music, 2007

Crecí con mis padres siendo pastores, y nuestra casa muy a menudo estaba llena de evangelistas y predicadores invitados que ministraban en Nueva Zelanda y necesitaban alojamiento. En una ocasión, un amigo de mis padres, un evangelista de Fiyi, se alojó en nuestra casa y decidió hacer un estudio bíblico improvisado con mi hermana y yo. Recuerdo que abrió la Biblia en Mateo 1 y comenzó a leer en voz alta cuarenta y dos generaciones de nombres de familias, desde Abraham hasta Jesús.

Como niño, apenas pude entender la lección y el estudio que él dio ese día, pero nunca he olvidado su entusiasmo. Para mí estaba muy claro que él podía ver y entender algo que yo no podía. Años después, puedo entender el significado de lo que representaban esos nombres: una promesa cumplida.

> Cuando Abram tenía noventa y nueve años, el Señor se le apareció y le dijo: «Yo soy el Dios Todopoderoso. Anda delante de mí y sé perfecto. Yo

> haré un pacto contigo y te multiplicaré en gran manera. Entonces Abram se postró sobre su rostro, y Dios habló con él, diciendo: «Cuando Abram tenía noventa y nueve años, el Señor se le apareció y le dijo:
>
> —Yo soy el Dios Todopoderoso. Vive en mi presencia y sé intachable. Así confirmaré mi pacto contigo, y multiplicaré tu descendencia en gran manera. Al oír que Dios le hablaba, Abram cayó rostro en tierra, y Dios continuó:
>
> —Éste es el pacto que establezco contigo: Tú serás el padre de una multitud de naciones. Ya no te llamarás Abram, sino que de ahora en adelante tu nombre será Abraham, porque te he confirmado como padre de una multitud de naciones. Te haré tan fecundo que de ti saldrán reyes y naciones. Estableceré mi pacto contigo y con tu descendencia, como pacto perpetuo, por todas las generaciones. Yo seré tu Dios, y el Dios de tus descendientes. A ti y a tu descendencia les daré, en posesión perpetua, toda la tierra de Canaán, donde ahora andan peregrinando. Y yo seré su Dios.»
>
> (Gn. 17:1-8 NVI).

Al leer en la Biblia, no tenemos que esperar mucho tiempo para encontrar la promesa generacional de Dios a Su pueblo, Su promesa generacional para *ti*. Dios usa las generaciones, trabaja a través de las generaciones, y está sin lugar a dudas comprometido con las generaciones. La fidelidad de nuestro Dios no se limita a una generación, sino que pasa de una a la otra. El propósito de Dios al elegir a Abraham y a sus descendientes era para darse a conocer, y hacerse evidente a través de sus vidas y testimonio.

Dios ha sido fiel desde Su primera promesa a Abraham, y lo ha demostrado en las generaciones siguientes.

Siglos después, la muerte de Jesucristo en la cruz y Su resurrección nos dieron este mensaje de generaciones. Como creyentes, cuando elegimos caminar por la puerta estrecha, nos hacemos herederos de esta misma promesa hecha a Abraham. Dios le prometió a Abraham que Su bondad y bendición serían reconocibles, y esa misma promesa se extiende a nuestra generación y a las generaciones venideras. Dios todavía decide edificar las generaciones y creo que es a través del poder de la comunidad, la intimidad de las relaciones y el vehículo de la Iglesia que Él continúa revelando al mundo quién es Él.

Sus continuas promesas son a la vez personales y universales, dirigidas a las vidas individuales que forman la Iglesia, el Cuerpo de Cristo. Las promesas de Dios se extienden más allá de las promesas personales que tenemos en nuestros corazones, y nos unen a todos los demás con la esperanza que tenemos en Jesús.

En el Cuerpo de Cristo, todos estamos conectados en una gran red de relaciones espirituales, y Dios nos usa (una generación tras otra) para ayudarnos mutuamente a lo largo del camino de la fe y a través de la puerta estrecha.

El poder de la asociación

El éxito individual es una ilusión; cualquiera que se adjudique todo el crédito por el éxito de su vida permite que el orgullo lo engañe. Incluso detrás de los triunfos aparentemente más individuales hay entrenadores, maestros, conferencistas, familiares, amigos, mentores; una oportunidad creada por otro. El depender los unos de los otros nos lleva a la comunidad y no nos aleja de ella. Es en la comunidad (relación y asociación) que descubrimos las necesidades de los demás, y nosotros respondemos siendo administradores serios y dignos de confianza de lo que nos ha sido dado, buenos administradores de nuestra santa vocación; el resultado es entonces la acción de gracias y la comunidad con Dios. Cuando estamos en relación con nuestro Padre Celestial, Dios nos da Su Espíritu para empoderarnos y equiparnos para hacer lo que Él haría.

El hecho es que nuestro Dios es completamente soberano, omnipotente, y capaz de hacer absolutamente cualquier cosa. Sin embargo, Él elige usarnos, apoyarse en nosotros. Y yo creo que cuando nos apoyamos los unos en los otros, abrimos nuestras manos y abrimos nuestras vidas, Dios sonríe, porque ve que hemos aprendido algo de lo que Él es y lo que quería hacer. Creo mucho en el poder de la asociación. En la Iglesia Hillsong se hace un inmenso énfasis en ser un pueblo conocido por atender generosamente las necesidades y nunca alejarnos de ellas, por elegirnos unos a otros en lugar de elegir el individualismo. Hace años, una familia extraordinaria entró en nuestra iglesia. Barry y Lynn Denton tenían cuatro hijos varones, y comenzaron a asistir a Hillsong motivados por un deseo de rodear a sus hijos de un buen grupo de compañeros y un ministerio juvenil activo.

Muchos años después, cuando estos muchachos se hicieron jóvenes y comenzaron sus propios negocios, dos de los hermanos tomaron la decisión de extenderse y comenzar una compañía de desarrollo; sus habilidades profesionales se complementaban entre sí, y su visión para el futuro era coherente.

En aquel momento nuestra iglesia había estado creciendo rápidamente, y resultaba imposible encontrar un lugar apropiado para reunirnos. Éramos una congregación joven, estábamos apretados económicamente, y yo necesitaba una idea de Dios, que el Espíritu Santo me dijera cómo avanzar. Yo sabía que era poco probable que alguien en nuestra congregación pudiera dar esa cantidad de dinero, pero cien de nosotros juntos podíamos scr parte de un milagro de un millón de dólares. Una tarde, en nuestro primer retiro de hombres, un centenar de hombres se reunieron alrededor de mí para orar por esta provisión y encomendaron lo que parecía un milagro distante a Jehová Jireh: el Señor, nuestro Proveedor. Dos de esos hombres eran los hermanos Denton. Su amor a Dios y el compromiso por construir Su casa les llevó a alinear su llamado a una causa mayor, y ellos conectaron su visión con la nuestra.

De hecho, la declaración de visión de la Iglesia Hillsong comienza con las palabras: «*Alcanzar e influenciar el mundo el mundo* a través de la construcción de una gran iglesia cristocéntrica, basada en la Biblia...». Y la visión de la compañía de los hermanos Denton es: «*Alcanzar e influenciar el mundo a través de* la creación de riquezas por medio de los principios del Reino para los propósitos del Reino». Y eso es exactamente lo que están haciendo: aplicando los principios que han aprendido en la iglesia.

Hoy en día, su exitoso negocio compra grandes parcelas de tierra en Queensland, una parte hermosa y subtropical de Australia, que cuenta con la Gran Barrera de Coral como una de sus muchas joyas. Unos pocos años después de aquella oración original, las habilidades y el trabajo duro de los dos hermanos, acompañado de su determinación y fe, hicieron que su asociación de negocios donara, en un solo año, un millón de dólares para el trabajo de la iglesia. Este es el poder de hacer asociación con la generosidad en mente. Hasta el día de hoy, esos hombres no solo son una parte integral de nuestro equipo de liderazgo de la iglesia, sino que también sus cónyuges, hijos, sobrinas y sobrinos sirven en toda la amplitud de la familia Hillsong, viviendo y llevando una vida de ejemplo. Su elección de asociarse con nuestra iglesia y, en última instancia, con la voluntad de Dios para sus vidas, junto con su generosidad en un nivel práctico, ha dejado visiblemente una huella en las generaciones futuras que entren por nuestras puertas.

Creo que tu éxito y efectividad en la vida, el amor y el liderazgo dependen de tu capacidad para asociarte con personas colocadas estratégicamente junto a ti para la aventura; personas que están dispuestas y son capaces de llevar la visión, correr la carrera, y servir a Jesús juntos. Una generación de relaciones y asociaciones marcadas por Dios para un llamado futuro y un propósito innegable: una generación de Jesús.

Honrar el pasado, construir para el futuro

Nuestra capacidad para abrir un camino para otros depende de los que nos han precedido. En última instancia, podemos remontar este camino hasta los primeros seguidores de Jesús en la iglesia primitiva. Ellos no tenían idea de que estaban comenzando un movimiento que cambiaría el curso de la historia en los siglos venideros; simplemente fueron obedientes y siguieron la dirección del Espíritu de Dios.

Unos años atrás, con pocos meses de diferencia, yo visité las iglesias de dos pastores muy prominentes y de renombre mundial que ya habían partido con el Señor. Ambas iglesias ahora tenían a sus hijos al timón, encargados del liderazgo y el impulso de sus ministerios florecientes. Uno de los hijos al que tuve la oportunidad de visitar (y con quien posteriormente formé una amistad) ha honrado a su padre a cada paso del camino, mientras que en silencio ha conseguido ser fiel a sí mismo y ha cambiado mucho de lo que su padre había establecido. El resultado ha sido un crecimiento y una influencia sorprendentes de su ministerio. Sin embargo, el otro trató desesperadamente de mantener vivo el nombre y el ministerio de su padre y trató de proteger el pasado, en lugar de construir para el futuro. Durante el tiempo que pasé allí, era sorprendente ver por todas partes los tristes recuerdos de días pasados de bendición y mirar alrededor y darse cuenta de que el impulso actual había llegado a un punto muerto y a las cosas evidentemente les faltaba vida y movimiento.

¿La diferencia? Uno honraba el pasado, pero construía para el futuro. El otro carecía de visión para el futuro y trataba de reavivar el pasado.

La verdad es que el mensaje de Jesucristo es intemporal, y es tan relevante hoy como lo fue hace unos dos mil años. Sin embargo, el desafío para todos nosotros es el siguiente: ¿Cómo nos aseguramos de que esta generación escuche el mensaje de una manera relevante, en medio de las otras miles de voces que compiten por su atención? En 1 Crónicas 12 leemos acerca de los ejércitos de David que se preparaban para la batalla. Dios había revelado que era el momento adecuado para que David derrotara a Saúl, y en ese relato en particular, el escritor describe la genealogía del ejército de David y las tribus que le servían. Me encanta la forma en que describe a los hijos de Isacar, en el v. 32: «Los hijos de Isacar, doscientos principales, entendidos en los tiempos».

Al igual que los hijos de Isacar, tenemos que entender nuestro tiempo y saber lo que debemos hacer si queremos alcanzar de forma efectiva a esta y a las futuras generaciones. En otras palabras, tenemos que seguir siendo relevantes y permanecer en contacto con un mundo que cambia drásticamente, sin comprometer la integridad y el poder del mensaje de Cristo. Recuerdo cuando hablé con mi hija, Laura, hace varios años, sobre Hillsong UNITED. Ellos fueron una vez una banda de jóvenes, pero sus vidas desde entonces han madurado. Ahora muchos de ellos tienen sus propios hijos; sin embargo, todavía están cumpliendo sus sueños, rompiendo récords e innovando con nuevos sonidos y letras para los adoradores en todos los continentes del mundo. En lo profundo de mi espíritu (a pesar del éxito continuo de Hillsong UNITED), sentí que era el momento de ser pioneros nuevamente con una nueva generación de Jesús; algo que conectara con los corazones de los jóvenes en edad escolar todavía.

Comenzó un verano a altas horas de la noche, después de una reunión en nuestro campus de la ciudad un viernes por la noche, cuando entré en los ensayos de *Wildlife*, nuestro grupo de jóvenes para estudiantes de secundaria. Me quedé sorprendido al ver a un joven de diecisiete años de edad, parado en el escenario, dirigiendo la alabanza como si hubiera miles de personas en el lugar, aunque en realidad el auditorio estaba absolutamente vacío. Me fui a casa inspirado para hablarle de él a Laura quien, junto con su esposo, Peter, son nuestros pastores de jóvenes. Al describirle mi experiencia, ella me dijo que Aodhan, el joven que había visto, no solo era líder de alabanza, sino también compositor. Esa noche lo había visto ensayando una de sus propias canciones. En cierto sentido, fue en ese momento, y en esa conversación con Laura, que nació *Young and Free*. Se trata de una banda dinámica, formada una vez más con el talento de nuestros propios. Tiene sonidos frescos, y jóvenes dispuestos y llenos de interés y amor por Jesús que están despertando todo un movimiento nuevo entre los adolescentes y adultos jóvenes. Su adoración ha traído nueva vida a nuestra propia iglesia y una increíble sensación de emoción cuando la gente ve que las generaciones se hacen más fuertes.

Siempre he expresado que deseo que nuestra iglesia sea el tipo de iglesia comprometida a empoderar a las generaciones y a darles libertad para que hagan cosas aún más grandes que mi generación, o las anteriores. En Salmos 45:16 leemos: «En lugar de tus padres serán tus hijos, a quienes harás príncipes en toda la tierra».

En lugar de tus padres serán tus hijos. Creo que como iglesia estamos llamados a establecer constantemente príncipes en toda la Tierra: a levantar a reyes. Debemos traer a personas, tanto hombres como mujeres, jóvenes y adultos, Al cuerpo de Cristo y al destino que Dios les ha dado; ayudarles a vivir una vida totalmente abierta, espaciosa y construir un futuro glorioso. Debemos llevar el mensaje de Jesús y ver Su reino avanzar, más fuerte en cada generación. Si piensas en los padres en términos de lo conocido, lo esperado, lo probado, lo establecido, entonces puedes pensar en los hijos como lo opuesto. Los hijos no han sido probados, son desconocidos, sin experiencia, impredecibles. Nuestra naturaleza humana nos dice que debemos seguir con lo establecido y probado. Sin embargo, creo que Dios quiere que sigamos avanzando hacia lo que es desconocido y sin experiencia, que miremos hacia adelante con un espíritu de imprevisibilidad y con espíritu de aventura.

No me malinterpretes; tenemos la responsabilidad de honrar, cuidar y amar a nuestros padres… pero tenemos una obligación para con los hijos. Tengo un profundo sentimiento de gratitud hacia los que se han estado conmigo y Bobbie a través de todas las etapas de la vida de la iglesia. A través de los altos y bajos, las alegrías y las penas, las etapas de crecimiento y las de frustración total. Pero también he visto envejecer demasiados ministerios, felizmente ignorantes de la disminución de su impacto, influencia y relevancia mientras sus entornos envejecen junto con ellos. Estoy decidido a no permitir que eso ocurra. Tenemos que honrar el pasado, pero también construir el futuro. Conectados con el mundo en que vivimos, pero posicionados para traer esperanza, amor y respuestas a las personas de todos los ámbitos y experiencias de la vida.

Las personas no están buscando una religión rancia; lo que quieren es saber que Dios puede marcar una diferencia en sus vidas, sus familias, sus relaciones y en su lugar de trabajo hoy en día, ¡y Él sí puede! Si tenemos un enfoque generacional en todo lo que hacemos, nuestra fe seguirá aumentando, e inevitablemente un incontable número de vidas seguirán siendo cambiadas.

Recientemente estuve pensando acerca de esto en relación al Salmo 44. Aquí los hijos de Coré reflexionaban sobre los buenos viejos tiempos, los días en que Dios estaba con sus antepasados, en contraste con los días que estaban viviendo ahora, cuando sentían que Dios los había abandonado. En este Salmo ellos exclaman: «Oh Dios, nuestros oídos han oído y nuestros padres nos han contado las proezas que realizaste en sus días, en aquellos tiempos pasados: Con tu mano echaste fuera a las naciones y en su lugar estableciste a nuestros padres; aplastaste a aquellos pueblos, y a nuestros padres los hiciste prosperar» (Sal. 44:1-2, NVI).

¿Qué dirán las próximas generaciones cuando miren hacia atrás en la historia del siglo XXI? ¿Se maravillarán, al igual que los hijos de Coré, por la obra de Dios, el progreso de la Iglesia y el avance del reino? Ciertamente eso espero. Creo que tenemos la responsabilidad de la leyenda y el legado que dejaremos a las generaciones venideras. No tenemos ningún control sobre cómo las generaciones futuras administrarán lo que les sea entregado, pero podemos prepararlos para ganar enseñándoles cómo «amar a Dios, amar a las personas y amar la vida».

Si nuestro compromiso serio como creyentes y líderes individuales está cumpliendo con esto y enseñando a otros a hacer lo mismo, creo que la Iglesia nunca se desvanecerá en la falta de relevancia.

El futuro espera…

Mientras todos hagamos nuestra parte, la Iglesia seguirá creciendo con más fuerza. Su fundamento es Jesús, Sus manos y pies somos tú y yo, y su futuro son los que están aún por venir. Piensa en esto: cuando compartimos el Evangelio con nuestro vecino o la señora de la caja del supermercado, no solo estamos compartiendo con una persona, sino también con sus familiares, y muy posiblemente las familias de sus familias. Cuando damos generosamente, hacemos lo que Jesús dijo que estaba haciendo: edificando Su Iglesia. Construimos Su Iglesia para que los que aún no están viviendo la vida abierta y espaciosa, los que aún no han pasado por la puerta estrecha, puedan llegar a conocer al Dios de todos los siglos.

Me encanta ver a Dios levantar gente de una vida de pecado y desesperación, y no solo cambiar sus vidas, sino también las de otros que les rodean a través de ellos. Brenden es uno de esos.

Brenden creció como monaguillo en la Iglesia católica; sin embargo, a la edad de catorce años, un amigo de diecisiete le ofreció drogas y alcohol en una fiesta. Y allí fue donde todo comenzó... fin de semana tras fin de semana, fiesta tras fiesta y sustancia tras sustancia, su vida se salió de control. A los veinte años, Brenden vivía alocadamente; su vida estaba llena de incertidumbre y vacío. Al vivir sin propósito, se adentró más en el mundo de las fiestas y se convirtió en gerente de un local nocturno donde sus hábitos destructivos no solo eran alimentados sino animados.

Una noche, a la temprana edad de veintitrés años, Brenden salió dando tumbos de un local nocturno después de ingerir una mezcla letal de sustancias. Él recuerda cómo todo daba vueltas; no podía respirar y se sentía envuelto por el miedo en su corazón al darse cuenta de que podría haber ido demasiado lejos. Brenden describe que se sentó en una alcantarilla sucia, donde habían botellas vacías y basura a sus pies, mientras luchaba para mantener el control a la vez que su cuerpo manifestaba la destrucción de su sobredosis. Su cuerpo temblaba y su corazón latía con fuerza cuando miró más allá de las luces de la ciudad, al cielo nocturno y gritó: «Dios, si eres real, estoy asustado. Por favor, ayúdame a salir de este lugar, ¡soy demasiado joven para morir!»

Dios no solo respondió a su oración, sino que también durante los siguientes seis meses mandó gente a la vida de Brenden que compartió con él la historia de amor, esperanza y redención de Dios. Personas que lo amaron y le dijeron que Dios también lo amaba, tal y como era. En marzo de 2001, dos de los amigos de Brenden lo invitaron a asistir a la iglesia; nuestra iglesia.

Brenden recuerda las filas fuera de nuestro auditorio central y recuerda haber pensado: *¿Qué clase de lugar es este? He visto hacer colas en las discotecas, ¡pero nunca en una iglesia!* Esa noche él tuvo un encuentro Dios, respondió al llamado para ir al altar de salvación, y abrió su vida a la obra salvadora de Jesucristo. Durante los años siguientes, tuve el privilegio de observar a Brenden cambiar no solo su estilo de vida, sino también asistir al Instituto Bíblico Hillsong y contribuir muchísimo a la vida de nuestra iglesia. La pasión de Brenden por ver cambiadas las vidas de otras personas lo ha llevado a compartir su historia y el evangelio con muchos otros, incluyendo sus propios padres, su único hermano, e incluso la hermosa mujer que se convirtió en su esposa.

Ahora observo con gran gozo cómo Brenden y Jacqui pastorean nuestro campus en Burwood, en el oeste de Sídney, y traen nuevas personas continuamente a la iglesia; sus dos hijos pequeños adoran con los brazos extendidos en los programas de nuestros niños, y sus propias familias no solo han encontrado a Jesús, sino que también sirven en la Casa de Dios. Todo un legado familiar cambiado por la poderosa historia de un encuentro, una invitación, una decisión.

Como puedes ver, no hay que construir simplemente para lo que vemos de modo inmediato, sino para el potencial de las generaciones futuras, las que todavía no han conocido a Jesús, quienes se sentarán un día en nuestros asientos, se pararán sobre nuestros hombros, y harán cosas más grandes que las que nosotros hayamos hecho jamás.

Mantén el futuro en tu vista. Toma la decisión en este momento de elegir el camino de bendición que Dios ha dispuesto para ti en la Biblia, el Santo Llamado y la puerta estrecha, de forma tal que mucho después que tú te hayas ido, tu legado de bendición viva en las generaciones venideras. ¡Honra el pasado, vive el presente y construye para un futuro glorioso!

> «*Generación a generación* celebrará tus obras
> y anunciará tus poderosos hechos»
> (Sal. 145:4; énfasis añadido).

CUARTA PARTE

Un futuro glorioso

CAPÍTULO DIECISÉIS

Una fe robusta

Mi mirada en ti pondré.
Tu palabra declararé.
Aunque no pueda ver hablaré en fe.
Vivo estoy en ti.

«Todo es nuevo» Hillsong Music, 2014

La abuela Diamond era anciana. Muy anciana.

Como parte de la Gran Generación, alcanzó la mayoría de edad durante la Gran Depresión; una realidad que convirtió a esta pequeña y dura dama en la mujer que era. Cuando conocí a la abuela Diamond, era anciana y pequeña de estatura; creo que al cumplir diez años yo era más alto que ella. Era frágil y encorvada, ¡pero vaya si tenía un buen par de pulmones! La iglesia donde crecí en Lower Hutt (Nueva Zelanda) era una iglesia vibrante, con varios cientos de asistentes cada domingo por la mañana; aun así, siempre había una voz que sobresalía por encima de todas: la abuela Diamond. Siempre estaba uno o dos compases por delante de los demás, y por el tono y el ritmo de sus himnos melódicos siempre se sabía que la abuela Diamond estaba en la iglesia, ¡a pesar de que no se la veía al ser tan pequeña!

Recuerdo haber oído una historia sobre la abuela Diamond que describe perfectamente la postura de su fe. Al parecer, un día, hace muchos años, mientras esperaba para tomar su tren a casa, se desplomó en el andén de la estación. Los transeúntes inmediatamente llamaron a una ambulancia y en pocos minutos los paramédicos estaban en la escena, de rodillas sobre aquella mujer pequeña y aparentemente frágil. Pero la abuela Diamond no quería saber nada. A pesar de que estaba sobre el andén y respiraba con dificultad, se puso a cantar y a adorar a todo pulmón. Se resistió a los paramédicos, y para sorpresa de todos, se puso de pie y finalmente caminó todo el trayecto hasta su casa, sin dejar de cantar y alabar a Dios. La fe de la abuela Diamond era robusta, musculosa y valiente, era el tipo de fe que dejaba una huella en un joven muchacho. Finalmente murió poco antes de cumplir los cien años, y me imagino que todo el Cielo puede oírla alabar, un poco fuera de compás y un tanto desafinada, pero más fuerte que todo el ejército celestial.

Una fe robusta tiene muy poco que ver con la estatura o fuerza física, y todo que ver con el músculo espiritual. Me imagino que la abuela Diamond es el tipo de persona que se menciona en Hebreos 11, a menudo llamado el «Salón de la fama de la fe». Estas personas muestran el tipo de fe necesaria para poder disfrutar de todo lo que te espera en el propósito que Dios te ha dado, el tipo de fe que hace falta para vivir salvo, llamado, y cumpliendo con el glorioso futuro que Dios tiene para ti..

El salón de la fe

Hebreos 11 enumera casi todas las personas extraordinarias del Antiguo Testamento, y sus historias. Comienza definiendo su enfoque: «Es, pues, la fe la certeza de lo que se espera, la convicción de lo que no se ve. Por ella alcanzaron buen testimonio los antiguos» (vv. 1-2). Estos ancianos de la fe incluyen a Noé, Abraham y Sara, Jacob, José, Moisés, Rahab, Samuel y David, entre muchos otros. Su «buen testimonio» es el legado de fe que ellos dejaron, la historia de cómo confiaron en Dios en medio de pruebas y obstáculos enormes.

Es evidente que no era su propio poder el que alimentaba las victorias de estas personas. En realidad fue debido a sus debilidades que Dios les permitió hacer hazañas asombrosas: conquistar reinos, dominar leones, apagar incendios, esquivar espadas y ganar batallas cuando el enemigo los superaba abrumadoramente (Heb. 11:33-34). ¡Me parece una fe muy valiente! No sé tú, pero a menudo me vendría bien una fe valiente como esa. Valor para compartir mi fe, para hacer lo correcto. Valor para vivir bien, liderar bien y amar bien. Valentía para enfrentar los desafíos y aferrarme con firmeza a las promesas de Dios.

La Biblia habla con frecuencia de esta batalla de la fe. Cuando no tienes los recursos o las oportunidades, no tienes soluciones propias, ni nadie a quién recurrir en medio de una batalla, es cuando te ves obligado a confiar en la capacidad de Dios para proveer y satisfacer tu necesidad. Si todo fuera siempre bien en la vida, entonces no tendríamos que depender de la fe o la confianza en Dios. Bien podríamos estar viviendo de nuevo en el jardín del Edén. Pero no es allí donde estamos. Vivimos en un mundo contaminado por el pecado humano, un mundo de tentaciones y engaños, un mundo que Dios salvó a través del don del sacrificio de Su Hijo en la cruz. Por lo tanto, se nos llama más que vencedores (Ro. 8:37) para reflejar la verdad de que estamos llamados a librar una batalla de la fe a lo largo de nuestras vidas. ¿Eres capaz de tener esa clase de fe? ¿Estás listo y armado para la lucha?

A veces es fácil tener fe cuando todo va bien, pero la fe valiente, la fe robusta, solo se forja cuando se pone a prueba.

Reinos conquistados

La fe de Josué fue puesta a prueba. En realidad, Josué 1 comienza con un anuncio de Dios:

> Mi siervo Moisés ha muerto. Ahora, pues, levántate y pasa este Jordán, tú y todo este pueblo, hacia la tierra que yo les doy a los hijos de Israel. Yo os he entregado, tal como lo dije a Moisés, todos los lugares que pisen las plantas de vuestros pies. Desde el desierto y el Líbano hasta el gran río Éufrates, toda la tierra de los heteos hasta el Mar Grande donde se pone el sol, será vuestro territorio. Nadie podrá hacerte frente en todos los días de tu vida: como estuve con Moisés, estaré contigo; no te dejaré ni te desampararé.
>
> Esfuérzate y sé valiente, porque tú repartirás a este pueblo como heredad la tierra que juré dar a sus padres. Solamente esfuérzate y sé muy valiente, cuidando de obrar conforme a toda la Ley que mi siervo Moisés te mandó; no te apartes de ella ni a la derecha ni a la izquierda, para que seas prosperado en todas las cosas que emprendas. Nunca se apartará de tu boca este libro de la Ley, sino que de día y de noche meditarás en él, para que guardes y hagas conforme a todo lo que está escrito en él, porque entonces harás prosperar tu camino y todo te saldrá bien. Mira que te mando que te esfuerces y seas valiente; no temas ni desmayes, porque Jehová, tu Dios, estará contigo dondequiera que vayas. (Josué 1:2-9)

Josué debía haber estado esperando ese llamado desde hacía algún tiempo. En este pasaje, el Señor le dice a Josué: «Moisés ha muerto, ¡y ha llegado tu momento! Toda esta tierra será de ustedes».

Como puedes ver, Josué guió a Israel en la conquista de la Tierra Prometida. Él era un comandante militar y un líder nacional. Como ayudante de Moisés, estuvo siendo preparado para este momento desde mucho antes. Creo que Dios hace eso. Él le estaba enseñando a Josué lo que necesitaba saber para convertirse en un líder conforme al corazón de Dios, pues sabía muy bien lo que le depararía el futuro. La formación previa de Josué nos demuestra cómo Dios puede utilizar las experiencias de tu vida para equiparte y prepararte antes de llamarte a hacer cosas aún mayores. Es la preparación para un futuro glorioso.

Por lo tanto, después que Josué escuchara su llamado, todo debería haber sido muy emocionante, muy fácil. Pero ¿por qué Dios necesitaba repetirle una y otra vez que se esforzara y fuera valiente? ¿Quedaba algo pendiente? En realidad, ¡quedaban treinta y un reyes!

¿Lo comprendes? Josué tenía treinta y un reyes en su camino, treinta y un reyes que debía derrotar para entrar en la tierra prometida. Estos reyes eran las barreras no mencionadas o, más bien, las *montañas* que Josué necesitaba mover para poseer el glorioso futuro prometido a su pueblo.

La fe que mueve montañas

La Biblia habla de la fe que es lo suficientemente fuerte como para mover montañas. Ahora bien, ¡esto requeriría algo de fuerza! Jesús dice en Mateo 21:21-22: «De cierto os digo que si tenéis fe y no dudáis, no solo haréis esto de la higuera [acababa de maldecir y secar la higuera], sino que si a este monte le decís: "¡Quítate y arrójate al mar!", será hecho. Y todo lo que pidáis en oración, creyendo, lo recibiréis».

Es una idea bastante loca, pero me gustaría mover algunas montañas. Yo adoraba practicar *snowboarding*. Creo que una de las primeras cosas que haría con este tipo de fe es llevar la montaña más grande de Australia (7.310 pies/2.228 m) para Francia, y después traería los Alpes franceses a Australia. Pero estoy seguro de que eso no es lo que Jesús quiso decir.

Lo que quería decir es que todos vamos a encontrar problemas que se convierten en montañas en nuestras vidas. Tal vez puedas identificar las montañas que hay actualmente frente a ti. Tal vez tus montañas o tus treinta y un reyes tienen nombres como «deuda», «ruptura matrimonial», «depresión» o «cáncer».

A veces, percibimos nuestros problemas como una montaña que cubre todo el parabrisas de nuestro auto y bloquea nuestra visión del camino a seguir. El único remedio, la hoja de ruta para atravesar el paso rocoso, superar la última curva y ver la montaña desaparecer en nuestro espejo retrovisor, es aferrarnos a la Palabra de Dios y permanecer firmes en nuestra fe. Estas «excursiones de montaña» son las que dan lugar a los testimonios. Aquella montaña que estaba frente a ti, una montaña que parecía increíblemente grande, rocosa, resbaladiza y amenazante, se ha movido y ahora está en el pasado mediante el poder que hay en el nombre de Jesús. En más de treinta años de ministerio, me he enfrentado a algunas grandes montañas, muchas de ellas las he mencionado en este libro. He recibido críticas de la prensa, he sufrido decepciones con personas, he tenido crisis de confianza, problemas familiares y dificultades financieras. Al igual que Josué, creo que la fe va acompañada de la pelea cuando hay tierras o territorios en juego. Si te enfrentas a una montaña, anímate. Si estás ganando terreno, el diablo lo está perdiendo, y las fuerzas de la oscuridad contrarias a las promesas de Dios odian perder territorio. La fe es la respuesta, y una fe robusta y dispuesta es la clave. Porque la única manera de derrotar treinta y un reyes es enfrentarlos uno a uno.

Robusta y dispuesta

Para que nuestra fe sea duradera y se mantenga firme en medio de contratiempos y desafíos, debemos ejercitarla y fortalecerla. La fe que se requiere para sobrevivir los más duros golpes de la vida debe ser fuerte, musculosa, robusta y resistente. La palabra *robusta* significa 'fuerte y saludable; resistente y vigorosa'. Una vez que hemos hecho el compromiso de seguir a Jesús y vivir la vida cristiana, a veces ignoramos nuestra continua necesidad de ejercitar y practicar lo que creemos. Sin embargo, nuestros músculos espirituales son muy similares a los de nuestro cuerpo y necesitan actividad de forma regular para crecer y permanecer fuertes y sanos.

Sin ejercicio físico regular, nuestros músculos se atrofian, se debilitan hasta el punto que ya no funcionan adecuadamente. Si no ejercitamos nuestra fe todos los días, entonces se debilita y resulta incapaz de hacer frente a las pruebas y tentaciones que inevitablemente enfrentamos. Las personas que fortalecen su fe y crecen en su confianza y amor a Dios saben que ello requiere un enfoque correcto. Saben que tenemos que mantener nuestra fe en Jesús, no en otras personas ni en los bienes materiales o incluso en la Iglesia.

Basada en tu relación con Cristo, tu fe crece con el tiempo frente a cada nuevo desafío, batalla u obstáculo. Aprendes a confiar en Dios más allá de lo que puedes ver, sentir, saber o incluso imaginar. Especialmente cuando sucede lo impensable, entonces tienes que confiar en que Dios proveerá algo igualmente inimaginable, algo mayor que lo que puedes concebir desde tu perspectiva actual.

¿Por qué íbamos a ser llamados vencedores si no había nada que vencer? Nunca se nos hubiera llamado más que vencedores si no hubiera nada que derrotar; y si la vida no tuviera ningún tipo de obstáculo o desafío, la fe no tendría ningún sentido. Por lo tanto, no te desanimes cuando surjan los retos. La Palabra de Dios dice que Su poder se perfecciona en nuestra debilidad (ver 2 Co. 12:9) y que nuestra fe será refinada por el fuego (ver 1 P. 1:7).

La constante fe de una nación

Cuando mi hijo mayor, Joel, cumplió 21 años, tomé la decisión impulsiva de que él y yo debíamos pasar algún tiempo juntos en Nueva York. Nos habíamos distanciado un poco en nuestra relación debido a las presiones de un padre atareado y un hijo que entraba a la adultez y trataba de descubrir quién era y para qué vivía. Íbamos a estar en Nueva Jersey como parte de una gira de alabanza de Hillsong, e hice los ajustes necesarios para quedarnos en Nueva York unos días más para disfrutar de la ciudad y asistir a algunos partidos del Abierto de los Estados Unidos de tenis, una de las cosas que siempre había querido hacer.

Fue un gran viaje. Tuvimos una increíble noche de adoración en la iglesia de Nueva Jersey, donde el pastor, ya entrado en años y a punto de retirarse, vio hacerse realidad una profecía. Había tenido la certeza de que vería su santuario lleno antes de que finalizaran sus días. Y esa noche no solo se abarrotó el santuario, sino también el gimnasio, y cientos más se agruparon frente a una gran pantalla al aire libre. Más tarde esa noche, todavía emocionados por lo ocurrido, decidimos ir a Manhattan para comer algo. Entonces, como suelen hacer los turistas, entramos en el corazón de Times Square. Algunos miembros de nuestro equipo nunca habían visitado los Estados Unidos, mucho menos la Gran Manzana, así que, como podrás imaginar, estaban maravillados. Nos quedamos en Broadway y miramos hacia el centro, a las torres del World Trade Center, de pie, más altas que cualquier otra cosa en la distancia. Era septiembre de 2001.

Al día siguiente, el equipo fue a visitar la Iglesia Lakewood en Houston (Texas), y Joel y yo nos quedamos en Manhattan por un par de días. Efectivamente, asistimos al partido de la semifinal masculina del Abierto de los Estados Unidos. Como nos encontrábamos en la parte superior de las gradas, podíamos ver el majestuoso horizonte de Nueva York, a varias millas de distancia, del otro lado del río Este. Esa tarde conversamos específicamente sobre la maravilla de aquellos edificios de fama mundial, y le dije a Joel que una vez un pequeño avión ¡se estrelló contra el edificio Empire State! Luego empezamos a hablar de las atrocidades del tiroteo en la escuela Columbine en Colorado y del presunto plan de los asesinos de robar un pequeño avión y estrellarlo contra el World Trade Center. Tanta tragedia en el mundo, y no teníamos ni idea de lo que estaba a punto de suceder.

Disfrutamos del resto de los partidos (Lleyton Hewitt, un conciudadano australiano, había vencido a Pete Sampras en la final de los hombres), luego volamos a Houston y luego a Atlanta. Allí, solo dos días después, Joel y yo nos sentamos en nuestra habitación del hotel para ver con incredulidad cómo lo impensable se convertía en realidad. La horrible destrucción acontecida en el corazón de Manhattan y en el Pentágono. Nos sentimos destrozados, y nuestras oraciones se unieron a las de muchos millones de personas en todo el país y el mundo.

La semana siguiente, con todos los vuelos suspendidos, quedamos en efecto atascados en los Estados Unidos, pero no había ningún otro lugar en el que desearía haber estado. Fue entonces que mi amor por los Estados Unidos y su pueblo se arraigó a un nivel aún más profundo; cuando fui testigo de muchos grandes momentos de unidad, sacrificio y amor que ejemplifican el corazón de Dios en medio del caos. Así, muchos estadounidenses encontraron la forma de reunirse y expresar su amor, los unos por los otros, y su apoyo a su valiente país.

Nunca olvidaré tantas banderas al viento y un espíritu de patriotismo tan evidente en todas partes. Nunca olvidaré la generosidad y hospitalidad del Pastor Jentezen Franklin y su esposa, Cherise, nuestros anfitriones en Georgia, quienes permanecieron junto a más de veinte australianos imposibilitados de volar hacia nuestro siguiente destino. Era una sensación surrealista, sin aviones en vuelo y con solo unos pocos negocios abiertos.

Finalmente, logramos alquilar un autobús para continuar nuestro recorrido. Pero no era un autobús turístico de esos a los que nuestros grupos musicales están acostumbrados, construidos para que los músicos y las bandas viajen entre ciudades y estados. No, era un autobús escolar normal con asientos hechos para niños, y ciertamente sin ninguna de las comodidades del hogar. Pasamos 17 horas en ese autobús durante la noche, tratando de dormir en posición vertical, y finalmente llegamos a Saint Joseph (Missouri), listos para nuestra siguiente noche de adoración.

Tuvimos el privilegio de estar en Arizona ese fin de semana para las reuniones dominicales en la Primera Asamblea de Phoenix. Ese día, de pie junto al Pastor Tommy Barnett, sentí las lágrimas rodar por mis mejillas mientras la congregación cantaba «América, América, Dios derramó Su gracia sobre ti». Nunca he visto o sentido tanta pasión y patriotismo como el que sentí en esa reunión y a lo largo de esa semana.

Joel y su familia viven ahora en el bajo Manhattan. Es copastor y parte del equipo en la congregación de la Iglesia Hillsong que fundamos en la ciudad de Nueva York, a solo unas cuadras de la Zona cero y el monumento conmemorativo. Irónicamente, el amor de Joel por esa gran ciudad se inició con nuestro viaje de padre e hijo en 2001. Tantas cosas han cambiado en los Estados Unidos, y ciertamente en el mundo, desde aquel terrible acontecimiento, pero mi impresión de primera mano respecto a la forma en que la nación se levantó y se mantuvo valientemente unida es que fue un gran ejemplo colectivo de fe robusta, musculosa y valiente. No es la fuerza militar sino el valor en el combate; y creo que a eso es a lo que debemos aspirar en nuestro caminar personal con nuestro Padre.

A veces ocurren cosas terribles (tsunamis y terremotos, ataques terroristas y conflictos militares, epidemias y desastres) pero sin importar cuán devastadoras puedan ser, aún tenemos la esperanza. Y esta esperanza que tenemos es un ancla para nuestra alma; es viva y sana, vibrante y dinámica, trae alegría a los que lloran y paz a los que luchan.

Por la fe podemos conquistar reinos, obtener promesas, mover montañas y cerrar la boca a los leones. Por la fe podemos entrar en la voluntad de Dios para nuestras vidas aquí y en la eternidad. Persigue con fe el destino que Dios te ha dado. Enfrenta montañas inconquistables y poderosos «reyes» con fe.

El rey David, quien se enfrentó a un sinnúmero de retos pero vivió por fe, expresó al final de su vida: «Joven fui y he envejecido, y no he visto justo desamparado» (Sal. 37:25).

Tapar la boca del león

Para fortalecer tu fe, para que sea robusta y musculosa y puedas abrir la puerta del futuro glorioso de Dios, debes enfrentar al enemigo. O bien, como se describe en Hebreos, tapar «bocas de leones» (ver Heb. 11:33). Esta frase se refiere a la historia de Daniel en el foso de los leones, pero no es casualidad que también se compare al diablo con un león. «El diablo, como león rugiente, anda alrededor buscando a quien devorar» (ver 1 P. 5:8). El enemigo intenta destruirnos, tentarnos y alejarnos de Dios.

Ya sea que estés cerrando literalmente la boca de un león, como Daniel, o que estés en medio de una batalla espiritual, es necesario que poseas una fe fuerte y musculosa. Ambas situaciones requieren también decisiones intencionales de tu parte. En cuanto al enemigo, una de las mejores decisiones que puedes tomar para fortalecerte es no darle lugar en tu vida.

¿En qué áreas le gustaría al diablo devorar tus energías y agotar tu fe? Recuerda, él es un enemigo derrotado que tiene los días contados. En ocasiones pensamos que pretende dar una gran dentellada a nuestras vidas, y a veces lo intenta, pero a menudo pienso que son los pequeños mordiscos de cada día los que quiebran nuestra fe. ¿Qué es lo que el enemigo está tratando de robarte para impedir tu relación con Dios? ¿Cómo te distrae el diablo con sus rugidos y sus grandes dientes? ¿Dónde necesitas tomar una postura firme y cerrar la boca del león?

A veces pienso que pasamos mucho tiempo huyendo del diablo, cuando lo que tenemos que hacer realmente es permanecer firmes en nuestro terreno. La Biblia no nos enseña a huir del diablo; nos enseña a acercarnos a Dios, para resistir al diablo, y entonces él huirá. No necesitamos preocuparnos por escapar del diablo y tratar de escondernos de él. Simplemente tenemos que centrarnos en acercarnos a Dios y en Su propósito para nuestras vidas. Así es como mejor resistimos al diablo. Cuando él ve que nos acercamos más y más a Dios, cuando observa cómo los músculos de nuestra fe se hacen más grandes y fuertes, se ve obligado a aceptar la derrota. El glorioso futuro que Dios tiene para ti es demasiado importante y demasiado valioso como para que permitas que el enemigo te lo robe. El diablo no es más que un impostor que anda como un león rugiente, haciendo mucho ruido e intimidando a las personas. Pero a veces, cuando huimos, terminamos cayendo en las trampas que él ha puesto para nosotros. Alguien me dijo que cuando se oye un rugido de león en la selva, ese no es el mayor peligro. Al parecer, los leones machos, con sus grandes melenas y feroces mandíbulas, escogen un lugar apropiado y desde allí lanzan sus tremendos rugidos. Su presa entonces corre en la otra dirección, donde la leona, su compañera, espera en silencio.

En ocasiones, no es de lo que huimos lo que tiene poder sobre nosotros; es la acción de huir la que nos aleja de Dios. Nos centramos en nuestro propio miedo en lugar de mantenernos firmes en nuestra fe y confiar en Dios para superar las trampas del enemigo.

Es necesario tener una fe robusta para enfrentar el diablo. ¿Cómo? Acercándonos a Dios. Una de las mejores maneras de acercarse a Dios es a través del poder de la adoración. La adoración no es solo canciones bonitas. La adoración se centra en quién es Dios; se centra en la grandeza de Dios. Cuando cantamos, magnificamos y glorificamos a Dios y Su carácter. Si Él se hace más importante en nuestra atención y más grande en nuestros corazones, entonces nuestros problemas no tienen espacio para crecer. El diablo pierde terreno para plantar sus dudas, temores y trampas. Dios recibe la gloria, y obtenemos la fe firme y robusta que puede hacer retroceder al diablo.

No vivimos temerosos del diablo porque Jesús nos ha dado la victoria definitiva. Tenemos la promesa de Cristo de gracia, perdón y vida eterna, que abre un futuro glorioso en nuestras vidas. Ya no estamos atrapados por los pecados de nuestro pasado, los errores y los dolores que nuestro enemigo intenta utilizar para hacernos tropezar. Podemos derrotar sus intentos de intimidarnos y sus mentiras sobre quiénes somos y quién es Dios. Somos hijos del Rey y podemos reclamar las promesas de nuestro Padre. Como Josué en la tierra prometida, todavía tenemos que luchar algunas batallas, pero la victoria ya es nuestra.

¡Tu glorioso futuro está asegurado!

CAPÍTULO DIECISIETE

Mi Señor, mi Dios

Te amo Dios, te adoraré
Tu amor restauró mi esperanza y fe.
Mi vida doy para honrar
Tu amor Señor, Rey Salvador.

«Rey Salvador» Hillsong Music, 2007

Bobbie es probablemente la mejor esquiadora en nuestra familia, pero tal vez eso se debe a que el resto de nosotros practicamos *snowboard*; eso es lo que nosotros los jóvenes hacemos. A la hora de hacer *snowboard* puede que yo sea la persona más mayor y más lenta, pero nuestros hijos compensan mi falta con su destreza. Al principio comencé a practicarlo con la intención noble (pero ingenua) de pasar más tiempo de calidad con ellos. Sin embargo, después de una caída particularmente desagradable que terminó en una cirugía para mí, con placas y clavos introducidos en el codo, se hizo evidente que a lo mejor había maneras más fáciles de pasar tiempo gratificante en familia con mis hijos adultos. No obstante, sí logré algo para la familia a través de mis esfuerzos en el *snowboard*: mis aventuras han sido el blanco de horas de historias familiares, acompañadas de mucha alegría y risas alrededor de la mesa de los Houston. Pero esto no era exactamente lo que tenía en mente.

En una ocasión, nuestros chicos nos convencieron a Bobbie y a mí a ir en el telesilla hasta un pico montañoso particularmente alto. Al bajarnos en la cima de la montaña, Bobbie tenía claras dudas, pero nuestros hijos suelen ser muy persuasivos, y nosotros nos unimos en nuestro compromiso a enfrentar cualquier cosa que tuviéramos por delante. Partimos juntos, pero después de avanzar varios cientos de metros por una pendiente relativamente fácil, todo empezó a cambiar. Los diamantes negros en las señales nos avisaban peligroso camino por delante.

Ya era demasiado tarde para regresar al remonte, así que no había más remedio que continuar estoicamente hacia la incertidumbre que nos esperaba. No pasó mucho tiempo antes de que estuviéramos parados en el borde de un verdadero acantilado con una impresionante caída en picada. Esto no imponía ningún desafío real para los chicos, que en un momento pasaron más allá y desaparecieron a través de la línea de árboles, como era normalmente la forma de hacerlo. De alguna manera, yo también logré hacer milagrosamente mi recorrido hacia abajo, esquivando los peligros y abriéndome camino hasta un lugar más seguro.

Desafortunadamente, para Bobbie, no fui muy caballeroso ese día. En lugar de eso, se quedó en el borde del acantilado para valerse por sí misma, mientras que todos los hombres en su vida se habían ido. Se encontró literalmente clavada en la pared de esta montaña cubierta de nieve, ¡sabiendo que no tenía dónde ir sino hacia abajo! Al ver su vacilación y al comprender su miedo, un amable caballero se detuvo a su lado, echó un vistazo al acantilado, y dijo: «Señora, tiene que enfrentar la montaña».

Así que eso fue exactamente lo que hizo. Finalmente, mi valiente esposa se abrió camino de regreso al pie de la montaña sana y salva, con una historia que contar. A veces, cuando uno se siente acorralado por la vida, cercado por circunstancias que distan mucho de ser ideales, hay que hacer lo mismo y enfrentar la montaña. Tú tienes que dar ese salto de fe, confiando en que Dios te guiará y te llevará a través de las pruebas y tentaciones que estás enfrentando. Muchas veces la vida es como tratar de esquiar sobre el borde de un precipicio cuando no se puede ver un camino hacia abajo. No hay manera de dar marcha atrás y no hay manera de seguir adelante. Uno se siente atrapado y asustado, sin ninguna esperanza. Estos son los momentos en los que debes ejercer tu fe como nunca antes, dando un paso hacia el futuro glorioso que Dios tiene para ti a pesar de que no puedas ver lo que hay por delante. Hay momentos en la vida cuando simplemente tienes que enfrentar tu montaña.

Dudas y decepciones

Seguir a Jesús en la gran aventura de una vida llena de fe implica asumir riesgos. Mantener tus ojos en el Señor, mientras Él te llama a entrar al agua, a lo incierto donde tus pies pueden fallar, como le pasó a Pedro, nunca es fácil. Los miedos y las dudas te asaltan y te gritan todas las razones por las que no puedes o no debes hacer lo que Dios te llama a hacer. Por espantoso que pueda ser a veces, debes estar dispuesto a seguir adelante, y ser fiel en las cosas pequeñas mientras le pides a Dios la fuerza, el valor y los recursos para dar el siguiente paso.

En estos momentos oscuros en la vida, cuando la incertidumbre del futuro te aterroriza, necesitas un tipo de fe más profunda y enérgica. Estos son los momentos cuando Dios te pide que no solo confíes en Él, sino que también le entregues todas las áreas de tu vida. A menudo asumimos automáticamente que conocer a Dios es lo mismo que hacerlo Señor de nuestras vidas, pero estoy convencido, sobre todo cuando enfrentamos las encrucijadas y pruebas de la vida, que hay que entregarse a Dios como nuestro Señor. Nada puede abrir la puerta a tu futuro glorioso como experimentar una revelación personal del señorío de Jesús sobre tu vida.

Vemos este tipo de revelación en uno de los discípulos de Jesús, un hombre que quería creer, pero necesitaba una prueba concreta para reforzar su fe: Tomás. Observa el motivo de las dudas de Tomás y la forma en que lo llevaron a su revelación especial, y muy singular con el Cristo resucitado.

> Pero Tomás, uno de los doce, llamado Dídimo, no estaba con ellos cuando Jesús se presentó. Le dijeron, pues, los otros discípulos:
> —¡Hemos visto al Señor!
> Él les dijo:
> —Si no veo en sus manos la señal de los clavos y meto mi dedo en el lugar de los clavos, y meto mi mano en su costado, no creeré.
> Ocho días después estaban otra vez sus discípulos dentro, y con ellos Tomás. Llegó Jesús, estando las puertas cerradas, se puso en medio y les dijo:
> —¡Paz a vosotros!
> Luego dijo a Tomás:
> —Pon aquí tu dedo y mira mis manos; acerca tu mano y métela en mi costado; y no seas incrédulo, sino creyente.
> Entonces Tomás respondió y le dijo:
> —¡Señor mío y Dios mío!
> Jesús le dijo:
> —Porque me has visto, Tomás, creíste; bienaventurados los que no vieron y creyeron. (Jn. 20:24-29)

Como Tomás lo descubrió, la vida tiene sus decepciones, y si alguna vez el señorío de Jesucristo ha de ponerse a prueba en nuestras vidas es cuando estamos frente a la decepción. La definición que ofrece el Diccionario de la lengua española[3] de la palabra *decepción* es la siguiente: «Frustración que se da al desengañarse de lo que no satisface nuestras expectativas». Esta palabra encierra el sentimiento de no haber presenciado algo que pensamos que debería haber ocurrido. Quizás incluso una circunstancia que te alejó de un encuentro con Dios; una cita fallida, una reunión perdida. Todos formamos expectativas de Dios y de cómo han de funcionar las cosas con Él y cuando algo no sale según estas expectativas nos sentimos decepcionados.

No obstante, Dios no nos decepciona; nuestras propias percepciones y expectativas limitadas nos decepcionan. No, Él no es el que nos decepciona, sino que en lugar de eso nos asegura un futuro glorioso. Él tiene un plan asignado para tu vida, un propósito para tu tiempo aquí en la Tierra. Sin embargo, a veces la brecha entre nuestra decepción personal y el plan que Dios ha asignado para nosotros puede ser amplia, y es en esta brecha que vemos la relación entre Tomás y Jesús puesta a prueba. Como seguidor de Cristo, él había oído hablar a su Maestro todas esas palabras que conocemos y probablemente algunas que nosotros no conocemos. Había sido testigo de milagros y sanidades, transformaciones y de encuentros que cambiaron vidas. Y luego, de repente, todo parecía ir cuesta abajo: perseguidores de alto nivel, el arresto de Jesús, Su crucifixión y Su entierro. Debe haber parecido un hermoso sueño que de repente se evapora con la intensa luz del día.

Entonces ahora hay un rumor circulando que el cuerpo de Cristo no está en la tumba, que de hecho se ha levantado de entre los muertos. Pero Tomás, al igual que los otros discípulos, debe haberse sentido suspendido en el espacio entre la decepción humana y lo que Dios había asignado para él. Y no hay nada como

3 Diccionario de la lengua española © 2005 Espasa-Calpe

la decepción y la desorientación para revelar cuán firmemente conectados estamos al Señorío de Cristo, al plan de Dios y a la entrega de cada parte de nuestra vida a Él.

Amor y liberación

El señorío a veces se pierde cuando te sientes completamente vulnerable. Así que antes de juzgar a este discípulo y de etiquetarlo para siempre «Tomás el incrédulo», creo que todos podemos apreciar honestamente su deseo de que la seguridad y la estabilidad fueran restauradas en su vida. Los discípulos se sentían extremadamente vulnerables. Era de noche, y la oscuridad reflejaba su propia confusión e incertidumbre. Se sentían expuestos y sin protección, por lo que se retiraron a esta pequeña habitación en la parte alta del aposento, en un lugar que suponían que era seguro. No obstante, cerraron las puertas y comenzaron a discutir su situación y aquello de lo cual algunos de ellos habían sido testigos.

Entonces, de repente se presentó Jesús en medio de ellos y les dijo: «La paz sea con ustedes», ¡aunque las puertas estaban cerradas con llave! Esto es lo que nos hace el miedo, nos encierra en el interior de nosotros mismos, temerosos de involucrarnos en el mundo y continuar en el camino sobre el que Dios nos ha puesto. Buscamos un refugio, levantamos las paredes y bajamos las persianas, y nos encerramos, esperando que pase la tormenta o que encontremos alguna solución a nuestros problemas. El futuro nos parece amenazador, no glorioso, porque no podemos imaginar cómo superar el dolor presente en nuestro interior y la confusión que se agita a nuestro alrededor.

Así como Jesús se presentó en el interior de la habitación cerrada de los discípulos y les deseó la paz, también sabemos que

Él trae esta paz a todos nosotros. Me encanta que Jesús no solo reconoce las dudas y los temores de los discípulos, sino que también se aparece en medio de ellos. Dios a menudo se manifiesta y nos sorprende con algo que parece imposible. Tomás quería que Jesús lo dejara sentir las heridas de Sus manos y tocar con su mano Su costado. Si él podía experimentar este tipo de certeza, entonces y solo entonces, él estaría dispuesto a creer que Jesús estaba realmente vivo. Así que Jesús le dio lo que pidió, apartando a Tomás del grupo para que pudiera experimentar de cerca y personalmente la evidencia misma que de manera tan escéptica él había exigido. Puedo imaginar la amable sonrisa en Su rostro cuando le hizo señas a Tomás para que se acercara, al comprender su humanidad en ese momento y sentir compasión hacia su amigo y las circunstancias desconocidas que enfrentaba.

Pero Tomás no tuvo que poner su dedo a través de los agujeros de los clavos en las palmas de Jesús ni tocar la cicatriz en Su costado. De inmediato dijo: «¡Señor mío, y Dios mío!» No se nos dice esto, pero de alguna manera me imagino a Tomás caer de rodillas allí a los pies de Jesús, probablemente sintiendo un torrente de emociones mezcladas: vergüenza por no creer, gozo por darse cuenta que su Maestro estaba vivo y entusiasmo por las implicaciones de su revelación personal del Cristo resucitado.

También vale la pena señalar la forma en que Tomás proclamó a Jesús como Señor y Dios. No era simplemente una confesión de que sí, solo el Hijo de Dios podría haberse levantado de la tumba, sino una rendición completa y total a este Dios. Por lo que es algo muy poderoso cuando él es capaz de decir: «¡Señor mío, y Dios mío!», porque había tenido una revelación de Jesús como nunca la había tenido antes de ese momento.

Tomás el incrédulo se convirtió en Tomás el que declara. Su duda y decepción se transformaron en la unción y seguridad de Dios. De repente, en lugar de tener una mente llena de dudas, él tenía un corazón lleno de confianza y pudo declarar: «¡Señor mío, y mío!»

El señorío personal puede ser un desafío para entenderlo y aplicarlo a tu vida porque es muy grande y abarcador. Es fácil pensar en Dios como el Señor de la creación o el Señor de la salvación. Podemos aceptar que Él es el Señor de los cielos y de la Tierra, eterno y sin límites. Pero cuando aplicamos Su señorío a nuestra vida cotidiana, de repente nos cuesta algo. Ya no podemos vivir de la misma forma que lo hicimos una vez, dudando y preguntándonos, sintiendo miedo y permaneciendo estáticos. El señorío nos libera para vivir plenamente para relacionarnos personalmente y para dar el siguiente paso en nuestro caminar con Cristo.

De hecho, aplicar Su señorío a todas las áreas puede ser realmente aterrador y desafiante. Sí, Él es el Señor de tu vida ahora, pero ¿tiene eso que incluirlo todo? ¿Qué pasa con el Señor de tus finanzas? ¿Qué pasa con el Señor de tus relaciones? ¿Qué pasa con el Señor de tus citas románticas? ¿Qué pasa con el Señor de tu sexualidad? ¿Qué pasa con el Señor de tus prioridades? ¿Qué pasa con el Señor de tu carrera? ¿Qué pasa con el Señor de la forma de actuar con tu jefe y compañeros de trabajo? ¿Qué pasa con el Señor en todas las otras partes de tu vida? Solo cuando rendimos totalmente todo lo que somos, todo lo que tenemos, y todo lo que esperamos, es que podemos en realidad y genuinamente comprender el amor y la liberación que vienen al tener a Jesús como Señor.

Comparaciones y convicciones

Una revelación personal del Cristo vivo no puede ser artificial o fabricada. Creo que si buscamos sinceramente a Dios y nos acercarnos a Él, entonces Él se acerca a nosotros, como se nos dice en el libro de Santiago. Pero a veces en la vida, cuando estamos pasando por tiempos difíciles, podemos sentir como si todo el mundo estuviera manejando su vida de una manera más semejante a Cristo que nosotros. Otros parecen estar cada vez más cerca con Dios, creciendo en su fe, y encendidos con el poder del Espíritu Santo que alimenta sus vidas grandes y espaciosas.

A veces nosotros, los pastores y líderes, que deberíamos tener mejor juicio, podemos sentir la tentación de comparar nuestro impulso en el ministerio con el de otros alrededor del mundo. Ya sabes, vemos la manera en que Dios está bendiciendo a otros en su ministerio y aumentando su influencia para Su reino, y nos preguntamos por qué no hemos experimentado ese tipo de favor todavía.

Tal vez no envidiamos a nuestros amigos y compañeros en el ministerio, pero a menudo podemos retroceder y preguntarnos cuándo llegará nuestro momento de experimentar nuestra propia y singular revelación del poder de Dios en medio de nosotros. Como un niño celoso quien ve a su papá recompensar a un hermano, a veces la gente se pregunta si se está perdiendo lo que todo el mundo parece estar disfrutando. Es en esos momentos que debemos permanecer fieles y seguir haciendo lo que Dios nos ha llamado a hacer.

Una de las cosas que yo puedo decir honestamente sobre Bobbie y sobre mí es que siempre hemos tratado de vivir nuestra vida de manera auténtica y de comprometernos con los principios que enseñamos a otros en nuestro propio matrimonio y en nuestra vida juntos, no importa lo que suceda a nuestro alrededor. Ciertamente, hemos cometido algunos errores en el camino, pero desde los primeros días de nuestro matrimonio, hicimos un compromiso de poner a Dios primero en nuestras finanzas, nuestras relaciones, nuestras palabras, nuestras acciones, nuestro liderazgo, todo. Como no teníamos mucho en el momento en que hicimos esos compromisos, no nos dimos cuenta de la tensión que a veces surge al poner a Dios primero. Pero me encanta el hecho de que hoy como pastor puedo pararme y mirar a los ojos de todos, desde las personas que nos visitan por primera vez hasta los periodistas curiosos, a viejos amigos y familiares, y decir que todo lo que enseñamos en la Iglesia Hillsong nosotros también nos hemos esforzado para vivirlo en nuestra propia vida.

Cuando mi hijo Ben tenía diecisiete o dieciocho años, estaba terminando la secundaria o el «grado doce», como lo llamamos aquí en Australia. Mientras que otros países tienen las vacaciones de primavera como un momento tradicional para que los jóvenes celebren, hagan fiestas y se vayan de vacaciones juntos, nosotros tenemos lo que se llama «schoolies».

Al igual que las vacaciones de primavera, esta temporada puede infundir miedo en el corazón de muchos padres. Muchos chicos se vuelven locos y se meten en todo tipo de problemas durante esa semana, algunos bastante inofensivos, pero en muchos casos excesivos, peligrosos y hasta mortales. Nuestro Ben era como cualquier otro adolescente en esa etapa de su vida. Él amaba al Señor, junto con su familia y sus amigos; le gustaba *Wildlife* (nuestro ministerio de jóvenes que están en la secundaria), y las otras actividades que he mencionado, tales como esquí acuático y el *surf*. También apreciaba a sus amigos de la escuela y a sus compañeros no cristianos, e incluso en su etapa de maduración, su corazón y cuidado pastoral y su profunda preocupación por las personas eran muy evidentes. Pero también era joven e influenciable y se sentía claramente arrastrado por sus amigos a cosas no cristianas que representaban normas diferentes a las que Bobbie y yo queríamos para nuestros hijos y por las que orábamos. Así que en aquella etapa, cuando sus exámenes finales habían pasado y se acercaba el final de sus años de secundaria, llegó la tragedia.

Una noche de verano Ben fue con sus amigos a una fiesta de la escuela y había aceptado ser el conductor (por cierto, conduciendo mi auto, lo cual siempre incrementará la vida de oración de un padre). La fiesta fue una celebración de final de la escuela, y decenas de jóvenes estaban presentes. Más tarde esa noche, cuando salían de la fiesta, Ben y sus compañeros salieron de la casa, sin duda haciendo mucho ruido como hacen los adolescentes, con mucha bravuconería mientras se dirigían hacia el auto. La fiesta había terminado y se había extendido a la calle, cuando la conversación se tornó en discusiones por los asientos que querían ocupar.

De repente, de la nada, un auto sin luces apareció. Según tengo entendido, sin reducir la velocidad en absoluto, el vehículo se salió en dirección a los asistentes a la fiesta e impactó directamente a uno de los chicos con quien Ben estaba, lanzándolo por el aire y golpeándolo contra la cuneta. Su cabeza se rompió por el impacto. Milagrosamente sobrevivió, pero sufrió terribles heridas en la cabeza con consecuencias graves y permanentes; no es el tipo de cosa que uno quisiera que alguien presenciara o experimentara. Fue una realidad horrible para todos los involucrados, y a Ben le afectó muy fuertemente, lo que resultó en pesadillas recurrentes.

De alguna manera, por la gracia de Dios, este accidente se convirtió en un catalizador para que Ben comenzara a pensar profundamente sobre su vida y reconsiderara sus prioridades actuales.

Con todas estas cosas abrumándole en su interior, y frente a una etapa un tanto amedrentadora de transición de la secundaria a un futuro desconocido, Ben tomó la decisión, tan solo unas semanas más tarde, de asistir a un campamento de verano con nuestro grupo de jóvenes. Al igual que muchos jóvenes, ese año en el campamento Ben tuvo su propia revelación personal de

Jesús, una experiencia que define la vida y que literalmente la transforma.

Eso es lo que esperan todos los padres cuando envían a sus hijos al campamento de la iglesia, y es por eso que, hasta el día de hoy, nos gusta ofrendar y apoyar estos campamentos de verano para los jóvenes. En una mezcla de «guerras tribales» y aventuras locas, los jóvenes a menudo tienen un encuentro con Dios de una manera radical; el campamento enciende un fuego interior que cambia a muchos de estos muchachos por siempre y los lanza hacia el futuro glorioso que Dios ha preparado para ellos.

Entrega total

Al igual que Tomás, Ben tuvo un encuentro que lo dejó proclamando: «¡Señor mío, y Dios mío!» y el fruto de esa revelación fue inmediatamente evidente, pues lo casi imposible comenzó a suceder. Ben amaba los deportes, y era bueno en ellos (era bueno en todos los artefactos en que uno se para de lado). Ya fuera una tabla de *wakeboard*, una tabla de surf, una tabla de *snowboard* o un monopatín, en general, él estaba dispuesto y le encantaba totalmente. Pero cuando regresó del campamento, Ben nos explicó que sentía en su corazón que debía dejar a un lado todas esas actividades durante doce meses. ¡Y eso fue exactamente lo que hizo! ¡Así es como un padre sabe que en verdad debe haber un Dios!

Ben dejó de lado todas sus actividades favoritas y aficiones deportivas por ese año. No fue a surfear o patinar, en vez de eso se leyó su Biblia utilizando un plan de lectura anual, y posteriormente, decidió estudiar ministerio y liderazgo en el Hillsong International Leadership College [Instituto Internacional de Liderazgo Hillsong]. Poco tiempo después, estuvimos de acuerdo en que para él sería una gran experiencia viajar durante doce meses y pasar tiempo ayudando en Hillsong Kiev, Hillsong Londres, y luego con los amigos en Virginia Beach en la costa este de los Estados Unidos. Fue un año difícil en muchos sentidos, lejos de todo y de todos los que amaba, incluyendo su joven y bella novia, Lucille. Pero Ben regresó siendo un joven cambiado, y nos quedamos sorprendidos y muy agradecidos.

Nuestro hijo había experimentado una revelación personal de Dios que abrió los ojos a su futuro glorioso, uno que estamos empezando a ver materializado incluso ahora, y es mejor de lo que podríamos haber imaginado. Por supuesto, hoy en día, Ben y Lucille y sus tres hermosas hijas están viviendo en Los Ángeles, como pioneros y líderes en Hillsong Los Ángeles. Sin embargo, fue en esos días de adolescente cuando, al igual que Tomás, Ben confesó: «¡Señor mío, y Dios mío!», y su vida entró en la corriente del futuro glorioso que Dios había preparado para él. Cuando todos vimos cómo Dios cambió la desilusión en un encuentro con Él.

Oro para que tú puedas tener en tu propia vida este tipo de revelación del Señorío que tuvo Tomás, un encuentro en el que no solo conozcas a Jesús como el Hijo de Dios, tu Salvador, sino uno donde te entregues a Él como tu Señor. No siempre va a ser fácil, ya que requiere una entrega completa y continua. Tendrás que ser brutalmente honesto sobre las áreas que has estado protegiendo y escondiendo, secretos que han sido encerrados y tapados.

Si quieres seguir a Jesús y experimentar la plenitud de una vida en la cual vives, amas y lideras como Él lo hizo, entonces debes dejar todo a un lado. Es hora que quites el seguro a tus puertas cerradas y abras las persianas. Aprende de las lecciones de la decepción y permite que la lluvia restauradora del plan que Dios tiene para ti traiga esperanza a tu corazón. Derriba las paredes en aquellas áreas de tu vida en las que has tenido miedo de permitir que Jesús sea el Señor, y permítele que entre en tu dolor, en tus dudas y en tus temores por el futuro.

Al igual que Bobbie tuvo que hacer mientras esquiaba, debes enfrentar la montaña y dar el siguiente paso, confiando en Dios con cada fibra de tu ser, consciente de que Él es tu Padre amoroso y quiere lo mejor para ti. No te limites a reconocer que Él es un Dios todopoderoso, omnisciente, sino abraza los encuentros personales que has tenido con Él durante años. Si todavía no has tenido esa revelación personal del Jesús que vive, entonces pídele a Dios que te lleve a ese lugar de entrega y confianza. Él siempre es fiel a Sus promesas, y al igual que Tomás, pasarás de «No puedo creer» a «¡Señor mío, y Dios mío!»

CAPÍTULO DIECIOCHO

La mano y el corazón

Hoy te rindo mi ser te doy mi corazón.
Yo vivo para ti.
En cada palpitar, mientras haya aliento en mí.
Dios haz tu obra en mí.

«Hoy te rindo mi ser» Hillsong Music, 1996

En la actualidad hay más de siete mil millones de personas en la Tierra, y me atrevería a suponer que la gran mayoría de ellas por lo menos ha escuchado el nombre de Bono. Es uno de los músicos y poetas más influyentes de nuestra generación, cuyo sonido distintivo y maestría musical han tomado al mundo por sorpresa. Su banda, U2, el fenómeno musical irlandés, es considerada una de las más activas de esta época, desde la perspectiva política y medio ambientalista, y sus sonidos y canciones llenan estadios en sus giras vendidas con anticipación, año tras año. Bono es su líder reconocido, pero sencillo. Él tiene dones increíbles, y cuando escribe, canta e interpreta, él hace claramente lo que fue creado para hacer. Cuando se encuentra en un escenario en un concierto lleno de gente, él está cumpliendo con su llamado, ya que maximiza sus dones y utiliza su talento.

Sin embargo, Bono obviamente ha vivido con cosas de mucho más peso que son parte de su corazón. Su pasión por los pobres y desfavorecidos, por la injusticia y la integridad política (por la aguda escasez en muchos países del mundo) lo distingue de otros artistas.

Hoy en día, la influencia de Bono lo ha colocado en la mesa entre los reyes y presidentes más poderosos del mundo, y él ejerce su influencia a favor de la causa de poner fin a la pobreza mundial, y para favorecer a los desesperados y los analfabetos en la mayoría de las naciones necesitadas de esta generación.

Algunos pueden señalar que su música es secular y de hecho lo es, pero él mismo es un hombre de gran fe que hace lo que Dios le ha dotado para hacer. Él ha usado lo que está en su mano (su maestría musical y su llamado, mejoradas a través de sus dones y talentos) para cumplir con lo que hay en su corazón, su destino y propósito.

En un capítulo anterior tratamos 2 Timoteo 1:9; somos salvos, somos llamados, y recibimos dones *para un propósito. Todo* tiene que ver con Su propósito. Tus dones y talentos, tiempo y energía, vida y salud, finanzas y recursos, tu matrimonio y familia, y tus prioridades y enfoque tienen que ver con el propósito. No solo tiene que ver con Su propósito específico y personalizado para ti, sino con Su propósito colectivo para toda la creación.

Eclesiastés 3:11 expresa: «Todo lo hizo hermoso en su tiempo. También ha puesto eternidad en los corazones y las mentes de los hombres» (un sentido divinamente implantado de un propósito que obra a través de las edades, que nada bajo el sol, sino solo Dios, puede satisfacer).

Hemos sido creados, y hemos recibido dones y gracia para el propósito eterno de Dios, un propósito divinamente implantado. Entonces, ¿cuál es el tuyo?

Objetos perdidos

Justo como lo vimos en la Parte 1, Una vida grande, Dios nos da a cada uno de nosotros dones y vocaciones únicas, junto con la gracia para llevarlo a cabo; aunque invariablemente, en algún momento de la vida, la mayoría de nosotros luchará para entender nuestro llamado y nuestro propósito distintivo.

Yo no sé tú, pero ha habido momentos en que he tratado de ser lo que no soy, y siempre me ha metido en problemas. Por ejemplo, hace unos años, la noche antes que comenzara la Conferencia Hillsong, me encontraba de pie en frente del espejo de mi baño, con mi máquina de afeitar en la mano, y pensé que podía hacer el intento de ser mi propio peluquero. No hace falta decir que, después de recortar mi incipiente barba, olvidé adjuntar el peine y me corté un surco en mi cabello, similar a los efectos de una cortadora de césped en la maleza. Terminé completamente calvo, para diversión de miles de personas que se reunieron en la primera noche de la Conferencia Hillsong… ¡Ese no es mi mejor *look*!

Ha habido algunos casos de personas muy destacadas en su profesión que se convierten en cristianos y se unen a nuestra familia en Hillsong. Posteriormente, ellos me preguntan qué es lo que Dios quiere que hagan.

Una de esas personas era un atleta profesional galardonado, una persona famosa conocida internacionalmente por su fuerte carácter, tanto dentro como fuera del campo de juego. Un cristiano bien intencionado (pero creo que, equivocado) le había sugerido que debía dejar el deporte y donar todo su dinero, con el fin de «servir a Dios». Cuando él me preguntó lo que Dios quería que hiciera con su vida, él estaba considerando genuinamente la posibilidad de retirarse del campo de juego y asistir al instituto bíblico, a pesar de que estaba en el pico de su capacidad y de su carrera.

¡Yo veía las cosas de manera muy diferente! Mi creencia era (y lo es todavía) que él sirve a Dios al hacer lo que Dios le ha dotado para hacer. Él ha sido favorecido por Dios con una capacidad inusual, y al usar lo que está en su mano, en este caso una pelota de fútbol, ¡él tiene una plataforma para vivir su vigorosa fe en un nivel de influencia que otros solo podrían desear! Él no tuvo que hacer un cambio radical con el fin de alinear su llamado con su propósito. Obviamente Dios lo había creado para ser un atleta talentoso y lo bendijo con oportunidades que él había maximizado para su éxito. Este hombre pareció sentirse aliviado al saber que, con simplemente continuar donde Dios lo había colocado, él podía hacer muchísimo por el reino.

Del mismo modo, mi amigo John pastoreó una iglesia en un pequeño poblado de Inglaterra, y un multimillonario muy conocido llamado Bob asistía a su iglesia. Tengo un recuerdo de Bob tocando el bajo en una de sus reuniones. Él y John se habían hecho buenos amigos. John una vez me contó, con una sonrisa pícara en su rostro, cómo un día Bob el multimillonario vino a él con lágrimas en los ojos y le dijo:

—John, yo daría cualquier cosa por hacer lo que tú haces.

Y John el pastor, con gracia, recordó cómo lo miró directamente con lágrimas en los ojos, y le dijo:

—¡Bob, yo daría cualquier cosa por hacer lo que tú haces!

John y yo sostuvimos esta conversación como algo gracioso, pero creo que la esencia es bien profunda: pasar tu vida deseando ser alguien más es vivir frustrado y desanimado, y con esa postura no podrás edificar mucho. Algunas personas tienen la gracia para construir un negocio, otras para escribir música, otras para liderar gente, y así sucesivamente. Yo tengo la gracia para ser líder (no peluquero), y otros son llamados a ser atletas profesionales.

Dios no comete errores. Él sabía exactamente lo que estaba haciendo y fue muy intencional cuando te hizo a ti y a mí. Mantente dentro de tu gracia, vive allí, y anima a otros a hacer lo mismo. Es entonces que encontrarás una satisfacción y un sentido de propósito en tu llamado cotidiano.

Tú no tienes que dejar de ser lo que eres simplemente porque has entregado tu vida a Cristo. Cuando sigues a Jesús en tu aventura de la fe y experimentas la vida grande y espaciosa, te convertirás más en quien estabas destinado a ser, no menos. De hecho, es bastante irónico que con el fin de acercarnos más a la persona que Dios deseaba que fuéramos, simplemente tenemos que dejar de intentar ser otra cosa. «El que halle su vida, la perderá; y el que pierda su vida por causa de mí, la hallará» (Mt. 10:39).

Perder tu vida por seguir a Cristo no significa perder tus dones y talentos. Estoy convencido de que no tenemos la facultad de desechar algo que es un verdadero regalo de Dios. Ciertamente, es posible que tengamos talentos y habilidades a las que damos un mal uso (por ejemplo, usar el talento para los negocios en una empresa ilegal o utilizar el don de la imaginación para fines engañosos). De hecho, estos tendrían que ser abandonados para que Dios pueda refinar y restaurar los dones fundamentales que colocó en ti. Pero con demasiada frecuencia sospecho que subestimamos lo que Dios puede usar.

El escritor estadounidense Frederick Buechner explica: «El lugar al que Dios te llama es el lugar donde se encuentran tu gozo más profundo y el hambre del mundo más profundo».

¿Sabías que la palabra *llamado* significa literalmente «gritar en voz alta»? Algunas personas están esperando un susurro del cielo que dirija su camino, cuando la oportunidad delante de ellos está gritando en voz alta.

Lo mismo es verdad para ti. Tu llamado puede estar resonando a todo volumen como una sirena en tu oído, sonando una alarma que ha estado apagada durante algún tiempo. ¿En qué eres bueno? ¿Qué parece fluir naturalmente en ti? ¿Qué oportunidad tienes justo frente a ti? ¿Tienes dotes artísticos? ¿Te gustan los números y el orden equilibrado? ¿Disfrutas trabajar con tus manos en el jardín? ¿Tienes pasión por la música? ¿Te sientes cómodo en el aula? A menudo, puede que estés esperando una pequeña voz que te susurre en el oído, ¡cuando tu llamado está resonando a todo volumen a tu alrededor!

El maestro artesano

A algunos no les interesa para nada hablar de deportes, pero como probablemente ya te habrás dado cuenta, ¡me gustan casi todos los tipos de deporte! Al crecer en Nueva Zelanda, yo compartía el sueño de muchos niños de jugar para el famoso equipo de *rugby The All Blacks*. Este equipo ha tenido un enorme éxito a través de los años como el equipo nacional de Nueva Zelanda, cuyo nombre se deriva del uniforme todo negro con el que juegan. Sin embargo, cualquiera que haya visto mi descuidada forma de caminar y mi aparente «don» para la torpeza sabría que las probabilidades que yo tenía de ser una futura estrella del *rugby* profesional eran de escasas a cero (en el mejor de los casos). Sonrío cuando pienso en ello, porque me siento muy cómodo con el conocimiento de que Dios me hizo con un conjunto diferente de dones, habilidades, intereses y recursos con el fin de cumplir el llamado que Él había puesto sobre mi vida.

Mientras crecía, yo nunca fui elegido por votación como el de «más posibilidades de éxito», y realmente nunca me eligieron para ningún rol de liderazgo en la escuela o incluso en nuestro grupo de jóvenes o iglesia. Pero cuando era un adolescente, yo tenía una pasión ardiente de servir a Dios. Cabe destacar que, cuando finalmente me llegó la oportunidad de dirigir un estudio bíblico de jueves por la noche y una reunión en una casa para el ministerio de jóvenes de una pequeña iglesia en el sur de Auckland, algo hizo clic. Yo estaba recién salido del instituto bíblico, novato y carente de toda experiencia real de primera mano; sin embargo, confiaba en que Dios veía en mí las habilidades necesarias para el trabajo. Confié en Él para que sacara de mí el interés natural y la preocupación que siento por las personas y que lo uniera a mi amor por Él y mi compromiso con Su Iglesia.

Instintivamente supe reunir a los líderes adecuados a mi alrededor, y pronto mi pequeño estudio bíblico comenzó a crecer y crecer hasta que la sala de estar quedó pequeña, y los jóvenes se salían por el pasillo y por la puerta. Al cabo de unos meses, la casa era demasiado pequeña para contener a todos los jóvenes espiritualmente entusiastas que querían apretujarse dentro. Muchos de estos chicos no tenían antecedentes de fe en Jesús, pero a medida que los jóvenes llevaban a sus amigos y el Espíritu Santo atraía sus corazones hacia Dios, algo muy poderoso comenzó a suceder. Obviamente yo nunca iba a encajar en el campo de fútbol, pero comprendí que servir y hacer crecer una iglesia era algo que parecía muy natural para mí. Cuando me concentré en lo que podía hacer y no en lo que me gustaría hacer, pero no podía, descubrí un nuevo sentido de alineación en mi vida. Desarrollé una conciencia de que mis dones, mi llamado y mi propósito encajan entre sí como si hubiesen sido diseñados por un maestro artesano; lo cual de hecho sucede.

Mi experiencia no es única. Todos somos llamados a vivir nuestra salvación con confianza y una sensación de paz que vienen cuando nuestras vidas están alineadas con nuestro propósito divino. Pablo lo explica de esta manera:

> Porque no nos ha dado Dios espíritu de cobardía, sino de poder, de amor y de dominio propio.

> Por tanto, no te avergüences de dar testimonio de nuestro Señor, ni de mí, preso suyo, sino participa de las aflicciones por el evangelio según el poder de Dios. Él nos salvó y llamó con llamamiento santo, no conforme a nuestras obras, sino según el propósito suyo y la gracia que nos fue dada en Cristo Jesús antes de los tiempos de los siglos. (2 Ti. 1:7-9)

Independientemente de dónde te puedas encontrar en tu vida ahora, Dios te ha traído a este momento para Sus propósitos. A pesar de cualquier error que hayas cometido o remordimientos que puedas albergar, Él te ha dado la gracia para un futuro glorioso. Él puede convertir tus errores en lecciones de vida que pueden ayudar a los demás. Él puede transformar tu dolor en compasión para sanar a los que te rodean. Él puede utilizar las habilidades más humildes y los conocimientos más especializados para Su gloria. Simplemente tienes que estar dispuesto a seguir los pasos de Jesús a medida que miras hacia adelante a donde Dios quiere guiarte.

La vara ardiente

Al viajar por el mundo, me sorprende las similitudes entre personas completamente diferentes. Algunos son adultos jóvenes que justo están empezando en la vida, y otros son de mediana edad y se están redefiniendo a sí mismos y lo que quieren que sus vidas sean. Incluso otros son de edad más avanzada y se preguntan si es demasiado tarde para cumplir con ese pequeño cosquilleo en su alma, ese deseo en su corazón que Dios infundió en ellos para Sus propósitos. Muchos de ellos me preguntan:

—Brian, ¿cómo hago para hacer mis sueños realidad? ¿Cómo sé si mis sueños son el propósito de Dios para mi vida?

Si bien no hay una sola respuesta única que satisfaga a todos, por lo general les digo lo mismo:

—¡Usa lo que tienes en la mano!

Esta es la respuesta que Dios le dio a Moisés después de elegirlo para sacar al pueblo de Israel de la esclavitud en Egipto. Quizás recuerdas que Dios se le aparece a Moisés como una zarza ardiente, diciéndole que debe tratar de negociar con el faraón y asegurar una liberación pacífica de los hebreos cautivos. Sin embargo, Moisés responde de la forma en que muchos de nosotros lo hacemos:

«¿Quién soy yo para que vaya al faraón y saque de Egipto a los hijos de Israel?» (Éx. 3:11).

Así que Dios le dice a Moisés que le explique al faraón y a los egipcios que él sirve como portavoz de Dios, empoderado como embajador divino para asegurar la libertad de su pueblo. Moisés no lo cree y sigue pensando en el futuro.

«Ellos no me creerán, ni oirán mi voz, pues dirán: "No se te ha aparecido Jehová"» (Éx. 4:1).

Fue entonces cuando Dios habla muy concreta y directamente, respondiendo en forma de pregunta.

«¿Qué es eso que tienes en tu mano?» (Éx. 4:2).

Sentí que Dios me decía exactamente las mismas palabras en los primeros años de la Iglesia Hillsong. Recuerdo mirar alrededor y preguntarme dónde podríamos encontrar el equipo de alabanza, los líderes de grupos pequeños, un pastor de jóvenes, obreros para los niños. Pero mientras consideraba las opciones en medio del pequeño equipo que había reunido, sentí que las palabras que Dios habló a Moisés hacían eco en mi espíritu. «¿Qué es eso que tienes en tu mano?» Más de treinta años después, seguimos escogiendo al personal y liderando nuestra iglesia con la gente que Dios ha puesto en nuestras manos: aquellos que han demostrado ser fieles en la vida de la iglesia, cuyo corazón por Dios y por Su casa han sido sus mayores calificaciones. Nosotros no «contratamos» gente que no tiene la comprensión o empatía con el ADN de nuestra iglesia, y esto se evidencia en un maravilloso equipo de líderes y personal sacrificados y extraordinariamente talentosos.

La bendición que hemos disfrutado y la influencia que se nos ha concedido a través de la adoración Hillsong nunca se ha construido sobre la base de contratar a los mejores de los mejores, o sacar a aquellos que están sirviendo en otras iglesias, o aprovechando aquellos que están construyendo su propia plataforma de adoración. Simplemente hemos confiado en Dios y trabajado con la gente que Él ha puesto en nuestras manos, y luego hemos observado cómo Él usa personas ordinarias para hacer cosas extraordinarias.

De manera similar a Moisés, al reconocer el poder de la vara ordinaria de pastor en su mano, esta rápidamente se convierte en una serpiente delante de sus propios ojos. Cuando Dios manda a Moisés a levantarla por la cola, esta se convierte en vara de nuevo. Moisés supo que este truco de seguro llamaría la atención del faraón, ¡y lo hizo!

A menudo nosotros respondemos al llamado de Dios en nuestras vidas al igual que Moisés, poniendo excusas y afirmando (a menudo sinceramente), que no tenemos lo que necesitamos para hacer el trabajo. ¿Cómo podemos realizar el sueño que Dios tiene para nuestro futuro glorioso si no tenemos los recursos, el diploma, la propiedad, el capital o los seguidores? Todo lo que puedo decir es que tenemos una perspectiva limitada por lo que vemos en la Tierra, lo cual nos impide reconocer los recursos invisibles e ilimitados de nuestro Padre en el Cielo. También, como yo he descubierto, lo que yo creo que necesito para hacer el trabajo y lo que Dios piensa que necesito no siempre coinciden. Al igual que cuando Jesús bendijo los dos peces y los cinco panes del niño pequeño y estos se convirtieron en sándwiches de pescado suficientes para alimentar a más de cinco mil personas, Dios puede hacer mucho con muy poco. Sus bendiciones están diseñadas para multiplicarse y crear un efecto dominó de impacto positivo.

Desata tu futuro

Ya sea que lo reconozcas o no, las semillas para tu futuro glorioso ya han sido plantadas. Tus diversas experiencias de vida, tus relaciones, incluso tus errores, han contribuido a fertilizar esas semillas de propósito.

Sin embargo, el desafío para la mayoría de las personas, es acortar la brecha entre lo que está en su mano y lo que está en su corazón. Parece una distancia insalvable entre el cubículo y la oficina de más alto nivel, entre pintar paredes y pintar retratos, entre escribir el texto del anuncio y firmar copias de tu libro *best seller*. Pero a menudo la distancia no es tan grande como parece; y a menudo la ruta de Dios a tu futuro glorioso se basa en Su sentido único de la dirección, no en la ruta derecha y lógica que tú puedas imaginar.

Así que no menosprecies lo que te resulta familiar y hasta tedioso. Ya eres un experto en algunas áreas y métodos, aunque no te des cuenta. Canaliza tu frustración al trabajar en el mostrador de comida rápida creando nuevos y mejores métodos de atención al cliente. Considera las limitaciones de tu fuente favorita de los medios de comunicación social y mejóralas. Identifica lo que más te gusta de dirigir a tu equipo y trata de especializarte en eso. Gózate y encuentra satisfacción en el buen funcionamiento de tu hogar y sé generoso con los recursos que posees. Hay numerosas maneras de transformar la vara en tu mano en una vara del poder y el propósito de Dios.

Por desgracia, muchas veces cuando tratamos de alinear nuestro llamado con nuestro propósito, un sentido de derecho se nos sube a la cabeza. Fijamos nuestra mirada en el premio mayor a expensas de nuestros talentos actuales. Sin embargo, la Palabra de Dios es consistente con el principio de la administración: «El que es fiel en lo muy poco, también en lo más es fiel» (Lc. 16:10). Si no estás dispuesto a comenzar con poco y crecer a partir de lo que se te ha dado, entonces es probable que permanezcas frustrado. Tu visión de una organización global comienza primero a un nivel de base. Tu emprendimiento de un negocio internacional comienza con la forma de administrar tus inicios como empleado único. Tu familia amorosa y unida empieza con pequeñas decisiones como estar en casa temprano para comer juntos. No puedes esperar estar en la cima de tu juego y obtener los resultados que anhelas si no le pones todos tus esfuerzos.

Dios quiere que te comprometas plenamente con los recursos y dones que Él te ha confiado. Él quiere que los inviertas y produzcas una mayor ganancia para Su reino, y no que los entierres o los utilices para tus propios fines. Una de las principales razones por las que hemos seguido explorando nuevas fronteras de ministerio, como plantar iglesias en ciudades «cementerio» o cambiar la grave situación de gente que sufre en situaciones desesperadas y lugares críticos, es para poder multiplicar la ganancia de la inversión de Dios. Él ha sido muy generoso y abundante en Sus muchas bendiciones en la Iglesia Hillsong. Estas nos han sido dadas por Su amor como nuestro Padre y como reflejo de Su gloria. Él no nos da oportunidades solo para que podamos construir un edificio más grande o celebrar otra conferencia; Él nos da oportunidades para que podamos amar a otros como Él nos ama.

De hecho, la declaración de visión de la Iglesia Hillsong desde su creación sigue siendo la misma hoy en día: «Alcanzar e influenciar el mundo por medio de la edificación de una iglesia grande, basada en la Biblia y Cristocéntrica, desafiando mentalidades y empoderando a las personas para liderar e impactar en todos los ámbitos de la sociedad.» Nuestro propósito es equipar a las personas para que prosperen en el ámbito en el que están, y empoderarlos para que utilicen lo que está en sus manos para liderar, tener un impacto y alcanzar lo que hay en sus corazones.

Ahora es el momento de cerrar la brecha entre donde estás en el presente y donde Dios te está llamando a ir en el futuro. La puerta de entrada a tu futuro glorioso es probable que ya esté abierta, esperando que la empujes y camines a través de ella. Si estás frustrado por los sueños no realizados y decepciones continuas, pídele a Dios que te revele tus próximos pasos. Pídele que transforme la vara en tu mano en una llave para liberar tu futuro. No trates de saltar demasiado lejos demasiado pronto; en lugar de eso pídele a Dios que te muestre simplemente el paso que debes dar hoy, la prioridad principal para mantenerte en movimiento hacia adelante.

> *Confía en Jehová y haz el bien;*
> *habitarás en la tierra y te apacentarás de la verdad.*
> *Deléitate asimismo en Jehová*
> *y él te concederá las peticiones de tu corazón.*
> (Salmos 37:3-4)

¡Lo que está en tu mano y en tu corazón es la llave para tu futuro glorioso!

CAPÍTULO DIECINUEVE

No te detengas

A la cruz miraré, mi temor dejaré,
En la luz de tu gracia Señor.
Lo que seco y muerto está, tú levantas con poder,
Y restauras las ruinas, Dios por siempre eres Rey.

«Ruinas gloriosas» Hillsong Music, 2013

Me considero un viajero experimentado, y me enorgullezco de mi habilidad para pasar por terminales de aeropuertos, líneas de seguridad y cabinas de inmigración con más rapidez que cualquier otra persona que yo haya encontrado (creo que Bobbie probablemente utilizaría la palabra «impaciente»). Impaciente o no, veo las escaleras mecánicas y los pasillos móviles de los aeropuertos como los mejores amigos de un viajero experimentado. ¡Con cada paso, avanzas el doble de la distancia en la mitad del tiempo! Así que no puedo entender por qué algunas personas se detienen y permiten que la parte mecánica haga todo el trabajo, sobre todo cuando se ponen a conversar y no parecen tener en cuenta que obstruyen el camino de gente como yo; en una misión que requiere viajar de terminal en terminal completamente enfocado en el objetivo. Por ejemplo, hace unos años estuve de paso en el aeropuerto de Dubái para tomar otro vuelo y quedé muy impresionado al ver algunos de los pasillos móviles y las escaleras mecánicas más grandes del mundo. Parecen cubrir kilómetros y entrelazan varios pisos, su brillante cromo pulido hace que todo parezca una ciudad de otro planeta. Miles de viajeros corrían y empujaban para tomar sus vuelos, la mayoría parecían confundidos y sin una idea clara de a dónde se dirigían y cómo llegarían allí. Iba subiendo en la escalera mecánica, con cientos de personas delante de mí, cuando de pronto escuché un gran revuelo. Una pequeña dama que llevaba un burka se acercaba al final de la escalera mecánica llena de pánico pues no sabía cómo pasar al piso estacionario. Al parecer, nunca antes había visto un pasillo móvil y no estaba segura de cómo bajarse. Entonces, cuando la escalera mecánica llegó a su fin, dio un pequeño paso hacia el piso firme y se detuvo en seco. El problema es que todos detrás venían con impulso y no tenían cómo esquivarla, y al tropezar con ella se generó un efecto dominó. Maletas, carteras, niños y pasajeros caían por todas partes, pues eran incapaces de detener el movimiento continuo hacia adelante. La escalera mecánica había terminado, pero la dama no debía haberse detenido.

Y esa es la moraleja de esta historia. Cuando algo se termina, no te detengas. El fin de una época no es la culminación de un destino.

No planeado, pero no desconocido

Hay momentos en la vida en que nuestro impulso llega a un final abrupto. Una temporada termina y nos agarra por sorpresa y, al igual que la mujer del aeropuerto, nos quedamos preguntándonos cómo dar el siguiente paso. Podría ocurrir al perder un trabajo o al vernos obligados a cambiar de profesión. Podría ser una promoción o una nueva posición de liderazgo. Podría ser el comienzo de una nueva relación, o su final, cuando alguien se aleja o se encamina en otra dirección. Podría ser la realización de un objetivo, la obtención de un título; o mudarte a la casa que siempre has querido, o cuando el último de tus hijos parte para la universidad. Sea lo que sea, te sientes un poco desorientado e inseguro, temeroso de dar el siguiente paso o con dudas de hacia dónde avanzar.

Si algo ha terminado, eso no significa que debas detenerte. Puede que hayas alcanzado una meta importante o estés enfrentando una pérdida inesperada, y no sepas cómo seguir adelante, pero debes confiar en que mientras tengas vida y aliento Dios tiene un plan para ti, para tu siguiente paso. En el camino de la fe, llegamos a lugares nunca soñados, algunos superan en belleza y alegría nuestras expectativas, otros son más oscuros y decepcionantes que los que alguna vez enfrentamos. Pero seguir a Jesús significa seguir adelante incluso cuando no sabemos cómo o hacia dónde exactamente vamos. El propio padre terrenal de Jesús, José, experimentó exactamente eso.

Como lo he hecho durante treinta y dos Navidades consecutivas, me senté en esta Navidad a preparar un mensaje para los miembros de nuestra iglesia. En la actualidad, mi mensaje de Navidad se predica en vivo en nuestro campus de Hills y se envía simultáneamente a más de cuarenta reuniones en diecinueve lugares diferentes, y por medio de la tecnología se transmite en todo el mundo. Este año, mientras lo preparaba, me encontré meditando sobre José.

José, varios meses antes del nacimiento de Jesús, estaba a punto de lograr su mayor victoria hasta la fecha. Su familia y la de María tenían un contrato y estaban comprometidos para casarse. Estaba comprometido con una hermosa muchacha de una familia perfecta, cuyo linaje se remontaba a la casa real de Israel y al propio rey David. José y María habían mostrado su afecto y su aprobación mutua al beber dos copas de vino en una ceremonia tradicional, y José había tomado unos días de descanso con el fin de prepararse para su prometida.

Mateo 1:18-23 documenta el momento en que José supo que la mujer con la cual estaba comprometido, pero con la que aún no había tenido intimidad, estaba embarazada. Las palabras que llamaron mí atención en el versículo 18 fueron las palabras «estando comprometida» y «antes que». Qué gran frustración para él: «Estando comprometida María» y «antes que vivieran juntos». No hay duda de que José había esperado con ansiedad el casarse con María. Al igual que muchos de nosotros, había soñado con los niños que tendrían y con la alegría de todos esos momentos. Imaginaba el gozo de abrazar a su primer hijo, la familia reunida a su alrededor para celebrar, y ahora sucedía esto. Ni siquiera sabía quién era el padre; solo sabía que no era él.

Era la noticia más incómoda y llegaba en el momento más inoportuno. Él estaba comprometido, y ese era un contrato que solo podía anularse mediante el divorcio. Estaban plenamente comprometidos, pero aún no habían avanzado a su futuro glorioso.

En esos momentos, antes de que el Espíritu Santo hablara con él, José debió sentirse muy solo, muy vacío y muy inseguro de lo que estaba por venir. Sin embargo, lo que parecía ser el fin para José era solo el principio. Su circunstancia en aquel momento puede no haber sido planeada, pero para Dios, no era desconocida.

El campo de batalla

Si estás actualmente en una transición y encaras el fin de algo, y tal vez el comienzo de algo nuevo, debes mirar esta encrucijada como un campo de batalla. ¿Sabes que los sitios históricos a menudo tienen indicadores que recuerdan importantes batallas acontecidas allí? «Aquí tuvo lugar la batalla de Gallipoli», la batalla que marcó la primera gran operación militar de nuestras Fuerzas Armadas de Australia y Nueva Zelanda (ANZAC, por sus siglas en inglés). Esta feroz y heroica batalla en suelo turco, es generalmente vista como el hito que marcó el nacimiento de la conciencia nacional en nuestra parte del mundo. Por otro lado, un inglés diría: «Aquí tuvo lugar la batalla de Hastings», y si vives en los Estados Unidos, leerías: «Aquí ocurrió la batalla de Gettysburg».

El momento en que finaliza un capítulo de nuestras vidas, y antes de comenzar el siguiente, a menudo resulta el catalizador para una batalla. Lo que ocurre es que nuestro enemigo el diablo a menudo trata de pillarnos desprevenidos durante ese periodo de transición. Tiene la esperanza de que estemos desorientados e inseguros, con miedo y un poco recelosos. Le encantaría poder sacarte de tu camino de fe y llevarte por un camino equivocado, haciéndote pensar que has llegado a un callejón sin salida.

En otras palabras, al diablo le encantaría arrebatarte tus posibilidades de crecimiento y convertirte en un individuo no productivo, sin alegría. No puede robarte tu salvación, pero sin duda puede tratar de destruir tu objetivo y tu satisfacción. A Satanás le encantaría ser el final de tu aventura espiritual, la barricada impenetrable que te separa de Dios. Pero no puede hacerlo. Dios es más grande y más poderoso. Cuando sentimos que hemos llegado al final y que no podemos seguir adelante, es simplemente una ilusión temporal que el diablo está tratando de mantener.

Aunque pueda parecer difícil, si quieres vivir una vida en la que no pierdas tu ímpetu, una vida que sea grande y esté llena de alegría y significado, entonces necesitas ver a Dios tanto en el principio como en el final de las cosas. Porque si confiamos en

Dios en el final de las cosas, Él cumplirá Sus buenos propósitos en nuestras vidas.

Las cosas no se terminan hasta que Dios dice que se terminan, esa es una verdad que me encanta. Si has perdido algo valioso, si un capítulo en tu vida ha terminado de forma brusca e inesperada, eso no significa que tu vida ha terminado. Y ciertamente no quiere decir que Dios te ha olvidado o abandonado por un momento. Aunque en ocasiones puede ser muy difícil verlo así (principalmente cuando has perdido un ser querido o tu trabajo, o has recibido una noticia devastadora), lo mejor está aún por venir. Al igual que con José, ¡el futuro glorioso de Dios está a punto de ser revelado!

Firme e inquebrantable

Al pastorear una iglesia, y sobre todo una iglesia grande, es inevitable que se presente la oportunidad de alegrarse con los que están alegres y llorar con los que lloran, y a menudo al mismo tiempo. Cuando una joven pareja disfruta la llegada de su milagroso bebé, tal vez otra familia puede estar sufriendo una pérdida repentina o un joven puede sentirse destrozado por la ruptura de una relación. Son las diferentes etapas de la vida.

Recuerdo cómo Jay, un joven talentoso y clave en nuestro personal, se enfrentó a algo muy doloroso hace tan solo unos años con su padre, Gary, un poco más joven que yo, en buen estado de salud y en buena forma física. A él le gustaba nadar y surfear en la Costa Central, la región bordeada de playas al norte de Sídney, donde vivían. Aquel día Gary salió de las olas, se llevó una mano al pecho, y cayó al suelo, muerto de un ataque al corazón.

Obviamente, fue un golpe devastador para Jay, para su madre y su hermana, Hannah, ambas también muy involucradas en la vida de nuestra iglesia. Gary y yo habíamos estado bromeando después de la reunión la semana anterior a su muerte. Mientras pensaba en esta familia, reflexioné sobre lo devastador que debía ser este momento para ellos. Junto a todo el dolor y la conmoción que acompañan la pérdida, Jay y Hannah también comprenderían que su padre ya no estaría allí para acompañar a su hija en su boda, o disfrutar de la bendición de jugar con sus nietos. En momentos como este, nos resulta difícil entender lo que Dios está haciendo.

Para un joven como Jay, fue un momento crítico con respecto al glorioso futuro que le esperaba. ¿Cómo respondería ante esta pérdida? Algunas personas se extravían del camino en los oscuros momentos de la vida y pierden de vista el futuro que Dios les tiene destinado. Ahora, unos años después, es una alegría ver cómo Jay y su hermana no han permitido que la devastadora pérdida de su padre, a quien ambos amaban entrañablemente, defina su futuro. Ambos han continuado tomando decisiones sabias que los han llevado a florecer en la vida, en el amor y el liderazgo.

Sin embargo, este proceso puede ser muy difícil. Cuando las cosas tienen un final inesperado, muchas personas solo encuentran pesar, desilusión y confusión. Cuando algo llega a su fin, nos sentimos culpables por los errores cometidos y comprendemos que si solo hubiéramos hecho las cosas de una forma diferente, tal vez no habrían terminado así. Pero cuando sigues a Jesús, tienes que confiar en que Él te guiará a través de esos valles, esos lugares donde se reúnen las sombras que parecen cegar tu corazón con su oscuridad. Él es la luz y te llevará de regreso a los pastos verdes y las aguas tranquilas. Pero puedes sentir como que tropiezas en la oscuridad. Puedes sentirte inseguro de tu siguiente paso, sin saber lo que encontrarás en el camino.

Tenemos que recordar las promesas de Dios en la verdad de Su Palabra. Me encantan los versículos que nos animan a perseverar. «Porque somos hechos participantes de Cristo, con tal que retengamos firme hasta el fin nuestra confianza del principio» (Heb. 3:14). Cuando comenzamos la vida cristiana, esta puede ser muy emocionante y nueva, llena de un sentimiento de admiración por la gracia y la misericordia de Dios. Comenzamos y la emoción nos impulsa hasta que chocamos con un problema.

Nos sentíamos tan seguros, y de repente parece que todas las fuerzas del infierno están alineadas contra nosotros. Nos enfrentamos a una crisis de salud, una adicción, la separación del empleo, la traición del cónyuge, la rebelión de un hijo, un problema financiero, ¡y en ocasiones todo esto a la vez! Todo parece destinado a robarnos nuestro sueño, nuestra esperanza y nuestra fe. Pero es entonces cuando debemos permanecer inquebrantables, firmes, manteniendo la confianza a pasar de todas las dificultades que podamos enfrentar. Es entonces cuando se pone a prueba la fortaleza de nuestra fe, y parece como si fuera a quebrarse y hacernos caer en un abismo de desesperación del que es imposible salir. Eso es lo que el diablo quiere que creamos, *¡pero no es verdad!*

La verdad es que ¡«el que comenzó en vosotros la buena obra la perfeccionará hasta el día de Jesucristo»! (Fil. 1:6).

Momentos y etapas

Una vez más, nuestro Salvador sirve como ejemplo de esta confianza en la guía de Su Padre, incluso en Su momento más difícil, al realizar Su mayor sacrificio. Había nacido en un pesebre, había vivido como un hombre, se había revelado como el Mesías, había enseñado y sanado en Su ministerio público y soportó el sufrimiento final necesario para librarnos de nuestros pecados. Faltándole solo una profecía por cumplir, Cristo reconoció el fin de Su vida como la había conocido en la Tierra.

> Después de esto, sabiendo Jesús que ya todo estaba consumado, dijo, para que la Escritura se cumpliera:
> —¡Tengo sed!
> Había allí una vasija llena de vinagre; entonces ellos empaparon en vinagre una esponja y, poniéndola en un hisopo, se la acercaron a la boca. Cuando Jesús tomó el vinagre, dijo:
> —¡Consumado es!
> E inclinando la cabeza, entregó el espíritu.
> (Juan 19:28-30)

Sin embargo, es de notar que a pesar del dolor que sufría y la humillación de ser un hombre inocente injustamente acusado y tratado, sus verdugos no pudieron quebrantar Su espíritu. Jesús entregó voluntariamente Su espíritu, lo entregó después de hacer todo lo que había venido a hacer en Su vida pública. Su muerte marcó el final de una época, y Su resurrección dos días más tarde marcaría el comienzo de otra. Cuando murió en la cruz, Cristo supo que había alcanzado el punto final de Su vida como un hombre mortal.

Sin embargo, Su vida y Su ministerio estaban lejos de terminar.

Su cuerpo volvió a la vida, comió, bebió y habló con Sus discípulos, y reveló el poder de Dios para vencer incluso la muerte. Pasaría cuarenta días más sobre la Tierra como testimonio del poder y la gloria de Su Padre antes de regresar a Su hogar en el cielo. Pero Su ascensión también daría lugar a otro evento que ya hemos explorado: el don de Su Espíritu Santo para Sus seguidores aquí en la Tierra.

Cristo murió, fue sepultado y resucitó, y en el proceso dio nacimiento a la Iglesia como resultado de Su muerte dolorosa. Esto explica la forma en que se lo describe en el libro de Apocalipsis como el Alfa y la Omega, el principio y el fin. A menudo vemos a Jesús en el inicio de las nuevas actividades y las nuevas relaciones, pero rara vez pensamos que Él está presente en su final. Y mientras más doloroso sea el final o la pérdida, más difícil es poder sentir la presencia de Dios en nuestras circunstancias.

No obstante, Él está ahí, nos ama y nos insta a que no nos demos por vencidos, nos ayuda cuando lloramos y lamentamos el pasado pero al mismo tiempo nos recuerda y nos guía hacia Su glorioso futuro para nosotros. Todo el mundo debe recordar que Dios va delante de nosotros. Incluso cuando algo se detiene, ya sea de forma inesperada o predecible y gradual, Él está presente, nunca nos abandona.

La Biblia es clara respecto a que nuestra vida tiene diferentes etapas, tiene ritmos diferentes, y para experimentar una vida grande y amplia necesitamos vivir en armonía con la etapa en la que estamos. En ocasiones ocurren grandes transformaciones en nuestras vidas, otras veces nos sentimos atrapados en una rutina sin mucho cambio. Sin embargo, dondequiera que estemos, Dios está con nosotros. En las transiciones de la vida, no tenemos que detenernos solo porque hayamos llegado al final de una época.

Regreso al futuro

No sé cómo esto se aplicaría a ti, pero estoy seguro de que todos estamos en medio de un cambio en nuestras vidas. Todos tenemos que enfrentar finales y nuevos comienzos, dejar atrás cosas de etapas anteriores, capítulos del pasado, y empezar de nuevo, dando pasos hacia un futuro glorioso que está a la vuelta de la esquina. Nuestro ritmo en la vida nunca es constante e ininterrumpido. La vida nunca es «¡bendiciones y más bendiciones, bendiciones dobles, triples y luego cuádruples!» A pesar de que siempre tenemos algunas bendiciones en nuestras vidas, a menudo están mezcladas con pruebas y desafíos. A veces parece que damos «dos pasos adelante, y un paso atrás».

Las personas que alcanzan un mayor impulso en la vida a menudo chocan con el mayor obstáculo justo en medio del camino, lo cual provoca una explosión que los deja tambaleándose y preguntándose cómo van a poder comenzar de nuevo. Es ahí cuando su fe se pone a prueba, y comprenden que gran parte de la vida está fuera de su control. Tenemos que confiar en el amor de nuestro Padre y confiar en Él, incluso cuando no tiene sentido desde nuestra limitada perspectiva. Hay que recordar que nuestros caminos no son Sus caminos.

Para seguir avanzando en tu glorioso futuro, sobre todo cuando enfrentas el fin de una época en tu vida, te animo a hacer tres cosas. En primer lugar, siempre espera lo mejor para el futuro. Si ves el futuro a través de nuestro pesar, de nuestro pasado, de nuestra decepción, de nuestro dolor, entonces pierdes de vista la bondad de Dios. En la vida ocurren cosas brutales, terribles, muy duras. Ya sea que estés en una jungla urbana enfrentando el terrorismo o en una selva africana combatiendo las enfermedades, estarás rodeado por algún tipo de sufrimiento prácticamente todos los días. Todo lo que se necesita para comprender que la vida puede ser dolorosa es vivir el tiempo suficiente.

Pero no importa lo que estás enfrentando o lo que está sucediendo a tu alrededor, debes esperar lo mejor para el futuro, en el nombre de Jesús. Si crees que Dios es quien dice ser, entonces tienes que saber que de alguna manera, a pesar de todo, un futuro glorioso te espera. Un futuro que te va a sorprender y va a satisfacer tus deseos más profundos. Un futuro que reflejará la bondad y el poder de Dios, que reflejará Su gloria y Su gracia.

Dios nos ha dado Su palabra sobre este futuro: «Porque yo sé los pensamientos que tengo acerca de vosotros ...] pensamientos de paz y no de mal, para daros el fin que esperáis» (Jer. 29:11). Me encanta el contexto de este versículo, un mensaje de Dios entregado por Su profeta Jeremías al pueblo de Israel, que se encontraba cautivo en Babilonia. Su sueño era volver a casa, a Jerusalén. Se sentían como si su esperanza hubiera terminado, pensaban que nunca serían libres para volver a casa otra vez.

Pero el Señor nunca los abandonó. Allí, en un lugar que parecía un callejón sin salida, en aquella tierra de destrucción a la que el pueblo de Israel había sido llevado en cautiverio, vino a ellos la Palabra de Dios. Se les dijo: «Así ha dicho Jehová de los ejércitos, Dios de Israel, a todos los de la cautividad que hice transportar de Jerusalén a Babilonia: Edificad casas y habitadlas; plantad huertos y comed del fruto de ellos. Casaos y engendrad hijos e hijas; dad mujeres a vuestros hijos y dad maridos a vuestras hijas, para que tengan hijos e hijas. Multiplicaos allá, y no disminuyáis» (Jer. 29:4-6).

Su forma de vida, la que una vez conocieron, había llegado a su fin, y el futuro parecía sombrío. Anhelaban tener una esperanza, pero temían creer que el futuro podría ser mejor de lo que alguna vez experimentaron. Y entonces Dios les dice que tiene un futuro glorioso para ellos. No se construyen casas, se forman familias, se plantan huertos ni se hace una vida si no se espera echar raíces y quedarse. Dios les dijo que su historia no había terminado; el último capítulo no había sido escrito aún. Les indicó: «Procurad la paz de la ciudad a la cual os hice transportar, y rogad por ella a Jehová, porque en su paz tendréis vosotros paz» (Jer. 29:7).

Bondad y misericordia

Por favor, piensa dónde te encuentras actualmente. Tal vez un sueño se ha desvanecido, o lo que fue una temporada prometedora ha terminado en decepción. Tal vez has perdido la persona o la posibilidad más valiosa para ti. Te sientes con ganas de darte por vencido, incapaz y reacio a creer que ei futuro podría ser de nuevo alegre. Estos son los momentos en los que hay que buscar la paz de Dios.

Cuando te enfrentes a una situación imposible, recuerda que sirves a un Dios para quien todo es posible. Pídele que te dé Su paz y Su seguridad, el tipo de paz que «sobrepasa todo entendimiento» y que puede parecer sin sentido, dadas las circunstancias. Cuando te sientas prisionero del miedo, ora por la paz para el lugar donde estás y para la situación en que te encuentras. Aférrate con la misma confianza que tuviste cuando te convertiste en un participante del Evangelio. Persevera hasta el final y espera lo mejor para el futuro. Considera que el momento y el lugar donde te encuentras han sido determinados por Dios y Él te bendecirá, al igual que ocurrió con los hijos de Israel. Tu presente y tu futuro no son desconocidos para Dios. Cuando estamos en medio de un final, no siempre podemos verlo, pero Dios tiene esa increíble forma de hacer que las cosas funcionen a Su manera. Mi hijo mayor, Joel, nunca mostró mucho interés por las clases de piano. Yo lo llevaba a la casa de su profesor de piano y esperaba el tiempo suficiente para asegurarme de que en realidad entraba. Joel siempre mostró pasión por la música, y el artista en él a menudo hacia dibujos y plasmaba ideas relacionadas con el uso de la música para ayudar a las personas que sufren.

Luego, a mitad de su adolescencia, él y varios de sus amigos de la iglesia comenzaron a tocar música juntos, a escribir canciones y formaron un grupo musical al que llamaron *Able*. Al final resultaron ser sorprendentemente buenos. Todos estos jóvenes amaban al Señor, pero tocaban música comercial y atrajeron seguidores. Hicieron una audición y entraron a un concurso llamado «Batalla de las bandas» que se trasmitía a nivel nacional en el canal V, un canal australiano de música muy popular entre los jóvenes. Sorprendentemente, semana tras semana, la teleaudiencia continuaba votando por *Able*.

Al final, solo quedaron dos bandas. Lo irónico es que la otra banda incluía a Matt Crocker, un amigo cercano de los chicos de *Able*. Joel y sus compañeros finalmente ganaron el concurso y vieron sus sueños despertarse por la promesa de un importante contrato de grabación, parte del premio para los ganadores. Sin embargo, no mucho después de que todo esto ocurriera, la dinámica dentro de la banda cambió abruptamente, y al igual que habían estado a punto de realizar sus sueños, todo se detuvo de forma repentina. Después de tanto trabajo duro y la tortuosa expectativa, puedes imaginarte que fue una amarga decepción.

Pero he aquí lo sorprendente: la historia no había terminado. Mirando hacia atrás, varios años más tarde, es increíble cómo Dios había utilizado a los chicos de la banda (Marty Sampson en los primeros días, además de Joel, Mikey Chislett y Matt Crocker) para que combinaran sus dones y siguieran sus sueños a través de Hillsong UNITED. En la actualidad, ellos escriben música, graban discos, viajan por el mundo y hacen películas en cuanto a ellos. Dios tenía para ellos un plan más grande que hacerlos estrellas de rock, quería que impactaran a muchas generaciones con apasionadas canciones y música de adoración. Un sueño terminó, pero dio lugar al nacimiento de algo más grande y más significativo de lo que podríamos haber imaginado.

Lo mismo se aplica para ti. El que algo haya terminado, ¡no significa que es el fin! Cuando Jesús dijo que todo había sido consumado se refería a Su sacrificio, pues sabemos que Él no había terminado. Y en este momento de tu existencia, puede que algo haya concluido, pero la obra de Jesús en tu vida está muy lejos de terminar. ¡Espera lo mejor para tu futuro! Lleva en tu corazón la promesa de Dios en el Salmo 23:6:

Ciertamente, el bien y la misericordia *te* seguirán.

Ciertamente, el bien y la misericordia te seguirán *todos* los días de tu vida.

El fin de una época no es la culminación de tu destino.

CAPÍTULO VEINTE

Todas las cosas nuevas

Tú haces nuevas todas las cosas,
Ayer y por siempre.
Tu amor nunca cambia.
Esta esperanza nunca se desvanece.
Aleluya.

«Todo es nuevo» Hillsong Music, 2014

¿Cómo iniciar el último capítulo de un libro? Cuando me paré a pensar en el mensaje que quiero que haga eco en tu corazón al darle la vuelta la página final y cerrar la cubierta en este libro (independientemente de cualquier etapa que estés enfrentando en este momento), este versículo profundamente sencillo seguía viniendo a mi mente: «Y sabemos que a los que aman a Dios, todas las cosas les ayudan a bien, esto es, a los que conforme a su propósito son llamados.» (Ro. 8:28)

Todas las cosas.

Todas las cosas ayudan para *bien*.

Oh, ¡qué gran Dios el que servimos!

Todo significa todo

La Palabra de Dios es muy clara cuando expresa que nuestro Padre se ha comprometido a acompañarnos a través de todas las cosas; se ha comprometido a empoderarnos para vivir, amar y llevar una vida de propósito, pasión, poder y paz. En Él, podemos encontrar sentido en nuestros momentos de cada día, esperanza en nuestro dolor, gozo en las cosas pequeñas y una vida nueva; nacidos de nuevo con la expectativa de un futuro glorioso.

Considera esto para tu propia vida en este momento: *todas las cosas* ayudan a bien. Si analizamos el idioma griego en la frase traducida aquí como «todas las cosas», descubrimos que significa precisamente eso: todo, todas y cada una de ellas, todo incluido. En el Antiguo Testamento, la palabra hebrea para «todas las cosas» es igual de abarcadora. No importa cómo lo veas en la Biblia (y se encuentra en las Escrituras trescientas cincuenta y tres veces en total) *todas las cosas* significa todas las cosas. No solo las cosas buenas, sino todas las cosas. Cada cosa que ocurra en nuestra vida y en nuestro mundo, Dios puede cambiarla para nuestro bien mientras lo amemos y vivamos conforme a Su propósito. ¿En verdad, todas las cosas?

Tengo un perro llamado Bali, que es un caniche (poodle) o, para ser más exacto, un Cavoodle, parte cavalier y parte poodle. Nombrado por mi hijo Ben en honor a uno de sus lugares favoritos para el surf, Bali tiene ocho años, es muy inteligente, y a veces rebelde. Cuando nos quedamos en la playa Bondi de Sídney, me levanto y lo saco para que haga lo que los perros pequeños tienen que hacer por la mañana, y ahí es donde una de sus obstinadas peculiaridades causa un problema. Bali no se irá mientras tenga la correa en su cuello, así que hay que soltarlo para que olfatee un poco por los alrededores, y luego haga sus necesidades.

Pues bien, en la playa de Bondi, los inspectores del municipio son conocidos por ser implacables cuando se trata de detectar mascotas sueltas y tienen fama de ser rápidos para emitir multas elevadas en el acto a sus propietarios. Los inspectores andan con escáneres para escanear a los animales, que por estos días se exige que tengan un microchip con fines de registro. (Se parece un poco al libro de Apocalipsis, ¿no?). Así que allí estábamos en esta brillante y soleada mañana, muy contentos de la vida y en un principio ajenos a la camioneta del municipio estacionada en el pasto cercano.

Desafortunadamente, no fue sino hasta después que liberé a Bali de su correa, para que hiciera lo suyo, que noté la camioneta del inspector estacionada en la dirección hacia la cual Bali se dirigía. Al ver que se estaban gestando problemas, y actuando tan discretamente como pude, comencé a llamarlo: «¡Bali! ¡Bali!», cada vez con mayor urgencia, pero decidió ignorarme por completo. Por supuesto que él encontró su lugar: directamente en frente de la camioneta patrulla. No era la forma en que quería empezar el día. Efectivamente, el inspector se bajó de su vehículo y, con un tono brusco y rígido, me dio una pequeña charla sobre perros sin sus correas, pero al menos en esa ocasión, Bali se libró de ser escaneado.

En pocas palabras, la vida tiene momentos que no podríamos describir como buenos, otros son inconvenientes simples, y otros, graves tribulaciones. Pero en caso de que haya alguna duda, déjame recalcar esto. En Romanos, la Biblia está hablando de TODAS LAS COSAS. *Todas las cosas* significa cosas incómodas, cosas difíciles, cosas inquietantes, cosas hirientes, cosas confusas, cosas inesperadas, cosas espantosas, cosas dolorosas, cosas vergonzosas, cosas tristes y cosas inciertas. Dios no desperdicia nada, y de alguna manera, Él entreteje todo junto para Su futuro glorioso, como solo Él puede hacerlo. *Todas las cosas* incluye conexiones y desconexiones, cosas que se juntan y cosas que se separan, tu mejor día y tu peor día, y oportunidades aprovechadas y oportunidades perdidas, etapas buenas y etapas difíciles, problemas y soluciones, conflictos y resoluciones, tribulaciones y triunfos, amigos y conocidos, enfermedad y salud, pobreza y riqueza.

Me encanta la forma en que la Biblia *The Message* [El Mensaje] lo traduce: « Es por eso que podemos estar muy seguros de que cada detalle de nuestras vidas llenas de amor por Dios obra algo bueno» (Ro. 8:28). No todo es bueno, y no solo nos ocurren cosas buenas, pero servimos a un Dios para quien todas las cosas ayudan a bien, para los que lo aman, para los que son llamados conforme a Su propósito.

Esto no es para quitarle peso a cosas difíciles, las cosas imposibles de entender, y probablemente inmerecidas. Es para animarte que en *todas las cosas*... Él todavía tiene un futuro glorioso en mente. Cuando amas a Dios, vives para Cristo y lideras por Su Espíritu, estás desatando un futuro glorioso en el presente de todos y cada uno de tus días.

El último postre de mi vida

¿Crees tú en las resoluciones de Año Nuevo? Creo que muchos de nosotros vemos un nuevo año como una nueva oportunidad para vivir con decisión y cambiar lo que no ha estado bien. Como si el sol que se eleva en un nuevo año trajera consigo de alguna manera la capacidad añadida para perder peso, elevar tu situación financiera, o simplemente cambiar lo que pudo haber sido un año poco satisfactorio en un año próspero y memorable. Dicho esto, yo creo que cualquier resolución es una buena resolución, ya sea que la hagamos el primero de enero o el primero de junio. De hecho, yo comienzo la mayoría de los meses con nuevas resoluciones. Iba a ser un septiembre sin azúcar y luego un octubre de victoria, un noviembre de decir no, y así sucesivamente. Puede que yo haya declarado un par de veces a la ligera, sentado en la mesa, que «este será el último postre de mi vida», pero vivo con la creencia de que mientras hay vida, hay esperanza. Si no tengo ninguna resolución en mi vida, entonces no hay absolutamente ninguna posibilidad de que algo vaya a cambiar.

Sin embargo, solamente cuando vivimos nuestras vidas de acuerdo a la Palabra de Dios entendemos que no es nuestro esfuerzo, no es nuestra lucha, no es lo que podemos hacer en nuestras propias fuerzas lo que en realidad va a cambiar algo. Es creer que Dios puede hacer que las cosas ayuden a bien mientras nosotros simplemente vivimos nuestras vidas amándolo, y vivimos nuestras vidas llamados conforme a Su propósito; esto es lo que nos transforma.

Quizá yo sea una persona positiva por naturaleza, pero espero cosas buenas de cada día de cada año, no solo el primero de enero. Creo, sin lugar a dudas, que cada momento de cada día, durante los 365 días del año, puede revelar la bondad de Dios en mi vida y en la tuya. No siempre te sentirás *bien*, pero ¿puedes ver Su bondad operando en tu vida ahora mismo, hoy en día? ¿Qué cosas trajiste a este año? ¿Qué cosas, ya sean buenas o malas, tienes frente a ti en este momento? ¿Y crees tú que Dios está obrando en todas ellas para lograr Su propósito?

Ya te conté lo mucho que me gustan los Salmos de David. Los amo por la honestidad de David y por expresar esas noches oscuras del alma, cuando Dios parece estar muy lejos y no podemos ver Su bondad. Pero también me encanta que, a pesar de esos momentos, David logra confiar en el Señor y seguir adelante, al descansar en su confianza de que Dios lo ayudará, hará un camino y revelará un futuro glorioso. David escribe: «Coronas el año de tus bondades, por tus senderos corre la abundancia» (Sal. 65:11, LBLA).

¿Cómo vivirías diferente hoy si creyeras en lo profundo de tu ser que Dios ha coronado tu año con Sus bondades? ¿Qué te atreverías a lograr para Su reino si creyeras que el sendero en el que Él te ha puesto corre la abundancia?

Él lo ha hecho... y Él lo hará. El Dios que servimos tiene propósitos y planes para tu vida que son buenos. Sus pensamientos acerca de ti son buenos; Su voluntad para ti es buena. Todas las cosas son hechas nuevas en Su presencia... tu futuro glorioso fue planeado antes de los cimientos de la Tierra.

Todas las cosas nuevas

La vida es como el arte, en el sentido que uno comienza con un trozo de papel en blanco, un lienzo en blanco, y tenemos la oportunidad de pintar el cuadro. Tal vez a veces la imagen se mancha un poco, o tendrás que incorporar un derrame de pintura. Pero en las manos del artista y creador supremo, incluso estas manchas pueden convertirse en facetas integrales de la belleza de nuestras vidas. En Sus manos, todas las cosas *(todas las cosas)* son hechas nuevas. «De modo que si alguno está en Cristo, nueva criatura es: las cosas viejas pasaron; todas son hechas nuevas» (2 Co. 5:17). Dios nos ha dado nuestra propia voluntad y nuestros dones y talentos para que podamos vivir de acuerdo a Su llamado y propósito. Nos ha dado la oportunidad de vivir una vida muy amplia y espaciosa, llena de oportunidades para hacer las cosas que nos gusta hacer y disfrutar de ellas con las personas que amamos.

Incluso cuando transitas por el camino difícil, no subestimes Su capacidad de hacer algo nuevo. Tal vez tu corazón está roto, aplastado, pero Él puede sanarlo nuevamente. Es posible que estés lidiando con un matrimonio que se destruye o una familia que parece estar desmoronándose en diferentes direcciones. Dios puede renovarlos una vez más. Él puede tomar lo que parece imposible y transformarlo desde dentro hacia fuera.

Sin importar lo que esté sucediendo en tu vida, si te mantienes amando a Dios y viviendo el llamado de tu vida (vivir de acuerdo con el propósito de Dios) entonces, en última instancia, Él va a organizar todas las cosas conforme a Su voluntad. Si Él lo ha determinado, Él lo logrará en el nombre de Jesús. Y la mejor noticia es que Él ya está obrando en tu vida, dando forma y puliendo, redimiendo y revelando todos Sus buenos planes para tu futuro. Tu Padre está en control y hace nuevas todas las cosas. No hay nada que Él no pueda arreglar. Nunca es demasiado tarde.

Cuando tú entras por la puerta estrecha y permites que Dios haga nuevas todas las cosas en tu vida, experimentarás cómo la plenitud de Su gloria futura se hace realidad. Él nos ha dado a cada uno de nosotros un comienzo completamente nuevo en Jesús, y con Su Espíritu que vive dentro de ti, puedes finalmente empezar a vivir la vida abierta y abundante que estabas destinado a disfrutar. El entusiasmo expansivo y gozoso que sientes en el interior de tu vida se derramará, y verás nueva victoria y una nueva vitalidad en tus palabras, acciones y hábitos.

Dios puede hacer que tú encuentres abundancia en todas las cosas, pero eso tiene que empezar aquí. Y si estás creyendo que todas las cosas ayudan a bien, entonces vas a sentir ansias de una dieta constante de la Palabra de Dios, atraído por la verdad de Sus promesas una y otra vez. Es hora de pasar la página, permite que Dios saque milagros de los errores, y te transforme en Su obra maestra. Es tiempo de escribir un nuevo capítulo y creer que las mejores historias todavía no han sido contadas, las mejores líneas todavía no han sido escritas, y la mejor conclusión es la promesa de la eternidad. Él hace nuevas todas las cosas.

Todo para la gloria del Padre

Por último, pero ciertamente no menos importante, es el hecho de que ya sea que vivamos en los lugares abiertos y espaciosos, o que estemos pasando por el camino difícil; vivir, amar y liderar como Jesús no tiene que ver con nosotros. Se trata de glorificar al Padre. Independientemente de lo que estuviera haciendo, Cristo siempre reflejó el poder, el honor, la bondad, la gracia y la santidad de Su Padre.

Al reclutar pescadores para ser Sus seguidores, Él glorificaba a Dios. Al sanar a un ciego, Él glorificaba a Dios. Al enseñar en la sinagoga, Él glorificaba a Dios. En la vida y en la muerte, Él glorificó a Dios en todas las cosas y, a la vez, reveló la manera en que Dios usa todas las cosas para llevar a cabo Su buen propósito.

Se nos dice que hagamos lo mismo, que revelemos la luz que hay en nosotros por la forma en que conducimos nuestras vidas. «Si alguno habla, hable conforme a las palabras de Dios; si alguno ministra, ministre conforme al poder que Dios da, para que en todo sea Dios glorificado por Jesucristo, a quien pertenecen la gloria y el imperio por los siglos de los siglos. Amén» (1 P. 4:11). Cuando las cosas van bien, no nos olvidemos de dar la gloria a Dios, y cuando las cosas van terriblemente mal, no nos olvidemos de dar la gloria a Dios, porque es increíble cómo Dios va a encontrar gloria en las peores circunstancias, si confiamos en Él y lo ponemos primero.

Han pasado dieciséis años desde aquel fatídico día cuando mi amigo y colega, George Aghajanian, concluyó nuestra reunión semanal con la terrible noticia y estas palabras aplastantes: «No se trata de ti, se trata de tu padre». Esa frase estaba destinada a hacer que las acciones pasadas de mi padre terrenal y sus consecuencias se estrellaran contra mi vida, mi liderazgo y mi mundo de una manera sorprendente, no deseada y devastadora. Y ahora, después de cuarenta años o más, el esqueleto de los pecados de mi padre se ha sacudido una vez más en la forma de una investigación pública donde mis motivaciones y las de otras personas involucradas se han cuestionado abiertamente, y mi integridad ha sido atacada.

Creo con todo mi corazón que manejé una situación imposible con transparencia y honestidad. En retrospectiva, ¿podía alguien hacer algunas cosas de manera diferente? Siempre. No obstante, sin duda, yo hice lo mejor que pude en aquel momento, con lo que sabía. ¿Puede una situación tan trágica obrar al final para bien? ¿Es posible que algo de valor pueda salir de una circunstancia donde vidas se hicieron añicos y se sufrió un dolor profundo? No puedo hablar en nombre de las víctimas reales de las acciones de mi padre, pero yo he visto de primera mano las consecuencias entre sus hijos y sus nietos. A veces ha parecido imposible ver cómo Dios puede hacer algo bueno con nuestros peores días, o cómo Dios pudiera ser glorificado en esto, sin embargo, ya puedo ver destellos de luz al final de un túnel muy oscuro. Un túnel que parece seguir y seguir hasta el rostro profundo de un futuro incierto.

El apoyo abrumador de tanta gente maravillosa es ciertamente digno de glorificar a Dios. El amor incondicional y la lealtad de nuestro equipo es digno de glorificar a Dios. La obra profunda que Dios ha hecho y está haciendo en mi alma es digna de glorificar a Dios. Si estoy siendo honesto, aunque estoy un poco desilusionado con el proceso, si la justicia y la verdad ciertamente prevalecen al final para las víctimas inocentes, y se puede asegurar el futuro de seguridad para los niños, a través de mejores políticas y procedimientos, estos resultados son dignos de glorificar a Dios. Pablo dice que sabe vivir humildemente y tener abundancia, y de cualquier manera ha aprendido a contentarse (ver. Fil. 4:12). Es sorprendente cómo Dios puede revelar Su gloria cuando permanecemos fieles tanto en nuestra dependencia de Él como en nuestra disposición a alabarlo a pesar de nuestras circunstancias.

A menudo vemos atletas que al ser entrevistados después de ganar un gran juego dicen: «¡Solo quiero dar las gracias a Dios y darle toda la gloria!»; o en los Oscar, vemos a un actor expresar: «¡Doy a Dios toda la gloria por este premio! Nunca podría haberlo logrado si no fuera por Él». Algunas personas tienden a poner los ojos en blanco y descartar estas profesiones de fe, pero creo que hay que tomarlas como una señal de humildad. La persona hablando al menos está tratando de apartar la atención de su propia capacidad y talento para así indicar que en su gran victoria hay algo más. Prefiero ver a alguien dar la gloria a Dios, que apropiarse toda esa gloria para sí mismo, porque si comprometemos nuestras vidas para glorificar a Dios en todas las cosas, entonces yo creo que en todas las cosas podemos ver a Dios traer algo bueno.

Sé por experiencia que Dios puede tomar cualquier cosa y utilizarla de maneras sorprendentemente gloriosas. Basta con mirar a mi vida. A pesar de que quizás no podamos verlo, a pesar de que las circunstancias pueden parecer injustas, a pesar de que no es lo que esperábamos o no es cómodo, no importa lo que pase, podemos aprender a detectar la gloria de Dios si estamos comprometidos a amar, vivir y liderar para Él.

Recuerda, puede que no parezca que las circunstancias estén cambiando, pero para Dios existe un cuadro eterno. Glorificar a Dios no tiene que ver con atenuar lo que ha sucedido o está sucediendo en tu vida, sino tiene que ver con la promesa de que Dios traerá nueva vida. Nuestro Dios siempre está obrando en la restauración, y esa obra comienza ahora. De hecho, Él está *obrando*, moviendo montañas, levantando gente de los valles, de las cunetas, rescatando y redimiendo, restaurando y trayendo esperanza. Tener una perspectiva de fe en la vida, el amor y el liderazgo no se trata de restar importancia a las dificultades de la vida, se trata de estar seguro de que Dios está trayendo nueva vida, tanto en el ahora como en el todavía no de Su reino.

Capítulo tras capítulo de este libro, la Iglesia Hillsong (junto con mi propia vida), ha visto todas y cada una de estas etapas. Etapas de ser pioneros, etapas de estabilidad. Etapas de impulso y crecimiento, y etapas de desafío y dificultad. Hemos experimentado los picos de las cimas de las montañas y las paredes escarpadas del valle. Hemos encontrado nuestra zona de gracia, y nos hemos debatido en nuestra humanidad. Pero ya sea en etapas de dejar la barca o caminar sobre el agua; ya sea en los tiempos como pioneros o en los días de comodidad, hemos permitido que nuestra oración continua sea la siguiente:

> *Que tu Espíritu me guíe sin fronteras,*
> *más allá de las barreras a donde tú me llames.*
> *Tú me llevas más allá de lo soñado,*
> *donde puedo estar confiado al estar en tu presencia.*
> *«Océanos» Hillsong Music, 2013*

Por lo tanto, si estás en busca de tu llamado o siguiendo con entusiasmo el propósito de tu vida, ya sea que te encuentres envuelto en los brazos amorosos de nuestro Padre Celestial o de rodillas en desesperación, permíteme recordarte una vez más que Él es el Dios Omnisciente, Todopoderoso y siempre bondadoso de ayer, de hoy y de siempre. Él es digno de confianza y es fiel en todas las cosas.

Permanece en este camino, mi amigo. Sigue a Jesús, y Dios te coronará con Su bondad. Tú tienes una herencia increíble en el nombre de Jesús, una montaña que dominar y un camino en que has de ser un pionero. Tienes un carril de fe que es todo tuyo, una zona de gracia que está esperando que tú la ocupes. El camino difícil y la vergüenza de tu pasado no pueden competir con Su nombre, con Su poder sanador y con Su santo llamado. ¡Tus dones únicos se adaptan perfectamente para realizar Su propósito en esta generación y tu vida abierta, espaciosa y ordenada por Dios está esperando que entres en ella! Vive, ama y lidera como Jesús, y tu vida en la Tierra y en el cielo reflejará la gloria continua de Dios; ¡en todas las cosas!

No hay duda, ¡lo mejor de tu vida está por venir!

Créditos Musicales de Hillsong

«Océanos (Donde mis pies pueden fallar)»
Letra y música por Matt Crocker, Joel Houston y Salomon Ligthelm

«A ti me rindo»
Letra y música por Matt Crocker

«Ritmos de gracia»
Letra y música por Chris Davenport y Dean Ussher

«Solo Dios puede salvar»
Letra y música por Ben Fielding y Reuben Morgan

«Capitán»
Letra y música por Ben Hastings y Seth Simmons

«Mi roca»
Letra y música por Jonas Myrin, Reuben Morgan y Eric Liljero

«Canción del desierto»
Letra y música por Brooke Ligertwood
© 2008 Sony/ATV Music Publishing Australia (Solo para Australia y Nueva Zelanda), Hillsong Music Publishing (Resto del mundo)

«Desde mi interior»
Letra y música por Joel Houston
© 2005 Hillsong Music Publishing (APRA)

«En esto creo (El Credo)»
Letra y música por Matt Crocker y Ben Fielding
© 2014 Hillsong Music Publishing (APRA)

«Con todo»
Letra y música por Joel Houston
© 2008 Hillsong Music Publishing (APRA)

«No hay otro nombre»
Letra y música por Joel Houston y Jonas Myrin
© 2014 Hillsong Music Publishing (APRA)

«Anclado»
Letra y música por Ben Fielding y Dean Ussher
© 2012 Hillsong Music Publishing (APRA)

«Te necesito a ti»
Letra y música por Marty Sampson
© 2004 Hillsong Music Publishing (APRA)

«Solo Cristo»
Letra y música por Brooke Ligertwood
© 2005 Sony/ATV Music Publishing Australia (Solo para Australia y Nueva Zelanda), Hillsong Music Publishing (Resto del mundo)

«Hosanna»
Letra y música por Brooke Ligertwood
© 2006 Sony/ATV Music Publishing Australia (Solo para Australia y Nueva Zelanda), Hillsong Music Publishing (APRA) (Resto del mundo)

«Todo es nuevo»
Letra y música por Ben Fielding y Dean Ussher
© 2014 Hillsong Music Publishing (APRA)

«Rey Salvador»
Letra y música por Mia Fieldes y Marty Sampson
© 2006 Hillsong Music Publishing (APRA)

«Hoy te rindo mi ser»
Letra y música por Reuben Morgan
© 1995 Hillsong Music Publishing

«Ruinas gloriosas»
Letra y música por Matt Crocker y Joel Houston
© 2012 Hillsong Music Publishing (APRA)

«Todo es nuevo»
Letra y música por Ben Fielding y Dean Ussher
© 2014 Hillsong Music Publishing (APRA)

MI MISIÓN

En el año de 1993, yo me senté un día para poner por escrito mi visión: el sueño de mi corazón de tener una iglesia a la cual pastorear. Lo que escribí era en realidad una declaración visionaria, muy lejana de mi realidad en ese momento. Por la gracia de Dios, aquella visión de «La Iglesia que yo veo» describe de manera múltiple y hermosa lo que Dios ha edificado en medio de nosotros, y engloba de forma perfecta lo que muchos conocen hoy como la Iglesia Hillsong.

En el 2014, el año en el que celebramos el 30° aniversario de la iglesia, me senté nuevamente para soñar, orar, proyectar visiones y escribir una declaración nueva y desafiante que nos lleve (ahora como iglesia mundial) a la siguiente etapa de la fidelidad y productividad de Dios, a fin de establecer una plataforma para las siguientes generaciones.

LA IGLESIA QUE AHORA VEO

La iglesia que veo es una iglesia global. Una gran iglesia Cristocéntrica y basada en la Biblia que alcanza e influencia al mundo, cambiando mentalidades y empoderando a las personas para que lideren e impacten en cada ámbito de la sociedad.

Veo una familia global: una casa con muchas habitaciones, llevando a cabo una visión unificada. Veo una iglesia apostólica en su llamado y visionaria en su naturaleza; comprometida a impactar con valentía a millones para Cristo en ciudades importantes y en naciones de toda la tierra con la mayor de las causas: la causa de nuestro Señor Jesucristo.

Veo una iglesia que impulsa la causa de las iglesias locales allá donde estén, animándolas a ser todo lo que Dios las ha llamado a ser. Una iglesia que se niega a conformarse con los triunfos del pasado y que constantemente mira hacia el futuro, llena de una visión que inspira e influencia a muchos.

Posicionada en el corazón de la cultura, en grandes y diversos centros urbanos, veo a edificios con dificultades para contener el crecimiento de todo lo que Dios está haciendo; ocupando terrenos y lugares que son milagrosamente provistos e imposibles de ignorar.

Veo una iglesia que es lo suficientemente grande como para soñar a escala global, pero que a la vez es tan personal que todo el mundo puede encontrar su lugar en ella. Veo una iglesia que llama con un 'bienvenido a casa' a todo hombre, mujer y niño que entra por sus puertas.

La iglesia que veo es una iglesia que adora, cuyas canciones reflejan tanta pasión por Cristo que muchos notan su magnificencia y poder. Un sonido inconfundible y distinto que emana de una iglesia sana, con un espíritu contagioso, creando música que resuena en pueblos y tribus así como en grandes ciudades y naciones.

Veo una iglesia que está constantemente innovando: una iglesia que lidera en la comunicación de un mensaje que no cambia a través de medios de comunicación, vídeos y tecnología. Una iglesia con un mensaje que llega a las personas de todo el mundo a través de sus pantallas de televisión, llevando a Jesús a hogares, palacios y cárceles por igual.

Veo una iglesia con un instituto de primera clase que levanta, equipa y empodera a generaciones de líderes jóvenes y ungidos de todo el mundo. Graduados que sirven a Dios en todas las áreas de la sociedad, llamados para ser sal en la tierra con ministerios e iglesias dinámicas por todos los continentes del mundo.

Veo una iglesia agraciada con muchos líderes 'únicos en su generación', talentosos por naturaleza, espiritualmente fuertes y genuinamente humildes. Líderes que pagarán el precio y las consecuencias de impactar a ciudades y naciones con grandes iglesias que glorifiquen a Dios.

Veo una iglesia con un liderazgo que está unido en su compromiso por la autenticidad, credibilidad y calidad del corazón de la iglesia. Líderes que se atreven a ser ellos mismos y, a la vez, viven seguros sabiendo que 'aquello de lo que son parte es más grande que la parte que ellos aportan'.

Veo una iglesia comprometida con una red innovadora que conecta a cientos de miles de pastores y líderes y los equipa para florecer. Una red comprometida a la unción apostólica de líderes que estén desesperados por ver a la iglesia de Jesús levantarse para vivir toda la vida que hay dentro de ella... su gloriosa iglesia.

Veo iglesias con un mismo espíritu en ciudades de influencia que ejemplifican la fidelidad en carne y hueso. Iglesias con la provisión sobrenatural de edificios y propiedades que se levantan como faros de luz que traen gloria a Dios y esperanza a la humanidad.

Veo una iglesia que ama a Dios, ama a las personas y ama la vida. Joven en espíritu; generosa de corazón; llena de fe en su confesión; llena de amor en su naturaleza e inclusiva en su expresión.

Sí, la iglesia que veo está comprometida a llevar el amor y la esperanza de Cristo a situaciones imposibles a través de la predicación del evangelio, con un mandato que nos lleva a hacer todo lo que esté en nuestra mano para traer ayuda y la solución a un mundo necesitado. Una iglesia cuya cabeza es Jesús, cuya ayuda es el Espíritu Santo y cuyo enfoque es la Gran Comisión.

—Brian Houston (2014)